BERND INGMAR GUTBERLET

Die 33 wichtigsten Ereignisse
der deutschen Geschichte

BERND INGMAR GUTBERLET

DIE 33 WICHTIGSTEN EREIGNISSE DER DEUTSCHEN GESCHICHTE

EHRENWIRTH

Ehrenwirth in der Verlagsgruppe Lübbe

Originalausgabe

Copyright © 2008 by Verlagsgruppe Lübbe
GmbH & Co. KG, Bergisch Gladbach
Titelbild: © Colin McPherson / Corbis
Textredaktion: Matthias Michel, Wiesbaden
Satz: Druck & Grafik Siebel, Lindlar
Gesetzt aus der Weiss, medium
Druck und Einband: Friedrich Pustet, Regensburg

Printed in Germany

ISBN 978-3-431-03759-3

2   4   5   3   1

Sie finden uns im Internet unter:
www.luebbe.de

Bitte beachten Sie auch:
www.lesejury.de

INHALT

Mein Lehrern
Walter Heller und Kaspar Elm

VORWORT
DIE SCHIENE DER GESCHICHTE

»Leg dein Ohr auf die Schiene der Geschichte« heißt ein Lied der deutschen Band *Freundeskreis* aus dem Jahr 1997. Es beginnt mit den Zeilen: »Viele Menschen schrecken zurück, wenn sie ›Geschichte‹ hör'n – Geschichte – vier langweilige Stunden pro Woche in der Schule oder was, das lange her ist oder immer ohne einen passiert ...«

In der Tat: Meist bleibt wohl der Geschichtsunterricht nicht in allerbester Erinnerung, und Geschichte scheint wenig mit dem eigenen Leben zu tun zu haben. Wozu sich also damit befassen? Auch die vielen Jubel- und Gedenktage, die Jahr für Jahr begangen werden, wirken – schon durch ihre Fülle – meist bezugslos. Allein im Erscheinungsjahr dieses Buches wird an die Ernennung Adolf Hitlers zum Reichskanzler vor 75 Jahren erinnert, jährt sich das Ende des Ersten Weltkriegs zum 90. Mal und wird der Reichspogromnacht vor 70 Jahren gedacht. Zum 160. Mal jährt sich die Revolution von 1848, zum 60. Mal die Währungsreformen in Ost- und Westdeutschland sowie die Blockade Westberlins. Die Liste ist dennoch unvollständig. Ereignisse über Ereignisse, Jubiläen über Jubiläen: Fast droht die Erinnerungskultur an der Zahl der Jahrestage zu ersticken. Und doch: Ein wenig Kenntnis der deutschen Vergangenheit, ein wenig Verständnis von Entwicklungen und Kontinuitäten, von Irrungen und Errungenschaften, erleichtert das Verständnis der Gegenwart.

Was also hört man, wenn man sich hinunterbeugt und das Ohr auf die Schiene der Geschichte legt? Das kommt ganz darauf an: Bei flüchtigem Hinhören dringt einem eine Kakophonie ins Ohr, ein Wirrwarr schwer zu unterscheidender Geräusche, aus dem sich weder einzelne Noten noch eine Melodie heraushören lassen. Dann ist Geschichte nichts weiter als ein ferner Klang, beliebig, bedeutungslos und kaum in Beziehung zu setzen zur Gegenwart, außerdem ohne Entwicklung, ohne Höhen und Tiefen, ohne wirklichen Erkenntnisgewinn. Wer dagegen gelernt hat, genauer hinzuhören, und das dafür notwendige Wissen mitbringt, der hört Nuancen heraus, für den wird das Rauschen zur kunstvollen Melodie mit Anfang und Struktur, für den bauen die Töne und Sequenzen mal gewollt, mal zufällig aufeinander auf. Im Allgemeinen führt das Ohr auf der Schiene der Geschichte aber zu einem unbefriedigenden Erlebnis zwischen Verstehen und Missverstehen: Man hört Töne heraus, Stücke einer Melodie, vielleicht eines Refrains – aber mit dem großen Ganzen ist unser Gehör komplett überfordert. Diese Töne sind es, die wir aus der Schule noch in Erinnerung haben, die durch die vielen öffentlichen Gedenk- und Jubeltage geläufig sind. Nur: Ein zusammenhängendes Geschichtsbild vermitteln sie uns nicht.

Dieses Buch versammelt 33 herausragende Ereignisse der deutschen Geschichte – und damit eben solche Töne, die aus dem Klangdurcheinander hervortreten. Zusammen aber ergeben sie eine Art Melodie der deutschen Geschichte: wenn die Ereignisse nicht einfach erzählt, sondern in ihrem historischen Zusammenhang und ihrer Bedeutung beschrieben werden. Mithilfe einer durchaus anfechtbaren Auswahl wichtiger historischer Ereignisse ergibt sich so ein Überblick, bei dem diese Eckpunkte als deutlich vernehmbare Töne miteinander in Beziehung treten.

KEIN URKNALL DER DEUTSCHEN GESCHICHTE
VARUSSCHLACHT 9 N. CHR.

Ein Überblick über die wichtigsten Ereignisse deutscher Geschichte setzt nicht nur die richtige Auswahl aus vielen ereignisreichen Jahrhunderten voraus. Ebenso stellt sich die heikle Grundfrage: Wo anfangen? Besser gesagt: Wo beginnt deutsche Geschichte eigentlich?

Über lange Zeit stand das für die jeweiligen Zeitgenossen völlig außer Frage. Keinen Zweifel gab es daran, dass die deutsche Geschichte mit der berühmten Schlacht im Teutoburger Wald 9 n. Chr. beginne, mithin nunmehr annähernd 2000 Jahre währe, und dass dem Cherusker Arminius/Hermann, dem strahlenden Sieger dieser Schlacht gegen die Römer, der Titel »erster Deutscher« gebühre. Generationen von Schulkindern wurden mit diesem ruhmreichen Ereignis in die Geschichte ihres Volkes eingeführt. Vor allem im Westfälischen stand der Taufname Hermann lange weit oben auf der Beliebtheitsliste, und vielerorts gibt es bis heute Hermannsdenkmäler, deren größtes am vermeintlichen Ort der Schlacht nahe Detmold im Teutoburger Wald 1875 von Kaiser Wilhelm I. höchstpersönlich eingeweiht wurde – zu einer Zeit, in der die Begeisterung für die Rebellion gegen die antike Supermacht Rom auf ihrem Höhepunkt war. Aber auch heute noch beginnt ein Rundgang durch das Deutsche Historische Museum in Berlin wie selbstverständlich mit der berühmten »Schlacht im Teutoburger Wald« vor 2000 Jahren.

Was ist damals geschehen? Um die Zeit von Christi Geburt bestimmte das Römische Reich als unumschränkte Weltmacht die
Geschicke des Mittelmeerraumes und des größten Teils Europas,
regiert von Augustus, Großneffe und Erbe Caesars und Begrün-
der des römischen Kaisertums. Imperien neigen jedoch dazu, an
ihren Rändern zu zerfasern, und Rom hatte mit widerspenstigen
Provinzen ebenso zu kämpfen wie mit Völkern und Stämmen,
deren Siedlungsgebiete an die Grenzen des Imperiums heran-
reichten. Eine dieser unruhigen Provinzen war Judäa im heutigen
Israel, wo das Volk der Juden sich gegen den Anpassungsdruck
Roms zu behaupten versuchte und ein aufrührerischer Wander-
prediger namens Jesus der Kolonialmacht Rom Sorgen machte.
Im heutigen Frankreich hatte Caesar die Gallier mit Mühe, aber
dauerhaft unterworfen, während die Grenzprovinz Pannonien
(heute Westungarn sowie Teile Österreichs, Sloweniens, Serbiens und Kroatiens) ein Unruheherd blieb. Augustus versuchte,
die Macht Roms an den Rändern des Imperiums zu festigen, so
in Germanien, dessen östlicher Teil ins Reich eingegliedert war.
Römischer Statthalter in Germanien war Publius Quinctilius
Varus, der die römische Oberherrschaft auch außerhalb des
Reiches zwischen Rhein und Elbe durchzusetzen versuchte, beispielsweise mit der Einführung des römischen Rechts- und Steu-
erwesens. Allerdings war er bei dieser »schleichenden Romani-
sierung« nicht gerade sensibel vorgegangen. Bei den Germanen
führte dieser Druck der Weltmacht einerseits zu Widerstand in
den Volksstämmen, die ihre Sitten und Gebräuche bedroht sahen, aber ebenso zu Kooperationen: Wie zu unserer Zeit die
Vereinigten Staaten rief auch die damalige Weltmacht Rom Ablehnung hervor, während gleichzeitig ihr Wohlstand und ihre
höher entwickelte Kultur eine erhebliche Anziehungskraft aus-
übten.

Den Widerstand im Jahre 9 führte ein Cherusker an, ein Fürst des germanischen Volksstammes aus dem Weserland zwischen Harz und Teutoburger Wald: Arminius (ca. 16 v. Chr.–21 n. Chr.). Er kannte Rom, war römischer Bürger geworden und stand als Führer einer cheruskischen Hilfstruppe in römischen Diensten. Jetzt jedoch verbündete er sich mit benachbarten Stämmen und bereitete den drei römischen Legionen unter Statthalter Varus, die auf dem Rückweg vom Sommerlager waren, in einer vier Tage und drei Nächte dauernden Schlacht eine vernichtende Niederlage. Nur wenige der rund 20 000 römischen Soldaten überlebten das Gemetzel, das aber gar nicht im Teutoburger Wald stattfand, sondern höchstwahrscheinlich in der Nähe von Kalkriese bei Osnabrück. Der Sieg war eine beachtliche Leistung der germanischen Kämpfer und klug eingefädelt, zumal sie sich in dem unwegsamen Gelände viel besser auskannten als die Römer und diese noch dazu in einen Hinterhalt gelockt hatten. Außerdem zahlten sich Arminius' Insiderkenntnisse des römischen Heeres aus: Die Römer konnten aus Platzmangel ihre Schlachtaufstellung nicht einnehmen; ein Übriges tat der heftige Dauerregen, der das Gelände in einen Morast verwandelte. Kaum ein Römer entkam, der unterlegene Heerführer Varus stürzte sich vor lauter Schmach ins eigene Schwert.

Aus der Sicht Roms war die Niederlage im fernen Germanien eine hochgefährliche Angelegenheit, denn das riesige Imperium drohte an seinem nördlichen Rand zu zerbröckeln. Rom musste befürchten, andere Stämme könnten sich an den Cheruskern ein Beispiel nehmen oder sich gar mit ihnen zusammenschließen. Einige Jahre später zogen die Römer unter Tiberius und Germanicus erneut gegen die Germanen ins Feld, konnten sie jedoch trotz einiger Erfolge auch diesmal nicht nachhaltig besiegen. Es sollte der letzte Versuch Roms bleiben, die Germanen östlich des Rheins zu unterwerfen, und Kaiser Tiberius hatte beschlossen, die Germanen ihrer Uneinigkeit zu überlassen und so das Problem für Rom zu lösen.

Denn so grundsätzlich war die Ablehnung nicht, dass sie zu einer tragfähigen Geschlossenheit der Germanen gegenüber Rom geführt hätte. Der Sieg in der Varusschlacht wirkte sich weder für die Germanen insgesamt noch für die Cherusker im Besonderen einigend oder identitätsstiftend aus; nur die völlige Eingliederung in das Römische Reich blieb ihnen erspart. Eine eigene Staatlichkeit entwickelten sie aber nicht, sondern im Gegenteil kam es unter einzelnen Stammesführern immer wieder zu erbitterten Rivalitäten mit kriegerischen Auseinandersetzungen – auch um die Art des Umgangs mit dem übermächtigen Rom. Selbst quer durch die Familien verlief dieser Riss.

Ein germanischer Stammesführer brachte es im Windschatten Roms zu einiger Macht: der Markomanne Marbod in Böhmen, dem der Cherusker Arminius denn auch nacheiferte. Aber das gelang Arminius – selbst nach dem Triumph über das mächtige Rom und nachdem er Marbod ins römische Exil getrieben hatte – nur für kurze Zeit. Denn nicht nur die germanischen Stämme waren untereinander uneins, schon die Führungsschicht der Cherusker war gespalten, und Arminius starb von der Hand seiner eigenen Familie, als er zu mächtig zu werden drohte.

Kann die Varusschlacht also der Startschuss der Disziplin »deutsche Geschichte« sein? Als Deutsche kann man die Germanen nicht bezeichnen. Das Gebiet, das die Römer Germania nannten, war riesig: Es reichte von Rhein und Donau bis zur Weichsel im Osten und im Norden bis nach Skandinavien. In diesem Teil Europas lebten Hunderte Volksstämme, deren Gemeinsamkeiten begrenzt waren. Von außerhalb sah Rom Germanien als eine Einheit, die es von innen betrachtet keineswegs war. Der Name ist also eine Fremdbezeichnung und ein Sammelbegriff.

Die Cherusker beispielsweise verschwanden schon bald von der historischen Bühne, zählen aber trotzdem mit den Germanen im Ganzen zu den Vorfahren der Deutschen – aber das waren Kelten und Slawen ebenso. Eine gemeinsame Identität oder Sprache besaßen die Germanen jedoch nicht, auch wenn man sich untereinander verständigen konnte. Die maßgebliche Einheit war der jeweilige Stamm, mochte man sich im Widerstand gegen das übermächtige Rom auch gelegentlich vorübergehend verbünden. Ebenso häufig aber bekämpfte man sich gegenseitig – zum Beispiel, weil man sich über die Haltung gegenüber dem römischen Weltreich uneinig war.

Tatsächlich ist die Geschichte der Germanen die Vorgeschichte der europäischen Völker insgesamt, denn viele Nationen gehen auf die germanische Völkervielfalt zurück. Folglich sind die Germanen die Vorfahren der meisten Europäer, was sich sprachwissenschaftlich nachvollziehen lässt: Fast alle europäischen Sprachen sind miteinander verwandt und werden auf die Grundsprache Indogermanisch beziehungsweise Indoeuropäisch zurückgeführt. Obwohl sich die verschiedenen germanischen Stämme also miteinander verständigen konnten, ergab sich daraus aber kein besonderes Zusammengehörigkeitsgefühl.

Die auf die Varusschlacht folgenden Jahrhunderte waren europaweit von massiven Umwälzungen geprägt: In der entscheidenden Phase der Völkerwanderung zwischen dem 4. und 6. Jahrhundert n. Chr. zogen die germanischen Stämme nach Süden und Westen, und schließlich zerbrach das Römische Reich nicht zuletzt am Druck, den dieser Wandel auf das Weltreich ausübte. An seine Stelle traten neue Reichsbildungen, die aber vom Erbe Roms beeinflusst waren. Das wichtigste unter ihnen war das Fränkische Reich unter Chlodwig I. und seinen Söhnen im 6. und 7. Jahrhundert. So groß waren die Veränderungen, dass nach der Völkerwanderung neue Großstämme entstanden, aus denen später die europäischen Völker hervorgingen. Eine Kontinuität zu den Völkern und Volksstämmen vor der Völkerwanderung ist dabei jedoch kaum erkennbar. Jetzt erst bildeten sich jene Großstämme, die sich Jahrhunderte später als deutsch bezeichnen werden. Vorerst jedoch verstand man sich als Bayer oder Sachse – nicht als Deutscher, aber auch nicht als Germane.

Nüchtern betrachtet ist es also nicht allzu weit her mit der Varusschlacht als Initialzündung deutscher Geschichte, auch wenn sie historisch bedeutsam war. Außerdem liegt trotz der damaligen Abwehr des römischen Integrationsdrucks ein erheblicher Teil unserer Wurzeln in Rom. Denn auch die barbarischen Völker außerhalb des Weltreiches konnten (und wollten) sich der Sogwirkung der weiterentwickelten römischen Zivilisation nicht vollends entziehen. Mit der Christianisierung des Frankenreiches wurde ebenfalls römisches Erbe weitergegeben, weil das Christentum seinerseits römische Traditionslinien fortführte, und für die fränkischen Könige stand außer Frage, dass das Römische Reich fortbestand. Immerhin war es mit dem Ostgoten Odoaker 476 n. Chr. ein Germane gewesen, der als König Italiens die Nachfolge Westroms beanspruchte.

Aber zurück zur Varusschlacht und ihrer Nachwirkung: Wie konnte es dazu kommen, dass 1875 das monumentale Hermannsdenkmal eingeweiht und die Schlacht in eine direkte Kontinuität zur damaligen Gegenwart gesetzt wurde? Wenige Jahre zuvor war Deutschland nach drei Kriegen unter der Kaiserkrone der Hohenzollern geeint worden, und die nationale Euphorie kannte keine Grenzen. Da passte der vermeintliche Ahnherr Hermann gut ins Bild, dessen 7 Meter langes Schwert die Inschrift erhielt:

»Deutschlands Einigkeit meine Stärke. Meine Stärke Deutschlands Macht«. Das sollte heißen, dass Hermann und Kaiser Wilhelm I. (in der Realität eher Otto von Bismarck) gleichermaßen aus der Einigkeit des deutschen Volkes die Kraft bezogen für ihren Versuch, die historische Bestimmung der Deutschen zu verwirklichen: Hier die heroische Abwehr der römischen Fremdherrschaft, da der einheitliche deutsche Staat, das Deutsche Reich von 1871. Ein stolzer Ahnherr, der da der deutschen Geschichte den Urknall beschert hatte, denn immerhin war es ein Sieg über die damals unumschränkte und unbestrittene Weltmacht Rom. Ende des 19. Jahrhunderts war dieser Einstand aber auch deshalb verlockend, weil die Cherusker im Unterschied zu den Galliern den Römern Paroli hatten bieten können, anstatt sich romanisieren zu lassen. Und die Gallier waren immerhin die Vorfahren der Franzosen, der deutschen Dauergegner und vermeintlichen »Erbfeinde«. Selbst Friedrich Engels bezeichnete die Varusschlacht anlässlich der Einweihung des Hermannsdenkmals beeindruckt als einen der entscheidenden Wendepunkte der Geschichte. »Mit ihr war die Unabhängigkeit Deutschlands von Rom ein für alle Mal entschieden.« Sogar der Mitbegründer des Sozialismus verfällt also in den Fehler, dem germanischen Volk der Cherusker eine deutsche Identität unterzuschieben.

Dabei wurde Arminius nach seinen Taten für viele Jahrhunderte erst einmal vergessen. Berichte über die damaligen Ereignisse gab es nur von römischer Seite, und diese Beschreibungen wurden erst im 16. Jahrhundert wiederentdeckt. Mit der Wiederentdeckung der *Germania* des römischen Geschichtsschreibers Tacitus begann man, die Germanen als Vorfahren zu betrachten und Arminius als Ahnherrn, dessen lateinischer Name jetzt zu Hermann eingedeutscht wurde. Unkritisch wurde der Befund des Tacitus übernommen, Arminius sei der »unzweifelhafte Be-

freier Germaniens«, was jedoch eine römische Sichtweise wider-
spiegelte und keineswegs bedeutete, die Germanen oder auch
nur die Cherusker hätten ihn als ihren Befreier angesehen. Aber
die Humanisten setzten ihren frisch gebackenen Ahnherrn unbeirrt in eine Reihe mit Alexander den Großen oder Hannibal,
bezeichneten ihn als Freiheitskämpfer und Einiger Deutschlands
und nicht zuletzt als gerechten Tyrannenmörder. Das entsprach
dem damaligen Drang, sich von allem Romanischen abzusetzen,
wozu es einer eigenständigen Tradition bedurfte. Gleichzeitig
galt die eigene Vergangenheit als umso ruhmreicher, je länger
sie zurückreichte, und da schien 9 n. Chr. ein ganz passables
Datum zu sein. Die Suche nach den eigenen Wurzeln und nach
einem deutschen Mythos schien erfolgreich beendet.

Seither wurde Arminius als Hermann der deutschen Vergangenheit fest zugerechnet. Der Reformation gefällt an ihm, dass
er gegen Rom kämpfte wie die Kirchenerneuerer gegen das römische Papsttum. Die Barockliteratur macht ihn zu einer literarischen und damit zunehmend populäreren Figur. Die deutsche
Aufklärung sieht Hermann als den guten, moralisch überlegenen
Barbaren, der für die Bewahrung seiner Natürlichkeit streitet und
sich einem tyrannischen Reich verweigert, das ohnehin dem Untergang geweiht ist. Im 19. Jahrhundert dann bestimmen zunächst
die Kriege gegen Napoleon das Bild vom fernen Vorfahren. Der
Wunsch nach nationaler Einigung wird auf seine Taten projiziert,
insbesondere auf die Varusschlacht. Franzosen werden zu Römern, das Schlachtfeld der Leipziger Völkerschlacht 1813 zu dem
weiter westlich gelegenen des Jahres 9. Und mit der nationalen
Begeisterung im 19. Jahrhundert setzt die Hochphase der Vereinnahmung des cheruskischen Aufrührers ein. Auf deren Höhepunkt sieht man in der Reichsgründung das Werk vollendet, das
Hermann viele Jahrhunderte zuvor vermeintlich begonnen hatte.

Im 20. Jahrhundert verlor die Hermannverehrung an Schwung. Selbst während der Zeit des Nationalsozialismus spielte der Cherusker ideologisch keine zentrale Rolle mehr – das »heroische Germanentum« dafür umso mehr. Bestes Beispiel dafür ist der gigantomanische Plan Hitlers, Berlin als baldige »Hauptstadt des Großdeutschen Reiches Germania« monumental auszubauen. Nach dem Zweiten Weltkrieg verschwand das Interesse an Nationalsymbolen und -helden wie Hermann. Als aber Ende der Achtzigerjahre Archäologen in der Nähe von Osnabrück aufsehenerregende Funde machten, verstärkte sich wieder das Interesse an dem historischen Ereignis, und heute dokumentiert ein spannendes Museum am Fundort nicht nur die Schlacht selbst, sondern auch die weiter andauernden Ausgrabungen.

Diese Ausgrabungen befassen sich mit den Geschehnissen vor 2000 Jahren aber nicht mehr als mit dem Urknall deutscher Geschichte, sondern mit einem Ereignis, das auf heute deutschem Boden stattfand, bevor Deutschland existierte oder sich ein deutsches Volk oder eine deutsche Sprache entwickelt hat. Die Varusschlacht ist also kein Teil der deutschen Geschichte, wohl aber eine Voraussetzung dafür, dass sie ihren Anfang nehmen konnte.

An ihr kann ein Buch zur deutschen Geschichte gleichwohl nicht vorbeigehen, weil sie in unserem Bewusstsein als Ereignis deutscher Geschichte so tief verankert wurde.

Um unsere eigene Vergangenheit zu verstehen, hilft es also ungemein, auch die Entwicklung zu kennen, die die Sicht auf unsere Vergangenheit genommen hat. Geschichte ist keine statische Angelegenheit, sondern immer Interpretation der Geschehnisse – nicht nur deshalb, weil wir nicht selbst dabei waren, sondern auch, weil die jeweilige Gegenwart als Standort die Sicht auf die eigene Geschichte beeinflusst.

DER VATER EUROPAS
800 – KARL DER GROSSE WIRD RÖMISCHER KAISER

Am Weihnachtstag des Jahres 800 kniete der Frankenkönig Karl, so will es zumindest die Legende, andächtig ins Gebet versunken in der römischen Laterankapelle, als sozusagen hinterrücks Papst Leo III. an ihn herantrat und ihm völlig überraschend die Kaiserkrone aufs Haupt drückte. Aus dem Frankenkönig war Kaiser Karl geworden, Nachfolger der römischen Imperatoren, erster Kaiser des Mittelalters und der erste Angehörige eines »Barbarenvolkes«, der die Kaiserwürde erlangt hat. Damit war das mittelalterliche Kaisertum begründet und mehr als 300 Jahre nach dem Sturz des letzten römischen Imperators das Römische Reich wiedererstanden – und zwar durch die Hand des Papstes. Mit Karl dem Großen begann eine tausend Jahre währende Epoche römischer Kaiser – das Heilige Römische Reich, das erst 1806 durch die napoleonischen Eroberungen unterging.

Ein wichtiges und folgenreiches Ereignis also – nicht allein für die deutsche, sondern ein Meilenstein der europäischen Geschichte insgesamt. Nicht umsonst gilt Karl der Große als »Vater Europas« und wurde im 20. Jahrhundert zum Namensgeber des ehrwürdigen Internationalen Karlspreises, mit dem seit fast sechzig Jahren Verdienste um Europa und die europäische Einigung gewürdigt werden. Ebenfalls nicht ohne Grund wurde er bereits zu Lebzeiten unter dem Beinamen »der Große« verehrt und geht in vielen slawischen Sprachen und im Ungarischen das Wort für »König« auf seinen Namen zurück. Die

Kaiserkrönung Karls wird gar als »Geburtsstunde des Abendlandes« verklärt.

Und trotzdem: Karls mittelalterlicher Biograf Einhart berichtet, Karl habe erbost reagiert angesichts der überraschenden Erhöhung zum Kaiser. Er hätte die Kirche gar nicht betreten, wenn er von den Absichten des Papstes gewusst hätte, so Einhart. Angeblich kam die Idee, Karl die Kaiserwürde zu verleihen, spontan. Den Tatsachen entsprach das wohl nicht, denn vermutlich war die Rangerhöhung zuvor abgesprochen worden. Durch seine Eroberungen war Karl ohnehin längst zum bei Weitem mächtigsten Fürsten in Europa geworden – da war die Übertragung der Kaiserwürde nur eine logische Folge.

In den ersten Jahrhunderten unserer Zeitrechnung hatte die Völkerwanderung das Antlitz Europas zunächst verzerrt und schließlich völlig verändert zurückgelassen. Beginnend am nördlichen Rand des Römischen Reiches hatten sich Völkerschaften in Bewegung gesetzt, die ihrerseits von heranziehenden Völkern aus dem Osten bedrängt wurden. Über mehrere Jahrhunderte bewegten sich die Völkermassen, vertrieben andere und wurden ihrerseits vertrieben, lösten sich Stämme auf und bildeten sich neue. Der Druck auf das Römische Reich wuchs, weil immer mehr Völker nach Aufnahme ins Reich verlangten, was Rom zunehmend überforderte, bis der westliche Teil des Reiches sich im 5. Jahrhundert auflöste. Gleichzeitig vermischten sich Stämme und Völker, Gebräuche und Herrschaften – eine Art Multikulti-Europa war das, um einen modernen Begriff zu verwenden. Als fassbarer Höhepunkt gilt die Plünderung Roms durch die Vandalen im Jahre 455. Die germanischen Völkergruppen bildeten neue Reiche, in denen sie römisches Erbe übernahmen.

Als der »Sturm über Europa« zur Ruhe gekommen war, erwiesen sich von den Germanenstämmen die Franken als erfolgreichster.

Ihr Aufstieg begann unter den Herrschern der Merowinger, die aber seit dem 7. Jahrhundert ihre Macht immer mehr an ihre Hausmeier verloren, bis diese zu Schattenkönigen geworden waren.

Karls Vater Pippin der Jüngere hatte 751 die Merowingerherrschaft auch formell abgelöst, indem er sich selbst zum König wählen ließ: Das Königtum der Karolinger war begründet. Nach Pippins Tod 768 wird das Reich zwischen Karl und seinem Bruder Karlmann aufgeteilt. Mit dem Tod seines Bruders wenige Jahre später übernimmt Karl die Alleinherrschaft und baut seine Macht aus: Er zieht im heutigen Niedersachsen gegen die heidnischen Sachsen ins Feld, kommt dem Papst in Norditalien gegen die Langobarden zu Hilfe, wird Schutzherr des Kirchenstaates und gliedert die Bayern dem Frankenreich ein. Vor allem gegen die Sachsen geht Karl alles andere als zimperlich vor, denn er scheut vor Massenexekutionen, Vertreibungen und Verwüstungen ganzer Landstriche nicht zurück. Trotzdem braucht er mehr als drei Jahrzehnte, um sie endgültig zu unterwerfen und zu christianisieren. Weitere Feldzüge Karls richten sich gegen die Awaren in Ungarn, die Bretonen Nordfrankreichs, die Omajaden in Spanien und schließlich die Normannen. Damit war ein Reich geschaffen, das an Größe und Macht dem Oströmischen Reich von Byzanz ebenbürtig war.

Aber es ging Karl nicht allein um diese Macht und den Erwerb eines möglichst ausgedehnten Herrschaftsraumes. Der Frankenkönig wollte nicht nur beherrschen, sondern auch regieren. Darin eiferte er dem Vorbild Rom nach, und zwar weniger wegen dessen Machtfülle als wegen der überlegenen Kultur, die nach den dramatischen Umwälzungen auf dem Kontinent ernsthaft gefährdet war. Er war sich klar darüber, dass ein solches Nachfolgereich nicht allein auf militärischer Macht beruhen konnte. Auch wenn Karl kaum schreiben konnte, sog er Wissen doch wie ein Schwamm in sich auf und ließ Kultur und Bildung erblühen. Außer Fränkisch sprach er fließend Latein, das er als Bildungssprache etablierte, verstand Griechisch und stand in regem Austausch mit den Geistesgrößen seiner Zeit, die er um sich scharte. Der Kaiser verpflichtete die besten Gelehrten seiner Zeit, gründete Klöster und Klosterschulen und verstand sich als Schutzherr der Kirche. Die römisch geprägte Verwaltung der Kirche setzte er ein, um ihre Herrschaft über die unterworfenen Gebiete zu festigen. Herrschaft wurde nicht mehr auf Grundlage der Stämme ausgeübt, sondern durch fränkische Beamte, die dem Reich als Ganzem dienten. Bestimmend für die innere Struktur und Verwaltung des Reiches wurden die Grafschaften. Die Kirche ihrerseits bewahrte vor allem in ihren Klöstern das kulturelle Erbe Roms und versah es mit christlicher Prägung; ihr ermöglichte Karl, sich weiter auszubreiten und ihre Stellung zu festigen. Damit begünstigte man sich gegenseitig, denn das Fränkische Reich sorgte nicht nur für die Festigung des Christentums in Europa, sondern Karl sicherte mithilfe der Kirche seine Macht. Verwaltung und Gerichtswesen wurden intensiviert und vereinheitlicht, was sich unter anderem an der enormen Zunahme amtlicher Niederschriften dokumentiert. Unter Karl wurde als Einheitsschrift die sogenannte karolingische Minuskel entwickelt, auf die unsere heutigen Kleinbuchstaben zurückgehen. Dies waren wichtige Beiträge für den Zusammenhalt eines Reiches, das so groß war und aus so unterschiedlichen Regionen bestand. Die zahlreichen Reformen sollten das riesige Reich zusammenführen, und zwar auf der Grundlage des römischen Erbes.

Die zeitgenössischen Berichte über Karls Kaiserkrönung, sein Leben und seine Person sind in mancherlei Hinsicht tendenziös, weil sie offizielle Quellen sind und das Selbstverständnis des neuen römischen Kaisers ausdrücken wollen. Ob also Karl, wie Einhart behauptet, die Kaiserkrone gar nicht wollte, ist mehr als fraglich. Dieser Passus spielt vermutlich eher auf die Tatsache an, dass der Papst den Kaiser krönte – und damit der weltliche Herrscher seine Rangerhöhung dem Oberhaupt der Christenheit verdankte. Karl war also kein »Kaiser wider Willen«, wohl aber entschieden unwirsch, weil er sich nicht selbst gekrönt hatte. Diese enge Verbindung zum Papsttum sollte über Jahrhunderte zu Spannungen und Abhängigkeiten führen, die die Geschichte prägten und sich mitunter als unlösbar erwiesen.

Dagegen gibt es klare Anzeichen für Karls Streben, es mit seinem Reich dem römischen gleichzutun: Jahre zuvor war in Aachen mit dem Bau einer herrschaftlichen Pfalz begonnen worden, in der sich Karls Anspruch niederschlug. Vor der Kapelle verwies eine antike Bronzewölfin, das Wappentier Roms, auf das Imperium als Vorläufer, ebenso antike Säulen im Innenraum der Kapelle, die heute das Herz des Aachener Doms bildet. Und nach der Krönung fügte Karl seinem Siegel den Zusatz »Renovatio Imperii Romani« bei, ließ also programmatisch mit jedem Regierungsakt das Römische Reich wiedererstehen.

Die bemerkenswerten Bemühungen, ein Reich mit innerem Zusammenhalt und äußerer Größe zu schaffen und ihm zugleich eine kulturelle Dimension zu geben, führten zusammen mit dem erklärten Vorbild Roms Karl zur Kaiserwürde. Voraussetzung war Karls Aufstieg und insbesondere sein Sieg über die Langobarden, unmittelbarer Anlass waren dagegen politische Turbulenzen in Rom, wo der umstrittene Papst Leo III. einen schweren Stand hatte und nach einem gescheiterten Attentat auf seine Person bei Karl in Paderborn Zuflucht gesucht hatte. Karl half Leo bei der Rückkehr nach Rom und kam Ende 800 selbst nach, um die römischen Streitereien um Leo endgültig beizulegen. Das geschah kurz vor Weihnachten, worauf Leo Karl die Kaiserkrone aufsetzte und die Römer jubelnd ihre Zustimmung kundtaten.

Man mag Karl den Großen als skrupellosen, grausamen Eroberer, als der er sich insbesondere in den Sachsenkriegen zu erkennen gab, verurteilen oder seine Leistung in der Einigung Europas, der Bewahrung römischen Erbes und der Christianisierung des Kontinents verherrlichen – Ersteres war nicht zuletzt Voraussetzung für Letzteres. Die Einigung setzte Expansion voraus, das Christentum verbreitete sich nicht nur durch fromme Predigt, und auch die innere Herrschaft und Verwaltung ließ sich nicht allein mit guten Worten bewerkstelligen.

Damit aber legte Karl in Europa die erstaunlich tragfähigen Fundamente für das lateinische Mittelalter, das zu unserem heutigen Erbe ebenso gehört wie die antike Kultur, die er bewahren half. Karl schuf Grundlagen für die überragende Bedeutung der römischen Kirche und hielt den Einfluss des oströmischen Einflusses auf Kerneuropa zurück, auch wenn es noch mehr als zwei Jahrhunderte dauern sollte, bis sich die katholische und die orthodoxe Kirche im großen morgenländischen Schisma trennten. Vor allem für die deutsche Geschichte ist von enormer Bedeutung, dass sich unter Karl dem Großen der Schwerpunkt des Frankenreiches durch die Eingliederung Sachsens und Bayerns nach Osten verlagerte – eine Voraussetzung für die Herausbildung Deutschlands.

Vom Menschen Karl wissen wir zugleich viel und wenig. Verlässliche Bildnisse gibt es nicht, als Selbstzeugnis nur einen einzigen Brief. Dafür existieren Zeugnisse über ihn, die von einem herzlichen und zugewandten Menschen sprechen, mit lebhaften Augen und etwas zu heller Stimme. Die mochte nicht recht zu seiner Statur passen, denn Karl war wohl um 1,90 Meter groß und strahlte Würde und Autorität aus. Der Kaiser neigte zu Übergewicht, auch weil er die Diätvorschriften missachtete und seiner Leidenschaft für Braten frönte, anstatt gekochtes Fleisch zu essen, wie es ihm seine Ärzte ans Herz legten. Seine andere Leidenschaft galt den Frauen: Karl war nicht nur mehrmals verheiratet (was zu dieser Zeit meist politisch motiviert war), sondern hatte auch zahlreiche Liebschaften. Achtzehn Kinder lassen sich nachweisen, und mindestens ebenso viele werden ihm darüber hinaus zugeschrieben.

Als Karl 814 in Aachen stirbt, hinterlässt er seinem einzigen überlebenden Erben, Ludwig dem Frommen, ein europäisches Großreich, das von den Pyrenäen bis an die Elbe, von Rom bis zum Ärmelkanal und von Ungarn bis zum Atlantik reicht. Es ist das christliche Abendland, das Karl der Große unter seiner Regierung erstmals unter eine Oberherrschaft gebracht hat. Eine Hauptstadt besaß dieses Reich jedoch nicht, auch wenn sich Aachen für einige Zeit zur Residenz Karls entwickelte. Aber das Frankenreich war so groß, dass die Regierungsarbeit überwiegend auf Reisen abgewickelt werden musste. Dafür wurden Pfalzen gebaut, in denen Karl mit seinem Gefolge residierte und Reichstage abhielt, oder der Herrscher stieg an Königshöfen und Bischofssitzen ab. Diese Art der Regierungsführung sollten seine Nachfolger fortsetzen.

Doch dieses weitläufige europäische Großreich war nicht von Dauer. Die Einheit konnte unter Ludwig dem Frommen noch gewahrt bleiben, wenn auch nur mit Mühe. Ludwigs Erbe aber wurde nach fränkischem Brauch unter seinen Söhnen aufgeteilt, die sich heillos zerstritten. Im Frühsommer des Jahres 841 trafen sie auf dem Schlachtfeld von Fontenoy in Burgund, südlich von Auxerre aufeinander: Kaiser Lothar auf der einen Seite, der das Reich zusammenhalten wollte, seine jüngeren Brüder König Ludwig und König Karl auf der anderen. Lothar unterlag in dieser grausamen Schlacht, wollte aber zunächst nicht klein beigeben. Dann aber musste er sich nach überaus zähen Verhandlungen zwei Jahre später im Vertrag von Verdun auf die Dreiteilung des Reiches einlassen.

Dieser Vertrag sollte sich als ausgesprochen folgenreich erweisen, denn damit bildete sich erstmals ein Rahmen für die spätere Herausbildung Frankreichs und Deutschlands aus den Teilreichen: im Osten für Ludwig (mit dem Beinamen »der Deutsche«) und im Westen für Karl den Kahlen. Allerdings lässt sich dies erst aus heutiger Sicht so treffend beurteilen, weil wir die weiteren Entwicklungen kennen; den Zeitgenossen des 9. Jahrhunderts galt das Reich Karls des Großen zwar als aufgeteilt, aber keineswegs als tot – da waren sich selbst Karls zerstrittene Enkel einig. Diese Teilung kann auch nicht als Geburt Frankreichs oder Deutschlands gelten; sie war eine dynastische Angelegenheit unter Brüdern im Erbstreit, aber kein Ausdruck nationaler Regungen. Der mittlere Teil des Frankenreiches, ein Streifen von Italien und der Provence bis nach Utrecht, verblieb bei Lothar I., wurde daher Lothringen genannt und in der Folgezeit zum Streitobjekt, bis er später dem ostfränkischen Reich zugeschlagen wurde. Ost- und Westfranken entwickelten sich seither unterschiedlich, auch wenn weitere Teilungen und neue Reichsbildungen folgten. Vor allem sprachlich sind diese unterschiedlichen Entwicklungen nachvollziehbar: Im Westen mit deutlicherem lateinischen Einschlag, im Osten stärker bestimmt von altgermanischen Dialekten. Die Grenze zwischen Ost und West sollte über lange Zeit eine beherrschende, aber durchlässige und bewegliche Grenze in Europa bleiben, bis sie von der Systemgrenze zwischen demokratischer und kommunistischer, zwischen kapitalistischer und planwirtschaftlicher Welt abgelöst wurde. Frankreich und Deutschland teilen also das Erbe Roms ebenso wie das Erbe Karls des Großen, aber erst im 20. Jahrhundert besann man sich auf diese Gemeinsamkeiten so nachhaltig, dass Frankreich und Deutschland sich nach vielen Kriegen versöhnten und einer erneuten, diesmal friedlichen Einigung des Kontinents in der Europäischen Union den Boden bereiteten.

FRÄNKISCHES VORBILD
UND SÄCHSISCHE BESTÄNDIGKEIT
919 – HEINRICH DER SACHSE
BEGRÜNDET DIE DYNASTIE DER OTTONEN

An Anekdoten über demütige Edle, die von ihrer Erhöhung zu König oder Kaiser völlig überrascht werden, während sie einer harmlosen oder frommen Beschäftigung nachgehen, hat die mittelalterliche, aber auch die spätere romantische Geschichtsschreibung immer wieder Gefallen gefunden. Dahinter steht die christliche Vorstellung von Demut und Bescheidenheit, mit der der Herrscher *in spe* als makelloser Charakter dargestellt werden soll. Während Karl der Große wie ohne eigenes Zutun von der Gebetbank als unverhofft gekrönter Kaiser aufstand, wurde auch Sachsenherzog Heinrich der Legende zufolge, ohne sich darum bemüht zu haben, beim Vogelfang von der Nachricht überrascht, man habe ihn zum König des Ostfrankenreiches gewählt. Romantisch verklärt sah das auf späteren Gemälden meist so aus: Ein naturnaher, natürlich blonder junger Bursche in einfacher Kleidung tief im Wald bei den Vögeln, geradezu erschrocken, weil auf edlen Pferden Kundschafter mit farbenprächtigen Bannern heranreiten, die ihm die Kunde seiner Wahl und auch gleich die Krone überbringen.

Heinrichs Vorgänger und einstiger Machtrivale König Konrad I. war 918 kinderlos gestorben, ein neuer König musste gefunden werden. Einer wahrscheinlicheren Erzählung dreier Chronisten Jahrzehnte später zufolge hatte der Franke Konrad den sächsischen Herzog noch auf dem Sterbebett als Nachfolger bestimmt, weil allein Heinrich mächtig genug schien, den

Kraftakt der Reichskonsolidierung zu bewältigen. Bemerkenswert daran ist auch, dass ein Sachse König wurde – immerhin ein Angehöriger jenes Stammes, den Karl der Große nicht viel mehr als ein Jahrhundert zuvor aufs Brutalste christianisiert und dem Frankenreich einverleibt hatte. Die Integration der Sachsen, insbesondere der Oberschicht, hatte sich in Windeseile vollzogen. Und auch dies ist bedeutsam für die Entwicklung einer deutschen Geschichte: Nicht nur die Franken sahen sich also dem Reich zugehörig, sondern auch die anderen Stämme, aus denen später das deutsche Volk hervorging.

Mit der Teilung des Reiches Karls des Großen unter seinen Enkeln im Vertrag von Verdun 843 hatte die Zersplitterung noch kein Ende gefunden. Durch Erbfolge, Nachfolgestreitigkeiten, königlichen Machtverlust und äußere Bedrohung entstanden in den Jahrzehnten danach kurzlebige Reiche, deren Herrscher ein frecher Chronist kurzerhand als »Kleinkönige« verspottete. Es gelang einfach nicht, eine stabile Reichsherrschaft aufzubauen, zumal sich jetzt mächtige Herzogtümer bildeten, die über lange Zeit die deutsche Geschichte mitbestimmen sollten. Das ostfränkische Reich stand vor dem Zerfall, auch weil Konrad mit seiner Politik gegen die Stammesherzöge gescheitert war. Mit ihnen eine einvernehmliche Konsensherrschaft zu etablieren, auf die seine Nachfolger aufbauen konnten, ist das wohl größte Verdienst Heinrichs.

Fast ein halbes Jahr nach Konrads Tod wählten die sächsischen und fränkischen Mächtigen in Fritzlar, nahe der Grenze zwischen Franken und Sachsen, im Mai 919 Herzog Heinrich zum König. Vom westfränkischen Reich wurde Heinrich anerkannt; Bayern und Schwaben mussten erst noch gewonnen werden. Das erreichte Heinrich I. nicht mit bloßer Kraftmeierei, sondern eher

durch eine behutsame Politik und Verhandlungen: Bald schon
akzeptierten ihn auch die Schwaben, nur die Bayern zierten
sich noch ein paar Jahre. Schließlich aber, im Jahr 921, öffnete
Bayernherzog Arnulf die Tore der belagerten Stadt Regensburg,
zog vor die Stadtmauer zu Heinrich und unterwarf sich ihm als
seinem König. Im Gegenzug zu ihrer symbolischen Unterwerfung – also seiner Anerkennung als König – musste Heinrich
den Herzögen aber Zugeständnisse machen; die Einheit des ostfränkischen Reiches unter einem König hatte also ihren Preis.
Der genaue Inhalt dieser Zugeständnisse ist allerdings nicht
überliefert. Vermutlich ging es um die kirchliche Oberhoheit in
den Herzogtümern, die Heinrich offenbar nicht für sich beanspruchte, womit er auf ein klassisch karolingisches Herrschaftsinstrument und einen inzwischen wichtigen Wirtschaftsfaktor
verzichtete.

Mit dem westfränkischen Karolinger Karl dem Einfältigen
schloss Heinrich 921 auf der Grenze zwischen Ost- und West-
frankenreich, am Rhein bei Bonn, einen allgemeinen Freundschaftsvertrag. Das hielt Heinrich aber Jahre später nicht davon
ab, sich innere Probleme der Westfranken zunutze zu machen,
als er Lothringen dem Ostfrankenreich einverleibte. Hinzu
kamen nach grausamen Feldzügen das Gebiet der Elbslawen
sowie die Anerkennung der Oberhoheit des Reiches durch Böhmen unter Herzog Wenzel. Ein weiteres Verdienst Heinrichs I.
war die Durchsetzung der unteilbaren Erbfolge, damit das Reich
erhalten blieb und nicht in womöglich rivalisierende Teilreiche
zerfiel wie unter den späten Karolingern. Insgesamt erscheint
Heinrich als maßvoller, bedächtiger Herrscher, der sich sehr
erfolgreich einer friedensstiftenden Konsenspolitik verschrieb –
im Unterschied zu seinem Sohn Otto, dessen zunächst übermäßig forsches Auftreten prompt den Widerstand des Hochadels
hervorrief.

Die Kaiserwürde blieb Heinrich jedoch versagt, dafür war er zu sehr von den Herzögen abhängig und vorerst nicht mächtig genug, aber auch später kam der Romzug über die bloße Planung nicht hinaus. Heinrich hatte andere Sorgen, und dazu gehörten nicht zuletzt die noch heidnischen Ungarn, die im 10. Jahrhundert auf ihren Raubzügen im christlichen Europa immer wieder Angst und Schrecken verbreiteten. Den geübten, wendigen Reitern mit Pfeil und Bogen hatten die unbeweglichen Fußsoldaten in ihren schweren Rüstungen wenig entgegenzusetzen. Heinrich erreichte in Verhandlungen mit den Ungarn gegen Zahlungen einen neunjährigen Waffenstillstand, der ihm Zeit gab zur Vorbereitung und Anpassung seiner Armee an die Erfordernisse eines Kampfes gegen die gefürchteten ungarischen Reiterhorden.

Sowohl der endgültige Sieg auf dem Lechfelde bei Augsburg (955) über die Ungarn, die einige Jahrzehnte darauf zum Christentum übertraten, als auch der Romzug blieben aber Heinrichs Sohn Otto vorbehalten. Der vernichtende Sieg gegen die Ungarn brachte Otto den Beinamen »der Große« ein, weil er die Christenheit vor der »heidnischen Gefahr« errettet hatte, und ermöglichte ihm, seine Politik gen Italien zu richten, wo er schließlich 962 zum römischen Kaiser gekrönt wurde. Mit seiner Krönung ging eine jahrzehntelange kaiserlose Phase zu Ende; es sollte aber nicht die letzte bleiben.

Zur Innenpolitik der Ottonen traten also drei Tätigkeitsfelder, die die Reichsgeschichte der kommenden Epoche prägen sollten: Eine Italienpolitik zur Ausdehnung der Macht und zum Griff nach der Kaiserkrone, der Schutz der Christenheit gegen heidnische Einfälle von außen, wie der Ungarn oder Normannen, was im Inneren ein Zusammengehörigkeitsgefühl der Gläubigen schuf, sowie eine militärische Missionspolitik in Richtung Osten.

Wegweisend war Ottos mühevoll umgesetzte Gründung des

Erzbistums Magdeburg, im Dom der Stadt wurde er beigesetzt. Seinem Sohn Otto II., der 983 früh verstarb, blieb wenig mehr Zeit, als mit den offenen Problemen nach dem Tod seines Vaters zu kämpfen – vor allem betrafen dies die schwierigen Herrschaftsverhältnisse in Oberitalien und familiäre Machtkämpfe. Im Slawenaufstand 983 gingen die erst fünfzehn Jahre zuvor eroberten Gebiete der Elb- und Ostseeslawen dauerhaft wieder verloren. Im gleichen Jahr wurde mit nur drei Jahren Otto III. König, für den zunächst seine byzantinische Mutter Theophanu, später seine Großmutter Adelheid die Regentschaft übernahmen. In der Zwischenzeit genoss Otto eine außergewöhnliche Erziehung durch erstklassige Lehrer. Das blieb nicht ohne Folgen: Im großen Maßstab und mit viel Ehrgeiz ging Otto mit seiner Mündigkeit 994 seine Regierung an, aber man kann nur spekulieren, was daraus geworden wäre, hätte nicht sein früher Tod dem ein Ende gesetzt. Aber auch so drückte Otto III. seiner Herrschaft einen unverwechselbaren Stempel auf, sei es durch seinen politischen Schwerpunkt auf Italien oder seine Innovationsbereitschaft, seinen Einfluss auf das Papsttum oder seine persönliche Frömmigkeit. Nachhaltig wirkten die Italien- und die »Ostpolitik«, die aber nicht der rein machtpolitischen Expansion dienten, sondern der Verbreitung des Christentums. Um diese Zeit wurde das bedeutende Erzbistum Gnesen gegründet und erhielt Ungarn mit István I. (Stephan der Heilige) seinen ersten christlichen König.

Der frühe Tod Ottos III. hinterließ ein Machtvakuum, da noch kein Nachfolger bestimmt worden war. Die Großen des Reiches einigten sich schließlich auf Heinrich, ein bayrischer Ottone und der letzte der Dynastie, der die ehrgeizigen und weitgespannten Pläne seines Vorgängers auf eine übersichtliche, aber auch konfrontativere Politik zurechtstutzte.

Nach Otto dem Großen erhielt das Herrschergeschlecht der Ottonen seinen Namen; es beherrschte ein gutes Jahrhundert lang das ostfränkische Königreich und hatte das römische Kaisertum inne, bis es 1024 mit Heinrich II. in männlicher Linie ausstarb und die Ottonen vom Herrschergeschlecht der Salier abgelöst wurden. Auch wenn Heinrich I. als der erste der sächsischen Herrscher den Kaisertitel nicht errang, schuf er doch die Voraussetzungen dafür, dass seine Erben das Kaisertum Karls des Großen neu begründen konnten – aber eben nicht mehr rein fränkisch geprägt, sondern die Stammesvielfalt anerkennend, und außerdem in Abkehr vom fränkischen Brauch der Erbteilung. Letzteres war besonders wichtig, weil das Frankenreich Karls des Großen eben daran zerbrochen war und mit den Ottonen eine Beständigkeit einzog, die das Herrschergeschlecht überdauerte.

In ihrer Innenpolitik zeichnen sich die Ottonen durch die Anerkennung einer Herrschaftsbalance aus: zwischen König, Adel und Kirche. Heinrich I. benutzte die Kirche nicht mehr als Herrschaftsinstrument wie Karl der Große, sondern akzeptierte sie als Machtfaktor mit eigenen Interessen. Gleiches galt für die Führer der neu entstandenen Herzogtümer. Bischöfe, Äbte und Herzöge wurden Partner des Herrschers und konnten ihm gegenüber Forderungen geltend machen. Gemeinsam bemühte man sich um eine Balance und um friedliche Wege der Konfliktlösung. Kirche, Adel und König brauchten einander und wussten das auch. Das schloss Spannungen nicht aus, ermöglichte aber häufiger ein Miteinander, um Einigung zu erreichen.

Auch Heinrich der Sachse lässt sich noch nicht wirklich als ein *deutscher* König bezeichnen. Aber seine Regierungszeit und die seiner Nachkommen bedeutete einen sehr wichtigen Zwischenschritt hin zu einem deutschen Reich, weil sich mit Heinrich und seinen Nachkommen die Abkehr vom rein (ost-)fränkisch geprägten Reich vollzog. Künftig umfasste Reichsgeschichte die politischen Geschicke derjenigen Stämme, die später als deutsche bezeichnet werden sollten. Aber auch hier gilt wieder: Dies ist eine rückblickende Einordnung, die keinesfalls der Wahrnehmung der Zeitgenossen entspricht. Auch im 10. Jahrhundert fehlte eine Selbstwahrnehmung der Menschen im heutigen Deutschland, Deutsche zu sein, denn sie sahen sich nach wie vor als Sachsen, Bayern oder Schwaben. Übergeordnet war das Reich, das noch lange kein deutsches war. Denn wie der Historiker Johannes Fried ebenso lakonisch wie zutreffend schreibt: »Die Deutschen schlitterten in ihr nationales Dasein, ohne es zu merken und ohne es zu erstreben.« Wichtiger als eine gemeinsame Volkszugehörigkeit war neben der Stammeszugehörigkeit der gemeinsame christliche Glaube. Aller romantischen Verklärung nationaler Hochgefühle des 19. Jahrhunderts zum Trotz: Der deutschen Nation ging ein Staat voraus, und der existierte auch mit den Ottonen noch nicht. Insgesamt führen drei breite Wege zur Entstehung des deutschen Volkes, das aber kein exakt bestimmbares Geburtsdatum hat: römisches Erbe, Völkerwanderung und christliche Religion – alles Faktoren, die für Europa als Ganzes gelten. Die zunehmend stabilere Ordnung des Reiches in der Ottonenzeit rief allmählich das Bedürfnis der Menschen im Reich hervor, einen gemeinsamen Namen zu haben. Aber die Entstehung des Volkes vollzog sich nach den Worten Hagen Schulzes über Jahrhunderte hinweg: »Die Deutschen waren vielmehr Wandlungsprodukte eines sich transformierenden Frankenreiches.«

KRÄFTEMESSEN ZWISCHEN
REICH UND KIRCHE
1077 – HEINRICHS IV.
BUSSGANG NACH CANOSSA

Hätte vor fast eintausend Jahren ein epochales Ereignis bereits eine mediale Begleitung erfahren können, wie wir es heute gewohnt sind, wäre der berühmte »Bußgang nach Canossa« des Salierkönigs Heinrich IV. monatelang Thema der Abendnachrichten gewesen. Die politischen Verhältnisse im Reich um 1076/77 hatten das Zeug dazu, sie bewegten die Menschen, auch wenn sie sich darüber nicht aus Fernsehen oder Zeitung informieren konnten. Was sich da im winterlichen Schneetreiben vor der norditalienischen Burg Canossa vollzog, war aber auch in der Tat unerhört, zumal sich Vergleichbares noch nie zugetragen hatte. Da wartete der stolze König Heinrich IV., politischer Führer des Reiches, in demütiger Büßerpose, barfuß und im einfachen Wollwams im verschneiten Burghof vor verschlossenen Toren, hinter denen ihm der Papst zürnte. Geschlagene drei Tage in Folge stand er dort und schien von seiner Autorität als König nicht mehr viel zu besitzen. Die wenigen Augenzeugen hielten ebenso den Atem an wie die Weltöffentlichkeit, die die beunruhigenden Entwicklungen der vorangegangenen Monate mit Sorge verfolgt hatte. Diese Aufmerksamkeit galt keineswegs nur der offenkundigen Sensation des königlichen Bußaktes, der sich damit der Autorität des Papstes unterstellte, sondern dem, was in dieser Zeit in Bewegung gekommen war: Die christliche Weltordnung war nachhaltig durcheinandergeraten, und das beängstigte die Menschen. Für sie hatte diese Ordnung einen ungeheuer hohen Stellenwert, und sie fürchteten nichts mehr als Chaos, Ungewissheit und den Zorn Gottes angesichts einer sündhaften Gesellschaft. Denn diese sollte doch eine christlich-gottgefällige sein, mit einem tugendhaften König an der Spitze. Gleichzeitig bedeutete der Ausschluss des Königs aus der christlichen Gemeinschaft einen schier unauflösbaren Loyalitätskonflikt, denn jeder Untertan schuldete sowohl dem Papst als auch dem König Gehorsam. Nun aber musste man sich für die eine oder die andere Seite entscheiden.

Die unmittelbare Vorgeschichte des demütigen Kniefalls von Canossa, wohin sich Papst Gregor VII. auf die Nachricht vom Nahen Heinrichs eilends zurückgezogen hatte, beginnt ein Jahr zuvor, im Januar 1076: Auf einem Reichstag in Worms setzte Heinrich IV. ein Schreiben durch, das Papst Gregor zum Rücktritt aufforderte. Der Papst nahm das prompt zum Anlass, zum ersten Mal in der Geschichte einen König zu exkommunizieren, mithin aus der christlichen Gemeinschaft zu verstoßen und gleichzeitig als König abzusetzen. Dass Gregor aus seinem Konflikt mit Heinrich IV. nicht nur kirchliche Konsequenzen zog (was in einer universell christlich ausgerichteten Ordnung schon skandalös genug gewesen wäre), sondern auch politische, war unerhört. Durfte der Papst überhaupt so weit gehen? Konnte er den König einfach »vom Dienst suspendieren«? Hochbrisant und hochpolitisch war also der Streit zwischen Rom und dem Reich, zwischen Papst Gregor und König Heinrich geworden. Und die Folgen beschränkten sich keineswegs nur auf die Amtszeiten der beiden Kontrahenten, sondern wirkten bis weit in die Zukunft.

Ende 1076 machte sich der König, den Gregor bereits als Exkönig bezeichnete, in Speyer mit Frau, Kind und ein paar wenigen Getreuen auf den Weg nach Süden. Es war höchste Zeit, denn der Papst hatte sich bereits in entgegengesetzter Richtung auf die Reise begeben: nach Deutschland, um sich dort mit den Gegnern des Königs und mächtigsten Fürsten des Reiches in Augsburg zu treffen. Ein Tribunal gegen Heinrich war geplant, in dem er seine Krone unwiderruflich verlieren sollte.

Da blieb Heinrich nichts anderes übrig, als dem Papst entgegenzureisen, ihn abzufangen, bevor der Heilige Vater Deutschland erreichte, und ihn zur Rücknahme seiner Maßnahmen zu bewegen. Andernfalls wäre seine unwiderrufliche Entmachtung nur noch eine Frage der Zeit gewesen. Die Reise, zunächst über Straßburg, Besançon und Genf, war beschwerlich, denn der Winter war nicht nur außergewöhnlich streng, sondern Heinrichs Widersacher hatten auch den Weg über zugänglichere Alpenpässe versperrt, sodass er den Mont Cenis in den Westalpen bezwingen musste, um nach Italien zu gelangen. Die Chronisten berichten von der beschwerlichen Alpenüberquerung über den völlig vereisten Pass: Die Frauen mussten auf Rindshäuten als Schlitten und die Pferde mit angebundenen Beinen gezogen werden. Von den Tieren sollen es nur wenige überlebt haben. Dann ging es weiter über Turin, Pavia und Reggio nach Canossa, wo der Papst in der mächtigen Burg der Markgräfin Mathilde von Tuszien Aufnahme gefunden hatte.

Es kam zu Verhandlungen zwischen dem Papst und königlichen Mittelsleuten. Doch Gregor zeigte sich unnachgiebig und verlangte von Heinrich, sich dem Augsburger Tribunal zu stellen. Vor dem Hintergrund der gescheiterten Verhandlungen kam es zum dramatischen Höhepunkt.

Am 25. Januar 1077 begab sich Heinrich vor die verschlossenen Burgtore von Canossa, hinter denen der Papst zunächst weiterhin seine harte Linie verfolgte. Gregor selbst berichtete später den Reichsfürsten zur Rechtfertigung seines folgenden Einlenkens, Heinrich habe geschlagene drei Tage im Schnee gestanden, als armer Sünder und ohne jedes Zeichen seiner königlichen Würde, und habe tränenreich um Erbarmen gefleht. Das habe schließlich seine Wirkung auf Gregors Gesellschaft in der Burg und dann auch auf das Kirchenoberhaupt selbst nicht verfehlt.

Der Papst gab seine unnachgiebige Haltung auf, und man einigte sich auf Bedingungen, unter denen Heinrich vom Kirchenbann befreit werden sollte. Der Begriff »Bußgang« greift übrigens zu weit, weil es sich im Handeln Heinrichs weniger um einen Bußakt als um einen Unterwerfungsakt handelte. Und dies war ein damals üblicher ritueller Vorgang, mit dem auch abtrünnige Fürsten den König um Verzeihung baten. Dann gebot es die herrscherliche Milde, die Geste anzunehmen und den Fürsten in seine alten Rechte wieder einzusetzen. In der schriftlichen Zusicherung an Gregor durfte sich Heinrich folgerichtig auch wieder König nennen.

Aber wer waren diese beiden Kontrahenten Heinrich und Gregor? Der Salierkönig Heinrich war beim Tod seines Vaters, des Kaisers Heinrich III., 1056 ein kindlicher König von sechs Jahren, dessen Mutter Agnes die Amtsgeschäfte führte. Eine Vielzahl dramatischer Entwicklungen und Entscheidungen in Heinrichs fünfzigjähriger Herrschaftszeit hat zu sehr widersprüchlichen Beurteilungen seiner Politik und seiner Person geführt – das Urteil reicht vom entschlossenen Kämpfer für die Einheit des Reiches bis zum unbarmherzigen und unberechenbaren Machtmenschen. Ein geschlossenes Charakterbild lässt sich aus den Zeugnissen nicht gewinnen, geschweige denn ein einigermaßen objektives. Aber wie subjektiv diese Einschätzungen auch sein mögen, sie belegen zusammen mit den dramatischen politischen Entwicklungen das vergiftete Klima dieser Zeit – ganz im Unterschied zur auf Konsens ausgerichteten Herrschaft unter den Ottonen. Jetzt aber geriet die prekäre Machtbalance zwischen König, Kirche und Adel ins Schwanken; in der Wahrnehmung der Zeitgenossen war die Einheit der Welt zerbrochen.

Heinrichs Kindheit und die Zeit der Regentschaft dürften ein Trauma hinterlassen haben, denn im Machtkampf zwischen der Kaiserin und den mächtigen, untereinander zerstrittenen Reichsfürsten wurde der königliche Junge zum Spielball. 1062 wurde der Elfjährige gar gekidnappt: Erzbischof Anno von Köln und seine Mitverschwörer entführten Heinrich auf dem Rhein bei Kaiserswerth (heute ein Stadtteil von Düsseldorf). Fast wäre der König ertrunken, als er ins Wasser sprang, um zu fliehen. Wer den König in seiner Gewalt hatte, besaß die Macht, denn nominell herrschte Heinrich, folglich bestimmte jetzt Erzbischof Anno, was im Reich geschah. Damit wurde dem jungen König offenbar ein grundsätzliches Misstrauen eingepflanzt, das seine Politik künftig beeinflussen sollte, zumal die Regentschaft seither von Kämpfen der Reichsfürsten untereinander geprägt war. Auf Meinung und Rat der Mächtigen des Reiches, mit denen seine Vorgänger nach Möglichkeit Einvernehmen gesucht hatten, gab er nicht viel. Man kann es ihm schwerlich verdenken. Aber das feindselige Klima zwischen König und Reichsfürsten beziehungsweise zwischen Anhängern und Gegnern Heinrichs lähmte das Land.

Der Papst war ein nicht minder schwieriger Charakter, und auch über ihn wurden sehr widersprüchliche Urteile gefällt. Gregor war ein Vertreter des Reformpapsttums, das sich im 11. Jahrhundert in Rom durchsetzte und die Kirche auf ihre Ideale und eigentliche Aufgabe, dem Dienst am Christentum, zurückführen wollte. Das bedeutete, Prinzipien unnachgiebig durchzusetzen, darunter vor allem die Ehelosigkeit der Priester (Zölibat) und das Verbot des Ämterkaufs (Simonie). Nahezu selbstverständlich war es nämlich geworden, dass bei der Vergabe kirchlicher Ämter Geld floss, und verheiratete Priester waren keine Seltenheit. Zwischen Kirche und Politik hatten sich außerdem insbesondere im Reich enge Verflechtungen herausgebildet, die den römischen Reformkräften jetzt ein Dorn im Auge waren. Die Bischöfe im Reich dagegen, die von der Nähe zur Politik profitierten, störten sich weitaus weniger daran, dass sie in manchem dem christlichen Ideal nicht entsprachen. Vor allem an der Besetzung der Bischofsämter entzündete sich der Streit, der deshalb den sperrigen Namen Investiturstreit erhielt: Seit Langem war üblich, dass der König über die Besetzung, das heißt die Investitur, entschied, aber damit sollte es nach dem Willen der kirchlichen Reformer ein Ende haben.

Gregor hatte aber nicht nur überaus strenge Ansichten über christliche Ideale, sondern war auch zutiefst überzeugt davon, dass die Autorität des Glaubens und damit der Kirche unangefochten über allem stehen müsse. Mit einer strengen Hierarchie innerhalb der Kirche und der Kontrolle der Bischöfe wollte er seine Prinzipientreue bis in die letzte Dorfkirche durchsetzen; gleichzeitig vertrat er seine Lehre vom Machtanspruch der Kirche auch über die Herrschenden mit donnernden Worten.

So gesehen ist es wenig verwunderlich, dass zwei so entschlossene, schwierige und ebenso macht- wie sendungsbewusste Menschen aneinandergerieten. Menschliche Konstellationen haben die Geschichte schließlich immer wieder beeinflusst. Der Konflikt existierte aber keineswegs nur in den Augen der beiden Kontrahenten. Bereits Karl der Große hatte die Kirche beim Aufbau seines Reiches eingebunden, und unter Otto dem Großen waren die Bischöfe unverzichtbare Stützen des Königtums geworden. Die Frage wurde laut, ob diese enge Zusammenarbeit und gegenseitige Abhängigkeit vom Wesen des Christentums überhaupt gedeckt war. Das Reformpapsttum meinte Nein, und mit Papst Gregor an der Spitze suchte Rom den Weg zurück zur eigentlichen Aufgabe der Kirche. Eine nicht minder wichtige Frage ergab sich aus Gregors Lehre von der Oberherrschaft der Kirche: Stand also der Papst über dem König? Gregor hatte entsprechend gehandelt und den Spieß umgedreht, als Heinrich ihn zum Rücktritt aufgefordert hatte – indem er seinerseits den König absetzte: Das Kaisertum hatte nämlich schon des Öfteren auf ähnliche Weise eingegriffen, wenn in Rom mehrere Päpste um die Rechtmäßigkeit stritten.

Das schlagzeilenträchtige Handeln des Königs in Canossa hatte die Angelegenheit jedoch nicht geklärt. Heinrichs wiedergewonnene politische Handlungsfreiheit brachte nicht auf Dauer, was er sich erhofft hatte: eine unangefochtene Herrschaft. In den folgenden Jahren hatte es Heinrich mit einem Gegenkönig zu tun, den die Reichsfürsten trotzdem gewählt hatten, und die politischen Wirren fanden bis zu der entwürdigenden Entmachtung durch den eigenen Sohn 1105 kein Ende mehr. 1084 wurde Heinrich erneut und diesmal endgültig gebannt. Aber auch Papst Gregor konnte nicht triumphieren: Er bekam den Widerstand der deutschen Bischöfe gegen seinen rigiden Kurs zu spüren, wurde von Heinrich IV. militärisch bekämpft, 1084 abgesetzt und beschloss sein Leben im Jahr darauf tief verbittert im Exil.

Da der Konflikt über die beiden Kontrahenten hinausging, hatte Canossa weitreichende Nachwirkungen. Auch die Nachfolger Gregors und Heinrichs gerieten immer wieder aneinander und stritten um die Vorherrschaft. Steht der Papst als Gottes Stellvertreter auf Erden über König und Kaiser oder nicht? Oder hat das politische Oberhaupt des Reiches das Sagen, wer in Rom Papst sein darf? In einer universell christlichen Welt war das eine entscheidende Frage, die dauerhaft allerdings erst entschieden wurde, als es das Reich nicht mehr gab und die Kirche ihren Zugriff auf weltliche Belange verlor.

Die Ereignisse von Canossa haben die Welt also in der Tat massiv erschüttert, und das wussten auch bereits die zeitgenössischen Beobachter. Die Geschehnisse brannten sich ins Geschichtsbewusstsein so sehr ein, dass jedermann wusste, was Bismarck meinte, als er fast achthundert Jahre später im Berliner Reichstag an die christliche Zentrumspartei gerichtet den Ausspruch tat: »Nach Canossa gehen wir nicht!« Im Kulturkampf des eben gegründeten Deutschen Reiches mit der katholischen Kirche ging es 1872 darum, ob mit dem Vatikan diplomatische Beziehungen aufgenommen werden sollten.

Eine Kompromisslösung fand der Streit zwischen Reich und Papsttum in der augenfälligsten und problematischsten Frage der Besetzung der Bischofsämter. Der Sohn Heinrichs IV. verständigte sich 1122 im Wormser Konkordat mit der Kirche auf eine Regelung: Die Bischofwahl wurde dem politischen Einfluss entzogen, nur bei Uneinigkeit des wählenden Domkapitels durfte der König/Kaiser entscheiden. Dafür blieb ihm vorbehalten, den neuen Amtsträger vor seiner geistlichen Weihe mit dem Zepter als Symbol seiner weltlichen Kompetenzen auszustatten. Damit sollten die weiterhin weltlichen und geistlichen Elemente des Bischofsamtes auseinandergehalten werden. Das eigentliche Problem wurde damit natürlich nicht gelöst: Nach wie vor blieb die Kirche im Reich ein maßgeblicher politischer Faktor. Trotzdem schien mit Canossa das auf, was Max Weber Jahrhunderte später die »Entzauberung der Welt« nannte: Der Keim für die erst viel später erfolgte, dann grundsätzliche Trennung von Politik und Glaube war gelegt. Bis auf Weiteres aber galt für die

Herrscher in ihrem Verhältnis zur Kirche: Sie konnten nicht mit ihr und nicht ohne sie.

GLANZ UND GLORIA DES MITTELALTERS
1155 – FRIEDRICH I.
BARBAROSSA WIRD KAISER

Das bekannteste Herrschergeschlecht des deutschen Mittelalters ist zweifellos das der Staufer mit Friedrich I. Barbarossa, dem rotbärtigen Kaiser, als seinem berühmtesten Vertreter. Der wartet der Sage nach im thüringischen Kyffhäuser auf seinen zweiten Auftritt auf der Weltbühne, während ihm einstweilen im Innern des Berges der Bart mal durch den Tisch, mal darum herum wächst, so die verschiedenen Varianten des populären Volksglaubens. Insbesondere dem Deutschen Reich von 1871 diente der Staufer als historischer Bezugspunkt – bis hin zur analogen Bezeichnung des Kaisers der Reichsgründung von 1871, Wilhelm I., als »Barbablanca«. Aber auch das nationalsozialistische Deutschland reklamierte den Stauferkaiser für sich: Nicht zufällig lautete der militärische Deckname für den Überfall auf die Sowjetunion 1941 »Unternehmen Barbarossa«.

Barbarossa war schon zu Lebzeiten ein volkstümlicher Herrscher, der seinem Volk ein prächtiges Fürstenleben voller Glanzlichter präsentierte: von der prunkvollen Hochzeit mit der burgundischen Prinzessin Beatrix über seinen triumphalen Sieg über seinen Rivalen und Vetter Heinrich den Löwen, von den festlich-repräsentativen Hoftagen über die verdiente Kaiserkrönung in Rom – bis hin zum tragischen, aber doch irgendwie standesgemäßen Ende auf dem Weg ins Heilige Land während des Dritten Kreuzzugs.

Bis heute gilt die Epoche der Staufer als glanzvoller Höhepunkt des deutschen Mittelalters, und das nicht allein in der Nachwirkung der politischen Vereinnahmung für den Glorienschein der Reichsgründung von 1871, sondern auch weil wichtige Elemente der Strahlkraft des Mittelalters in dieser Zeit besonders prägend waren. Nicht nur begann damals der Aufstieg des deutschen Städtewesens, dem viele Zentren des aufstrebenden Bürgertums, regen Handels und wachsenden städtischen Selbstbewusstseins Gründung oder Blüte verdanken. Auch das bis ins 21. Jahrhundert faszinierende schillernde Ritter- und Minnewesen erlebte einen Höhepunkt, ob mit Ritterspielen oder den galanten Gedichten eines Walther von der Vogelweide. Daneben ragt das staufische Jahrhundert aus den instabilen und wechselhaften Zeiten vor und nach ihm heraus.

Mit dem Regierungsantritt Friedrichs von Staufen, dem die Italiener wegen seines rotblonden Bartes den griffigen Beinamen Barbarossa gaben, verbanden die Menschen sogleich große Hoffnungen. Das lag zum einen an der Erfahrung der Krise, die man unter Barbarossas Vorgängern gemacht hatte und von den Chronisten als »traurige Zeiten« beklagt wurde. Zum anderen aber traute man diesem Mann aus dem schwäbischen Adel zu, eine spürbare Wende herbeizuführen. Und in der Tat, Friedrich Barbarossa besaß die drei wichtigsten Eigenschaften eines erfolgreichen Politikers: Begabung, eine Vision und die für ihre Umsetzung nötige Tatkraft. Friedrich wollte nicht nur das Reich innerlich befrieden, um seine Herrschaft wirkungsvoll ausüben zu können. Er wollte außerdem das Imperium, das unter ihm erstmals als *Heiliges* Römisches Reich (*sacrum imperium romanum*, also eigentlich *geheiligtes* römisches Reich) bezeichnet wurde, glanzvoll erneuern. Innenpolitisch bemühte er sich nach Möglichkeit um eine geduldige, auf Ausgleich mit allen politischen

Kräften bedachte Regierung, während er nach außen stets mit dem Anspruch der herausgehobenen Stellung des Kaisers auftrat. Seine herrscherliche Milde konnte aber auch schnell einer gnadenlosen Härte Platz machen – so im Fall der oberitalienischen Stadt Mailand, die er trotz Unterwerfung niederbrennen ließ.

Nach seiner Wahl und der nur wenige Tage später erfolgten Krönung zum König – jeweils an den traditionellen Orten Frankfurt am Main und Aachen – nahm Friedrich I. zielstrebig die Erlangung der Kaiserwürde in Angriff. Als Bedingung dafür hatte sich ein Italienzug durchgesetzt, um den Anspruch auf die italienischen Gebiete des Reiches zu untermauern. Die Krönung musste nach Möglichkeit durch den Papst in Rom erfolgen – jenem Ort, der wie kein anderer für die postulierte Kontinuität vom antiken Kaiserreich bis in die damalige Gegenwart stand.

1152/53 einigte sich Friedrich vorab mit Papst Eugen III. auf die Bedingungen für die Krönung, um dessen Unterstützung bei seiner Erhebung zum Kaiser zu erlangen. Er gelobte, als Schutzherr der christlichen Kirche das Papsttum gegen die immer wieder renitenten Römer, die Normannen in Süditalien und den oströmischen Kaiser in Byzanz, dem heutigen Istanbul, zu verteidigen. Im Herbst 1154 zog Friedrich über den Brennerpass nach Italien. Wie versprochen widerstand er dem Werbungsversuch der römischen Bürger, die ihn für sich gewinnen und ohne Beteiligung des Papstes zum Kaiser krönen wollten, und zog vor die Tore der Stadt. Auf Eugen war inzwischen auf den Stuhl Petri Papst Hadrian IV. gefolgt, ein tatkräftiger Mann und der einzige Engländer, der je Bischof von Rom wurde. Barbarossas Enkel und beflissener Biograf Otto von Freising hat den Krönungstag in seinen *Gesta Frederici* beschrieben:

»Nach Sonnenaufgang, als schon die erste Stunde vorüber war und Papst Hadrian, der mit den Kardinälen und Klerikern vorangezogen war, seine Ankunft auf den Stufen erwartete, brach der König auf und stieg bewaffnet mit seinen Leuten den Abhang des Monte Mario hinab und betrat durch das sogenannte Goldene Tor die Leostadt, in der bekanntlich die Kirche des heiligen Petrus liegt. Da konnte man das Heer so strahlend im Glanz der Waffen, so mustergültig in der Vollkommenheit seiner Ordnung einherziehen sehen, dass man mit Recht von ihm sagen konnte: Schrecklich wie die geordnete Schlachtreihe des Lagers und, wie es bei den Makkabäern heißt: Auf den goldenen Schilden spiegelte sich die Sonne, und die Berge erstrahlten von ihnen. Als dann der König zu den Stufen der Kirche des heiligen Petrus kam, wurde er vom Papst ehrenvoll empfangen und zur Confessio des heiligen Petrus geleitet. Nachdem dann der Papst selbst eine heilige Messe zelebriert hatte, empfing der König, umgeben von seinem bewaffneten Heer, unter dem gebührenden Segen, die Krone des Reiches, im vierten Jahr seines Königtums, am 18. Juni, während alle Anwesenden mit größter Freude akklamierten und Gott um eines so ruhmvollen Ereignisses willen priesen.«

So hatte Friedrich I. Barbarossa schneller als seine Vorgänger das Höchste erreicht, das ein Herrscher des Mittelalters erlangen konnte: die Kaiserkrone. Nun allerdings begannen die Mühen der Ebene, die Friedrichs Herrschaft mehr bestimmen sollten, als es die Überhöhung nach seinem Tod vermuten ließe. Weil ihm nämlich die Reichsfürsten, auf die er militärisch angewiesen war, einen Feldzug nach Süditalien gegen die Normannen verweigerten, kam sogleich der erste Misston in die Beziehung zwischen Kaiser und Papst. Friedrichs autoritäre Städtepolitik in Oberitalien erzeugte böses Blut, und in den europaweiten Auseinandersetzungen nach dem Tod Hadrians 1159, als zwei Päpste um die rechtmäßige Nachfolge stritten, erwies sich Friedrich mehr als machtbewusster Verfechter seines besonderen Rangs als Kaiser und weniger als gewiefter Diplomat. Am Ende der lähmenden, 18 Jahre andauernden Auseinandersetzung um das gespaltene Papsttum stand denn auch die Niederlage des Kaisers, der zwischenzeitlich sogar mit dem schmachvollen Kirchenbann bekämpft wurde. Auf dem Markusplatz in Venedig musste sich Friedrich Barbarossa 1177 seinem zuvor erbittert bekämpften Gegner Papst Alexander III. symbolisch unterwerfen und erhebliche politische Zugeständnisse machen, um Frieden zu erreichen und seine alte Position wiederzuerlangen.

Legendär wurde Friedrichs Kampf gegen seinen Cousin, den Doppelherzog von Bayern und Sachsen Heinrich der Löwe, der seine Machtstellung über Jahrzehnte mithilfe Barbarossas hatte ausbauen können und dabei zum mächtigsten der Reichsfürsten aufgestiegen war. Als seine Machtfülle dem Kaiser unheimlich wurde, entmachtete dieser ihn in Absprache mit den übrigen Reichsfürsten, die davon und von der Aufteilung des Herzogtums Sachsen erheblich profitierten.

Friedrich Barbarossas außerordentliche Strahlkraft illustriert besonders anschaulich der prächtigste seiner vielen Hoftage: der bei Mainz 1184, der schon damals als »Fest ohnegleichen« beschwärmt wurde. In einer eigens dafür auf den Rheinwiesen vor Mainz errichteten Hüttenstadt wurden zwei Kaisersöhne feierlich zu Rittern geschlagen, kostbare Geschenke ausgetauscht, Spielleute bewundert, Kampfspiele aufgeführt und Dichtungen dargeboten. Nicht nur die Großen des Reiches hatten sich versammelt, auch aus dem Ausland waren zahlreiche Repräsentanten angereist und trugen zum Glanz der Veranstaltung bei.

In seinen letzten Regierungsjahren stand Friedrich auch im Ausland unangefochten auf dem Höhepunkt seiner Weltgeltung, die er noch als Mittsechziger mit dem Entschluss, den Dritten

Kreuzzug anzuführen, ein weiteres Mal eindrucksvoll bestätigte. Für seinen Nachruhm gerade im Volksglauben aber dürften, ganz wie in unserer Zeit im Falle von Filmstars oder Prinzessinnen, die mysteriösen Umstände seines Todes wichtiger gewesen sein: Als Anführer der westlichen Christenheit fand der Kaiser den Tod, noch bevor er – mit einem der größten Heere eines mittelalterlichen Kreuzzuges auf dem Landweg unterwegs – das Heilige Land von den Sarazenen hatte befreien können: in Kleinasien, kurz vor der heutigen türkischen Stadt Silifke, beim Baden in einem eiskalten Fluss nach einem anstrengenden Ritt durch die schwüle Sommerhitze und einem vielleicht zu reichhaltigen Mahl. Nicht einmal seine sterblichen Überreste fanden den Weg in die Heimat zurück: Barbarossas Eingeweide wurden in Tarsus bestattet, sein Fleisch im Dom von Antiochia (heute Antakya), seine Gebeine vermutlich in Tyrus im heutigen Libanon, das lässt sich aber nicht mehr zweifelsfrei aufklären. Diese Umstände dürften die Sage vom wartenden Kaiser im Berginneren befördert haben, sodass in den 1890er-Jahren der gebotene Ort für ein Nationaldenkmal, das für das Kaiserreich von 1871 den Stauferkaiser des Alten Reiches als legitimen Anknüpfungspunkt beanspruchte, auf dem Kyffhäuser war.

Ebenso rührt die Überhöhung Barbarossas aus der Tatsache, dass nach ihm der allmähliche Niedergang der Stauferherrlichkeit einsetzte und schließlich ins sogenannte Interregnum mündete, der Zeit einander bekämpfender, schwacher Könige, die erst mit der Königswahl Rudolfs von Habsburg 1273 ein Ende fand. Zwar war diese Übergangszeit nicht so von Chaos und Rechtlosigkeit geprägt, wie es die Historiker lange Zeit darstellten und Friedrich Schiller als »kaiserlose, schreckliche Zeit« bezeichnet hat. Unter dem Eindruck politischer Wirren und der damaligen Vorstellung einer Ordnung mit einem starken Herrscher an der Spitze ist es aber kaum verwunderlich, dass die Stauferzeit schon bald als »Friedenszeit« verklärt wurde, die sie gar nicht war – und mit ihr insbesondere Barbarossa und seine Krönung zum Kaiser des Heiligen Römischen Reiches zum herausragenden Ereignis deutscher Geschichte des späten Mittelalters.

MÜNDLICHES RECHT ERSTMALS AUF DEUTSCH NIEDERGESCHRIEBEN
13. JAHRHUNDERT – DER SACHSENSPIEGEL

Aus der Perspektive unseres modernen Rechtssystems betrachtet, wird die mittelalterliche Gesellschaft häufig als hoffnungslos archaisch und zutiefst unmenschlich angesehen: geprägt von erbitterten Fehden, von Willkür der Grundherren gegenüber den Bauern als ihren Leibeigenen und von zweifelhaften Gottesstrafen. Aber sowohl Fehden zur Wiederherstellung verletzter Ehre als auch die Maßregelung von Leibeigenen unterlagen rechtlichen Normen. Wer sich in dieser Epoche ins Unrecht gesetzt sah, konnte sich jedoch nicht auf einen entsprechenden Paragrafen in einem Gesetzbuch berufen, da das Mittelalter lange Zeit nur eine mündliche Rechtsüberlieferung kannte. Im Konfliktfall wandte man das Gewohnheitsrecht an, wie es nach mittelalterlicher Auffassung seit Urzeiten existierte und von Generation zu Generation weitergegeben wurde. Weil man der Auffassung war, das Recht existiere sowieso, gab es keinen Grund, sich auf Normen zu verständigen oder sich gar deswegen auseinanderzusetzen.

Natürlich unterlag dieses Gewohnheitsrecht und die Rechtsauffassung über die Jahrhunderte erheblichen Veränderungen – das konnte schließlich nicht ausbleiben, wenn man Rechtsgrundsätze nicht schriftlich fixierte. Diese Veränderungen waren den Zeitgenossen aber gar nicht bewusst; heute jedoch können Rechtshistoriker rückblickend dokumentieren, dass dieses Gewohnheitsrecht keineswegs statisch war, sondern sich fortentwickelte. Ein Gericht hatte die Aufgabe, im Konfliktfall das Recht »zu finden«, also zu beurteilen, wie die Vorfahren den aktuellen Konflikt gelöst hätten. Daneben gab es zwar schriftliche Rechtstexte der Könige, die das Gewohnheitsrecht aber nur ergänzen, nicht verändern konnten, sowie seit dem 12. Jahrhundert die sogenannten Landfrieden zur Sicherung der öffentlichen Ordnung und Eindämmung der Fehde. Sie waren der Ursprung einer reichseinheitlichen Gesetzgebung. Zur gleichen Zeit drangen andere Rechtsordnungen nach Deutschland vor, insbesondere das römische Recht und das Kirchenrecht. Darüber hinaus unterschied man zwischen Land- und Stadtrecht, über den rechtlichen Status entschieden außerdem sozialer Status und regionale Herkunft.

Unter all den unzugänglichen, trockenen Schriftdokumenten aus dem Mittelalter strahlt ausgerechnet ein juristisches eine ganz besondere Faszination aus: der Sachsenspiegel des Eike von Repgow aus der ersten Hälfte des 13. Jahrhunderts, entstanden möglicherweise im östlichen Harzvorland, vielleicht aber auch in der Bibliothek der sächsischen Zisterzienserabtei Altzelle im heutigen Landkreis Meißen. Denn auch wenn diese erste Gesetzessammlung in (nieder-)deutscher Sprache, das bedeutendste in Deutsch verfasste Rechtsbuch und noch dazu das erste Prosawerk in deutscher Sprache, nicht anders überliefert ist als die so langweilig erscheinenden Kaiserurkunden und Klosterchroniken, so finden wir doch etwas Besonderes darin: eine anschauliche Botschaft vom Alltagsleben der mittelalterlichen Gesellschaft, das mittels dieser Gesetze geregelt werden sollte.

Nach Aussage des Autors Eike von Repgow, eines sächsischen Ritters, in seiner gereimten Vorrede zum Sachsenspiegel hat er sein Werk auf Betreiben des Grafen Hoyer von Falkenstein und nach einer lateinischen Vorlage verfasst – also aus der Gelehrtensprache des Mittelalters in die Volkssprache übertragen. Eike betont, das Recht seiner Gesellschaft nur spiegeln, also darstellen zu wollen. Er beschreibe nur, welche Rechtsregelungen von den Vorfahren überliefert seien, behauptet er – aber das könnte durchaus eine übertrieben bescheidene Selbstdarstellung sein. Die Forschung hält es für durchaus denkbar, dass Eike von Repgow mit seinem ausgeprägten Rechtsgefühl neue Rechtssätze prägte, die mit dem Sachsenspiegel zu vermeintlichem Gewohnheitsrecht wurden und sich in der Folgezeit durchsetzen konnten. Eikes Darstellung ist gerade deshalb ungeheuer lebendig, weil sich aus den Texten vieles über Lebensbedingungen und Alltagsmühen der mittelalterlichen Gesellschaft herauslesen lässt. Sie kennzeichnet den Übergang von der mündlichen zur schriftlichen Rechtspflege und wurde zum eifrig konsultierten Handbuch in vielen Rechtsfragen. Der Entstehungszeitraum des Sachsenspiegels lässt sich nicht ganz genau ermitteln; aufgrund verschiedener interner Bezüge geht aber klar hervor, dass er zwischen 1220 und 1235 verfasst worden sein muss.

Eikes Werk wurde ein Dauerbrenner: Schon bald nach seiner Aufzeichnung erlangte es Vorbildfunktion und rechtsverbindliches Ansehen – auch wenn der Sachsenspiegel nie formell zu geltendem Recht erklärt wurde – und wurde zur Grundlage für mehrere deutsche Gesetzbücher. Über 200 Handschriften des Sachsenspiegels sind heute noch erhalten. Der Sachsenspiegel blieb über Jahrhunderte maßgeblich, und seine Wirkung reichte über das einflussreiche Magdeburger Stadtrecht sogar bis nach Polen, Ungarn und Russland, ins Baltikum und in die Ukraine.

Eike von Repgow hat sein Werk in zwei Hauptteile gegliedert: Landrecht und Lehensrecht. Das Lehensrecht legt die Normen

zwischen Lehensherren und ihren Vasallen fest – beispielsweise die Gegenleistungen, die ein Adeliger seinen Abhängigen
schuldig war für Dienst, Treue und Abgaben, die sie ihm leis-
teten. Das Lehenswesen war der Grundpfeiler der mittelalterlichen Gesellschaft Westeuropas und daher so wichtig, dass es
im Sachsenspiegel einen eigenen Hauptteil verdiente. Alle anderen Rechtsbeziehungen und Regelungen finden sich im Landrecht wieder. Das Stadtrecht hingegen fand im Sachsenspiegel
keine Aufnahme. Im Landrecht finden sich Bestimmungen zum
Strafrecht und zum Erb- und Familienrecht, auch nachbarschaft-
liche Konflikte oder gerichtliche Verfahren im Konfliktfall werden dort behandelt. Ganz konkret befasst sich das Werk also
mit den Lebensbedingungen der einfachen Menschen. Ebenso
geht es aber um Grundsätzliches wie das Verhältnis von Kaiser
und Kirche – Ursprung zahlreicher Auseinandersetzungen, die
sich durch das gesamte Mittelalter ziehen – oder das Verfahren
zur Königswahl, die hier zum ersten Mal ausführlich, wenn auch
nicht ganz korrekt, dargestellt wird. Beschrieben wird außerdem
das, mit dem wir in der Schule als »Lehenspyramide« gequält
wurden: die Hierarchie der Gesellschaft, beginnend beim König
als oberstem Lehensherrn und Richter mit den Reichsfürsten als
seinen Vasallen, dann über deren Untervasallen, die Adeligen,
bis zu Hörigen und Leibeigenen, Bauern und Knechten als Basis
der mittelalterlichen feudalen Gesellschaft.

Der König als oberster Gerichtsherr setzte die Grafen ein,
die in seinem Auftrag in ihren Gebieten die Gerichtsgewalt aus-
übten. Das fand grundsätzlich unter freiem Himmel statt oder
in den Gerichtslauben, die zwar ein Dach hatten, aber nach
allen Seiten offen waren. Streng geregelt war auch, wer Richter
sein durfte, nämlich unparteiisch, unbescholten und unversehrt
musste er sein, und wie er gekleidet zu sein hatte, wenn er diese
Funktion ausübte: Weder durfte er eine Kopfbedeckung noch

Handschuhe tragen, ebenso keinerlei Waffen; das Urteil musste sitzend gesprochen werden. Das Verfahren war von Gesten, Zeichen und Symbolen geprägt, wie es im Mittelalter üblich war. Eine symbolische Geste ist in unserem Sprachgebrauch bis heute bekannt: Wenn der Richter über einen Angeklagten »den Stab brach«, verhängte er das Todesurteil.

Das Strafrecht verfolgte beispielsweise Mord und verhängte Bußzahlungen, die sich nach der sozialen Stellung des Opfers richteten – es wurde also als schlimmer angesehen, einen Fürsten oder Freien zu erschlagen als einen Knecht oder einen fahrenden Gesellen, für eine Frau war jeweils die Hälfte anzusetzen. Die Todesstrafe stand auf schweren Diebstahl, Raubmord, Ehebruch, Vergewaltigung, Zauberei und Giftmischerei. Für leichtere Vergehen wurden das Scheren der Haare, das Prangerstehen oder das Abschlagen einzelner Gliedmaßen verhängt.

Auch die berüchtigten Gottesurteile werden im Sachsenspiegel aufgeführt, obwohl sie zu seiner Entstehungszeit zunehmend seltener zur Anwendung kamen, weil Kirche und Kaiser sie verboten hatten. In einem Gottesurteil sollte, um die gerichtliche Entscheidungsfindung etwa bei widersprüchlichen Aussagen von Beklagtem und Kläger zu erleichtern, Gott direkt Einfluss nehmen, indem er sein Urteil zu erkennen gab, beispielsweise im Kesselfang oder bei der Feuerprobe: Der Angeklagte musste dafür seine Hand in einen Kessel kochenden Wassers oder ins Feuer halten; aus den hervorgerufenen Hautveränderungen sollte hervorgehen, ob er die Wahrheit gesagt oder gelogen hatte. Noch heute erinnert unsere Redewendung »Dafür lege ich meine Hand ins Feuer« an das Gottesurteil der Feuerprobe.

Aber nicht nur um Verbrechensahndung geht es im Sachsenspiegel. Im Familienrecht wird eingehend beschrieben, wie eine Ehe rechtmäßig geschlossen wurde, und auch hier finden sich

Bräuche, die wir noch heute kennen, wenn auch nicht mehr als rechtsverbindliche Handlungen: Der Brautvater übergibt die Braut dem Bräutigam und reicht damit die Gewalt über sie an ihn weiter. Dafür muss der Bräutigam eine Geldzahlung an die Familie der Braut leisten; die Braut wiederum muss eine Mitgift mit in die Ehe bringen. Vollzogen wurde die Ehe durch den Geschlechtsakt, der anfangs sogar unter Zeugen stattzufinden hatte. Erst dann war die Ehe als geschütztes Rechtsinstitut wirksam. Das Vermögen der Frau ging zwar nicht an den Mann über, er konnte aber darüber ebenso verfügen, wie er über die Geschäfte seiner Frau entscheiden durfte. Daneben gab es aber auch Lebensgemeinschaften, die weniger galten, etwa mit einer Frau schlechteren Standes oder die »Friedelehe«, die ohne Einbeziehung der Familien geschlossen wurde.

Da die meisten Menschen des Mittelalters in Dörfern lebten, behandeln viele Regelungen des Sachsenspiegels das Zusammenleben der Dorfgemeinschaft. Entsprechend den damaligen Lebensbedingungen und Wertigkeiten geht es häufig um das Vieh der Dorfbewohner, zum Beispiel wenn ein Hund beim Nachbarn Schaden anrichtet oder dem Dorfhirten ein ihm anvertrautes Tier abhanden kommt. Anderes erinnert an die Nachbarzwiste unserer Tage: So regelt der Sachsenspiegel, wem die Früchte gehören, die über einen Zaun hinweg wachsen: Der Besitzer des Grundstückes, auf dem die Wurzel der Pflanze steht, darf danach dicht an seinen Zaun treten und die Früchte ernten, die er von dort aus zu sich herüberziehen kann. Und auch eine frühe Verkehrsregel überliefert der Sachsenspiegel: Wenn sich zwei Pferdewagen auf einem engen Weg entgegenkommen, muss der leichtere Wagen dem beladenen ausweichen, weil er wendiger ist. Nach der gleichen Regel verfuhr man mit Pferden oder Fußgängern: Der Reiter hatte dem Pferdewagen, der Fußgänger dem Reiter auszuweichen.

An dem, was uns an den rechtlichen Regelungen von vor fast 800 Jahren noch heute vertraut vorkommt, lässt sich die Bedeutung des Sachsenspiegels bis in die Gegenwart ablesen, auch wenn er kein geltendes Recht mehr ist und Strafmaße, Hierarchien oder die Rolle der Frau völlig antiquiert erscheinen. In Preußen galt der Sachsenspiegel bis zum Ende des 18. Jahrhunderts, in Sachsen war er bis 1863 in Kraft. In Anhalt und Thüringen besaß er gar bis 1900 Gültigkeit. Aber auch das heute geltende Recht geht in vielen Elementen auf den Sachsenspiegel zurück, so im Vereinsrecht mit der für die Gründung eines Vereins nötigen Zahl von sieben Mitgliedern, im Straßenverkehrsrecht oder in der Regelung des Strafgesetzbuches, wonach ein Täter seine Strafe mildern kann, wenn er zu einem Ausgleich mit dem Opfer bereit ist – dieser Gedanke der Sühne findet sich bereits im Sachsenspiegel. Auch das Prinzip, wonach ein Grundstückseigentümer seinen Nachbarn nicht über Gebühr durch Lärm, Gestank oder Gefahren belästigen darf, kannte schon Eike von Repgows Sammlung von Rechtsgrundsätzen aus dem frühen 13. Jahrhundert.

DEM REICH EINE VERFASSUNG GEBEN
1356 – DIE GOLDENE BULLE

Das Heilige Römische Reich war ein merkwürdiges Konstrukt: ein Reich zwar, aber kein Staat in unserem Sinne – nicht einmal ein Staatenbund, sondern ein lose aufgebautes politisches Gebilde mit einem König/Kaiser als seinem »Haupt«, wie man das in Analogie zum menschlichen Körper damals sah. Eigentlich fehlten ihm alle Eigenschaften eines modernen Staates. Das Alte Reich besaß weder feste Grenzen noch ein souveränes Staatsoberhaupt, keine Zentralverwaltung oder Bürokratie, keine Armee, und bis 1356 auch keine Verfassung. Erst im 15. Jahrhundert allmählich mit dem Zusatz »deutscher Nation« versehen, umfasste es aber keineswegs nur das Gebiet, das wir als Deutschland kennen, sondern nahm einen Großteil Mitteleuropas ein: Es reichte von Antwerpen bis zur Adria, vom heutigen Westpolen bis ins westliche Lothringen, von Böhmen bis Burgund. In diesem riesigen Gebiet wurde nicht nur Deutsch gesprochen, sondern auch Tschechisch, Polnisch und Französisch.

Dieses Reich war aber kein statisches Gebilde, denn es veränderte sich im Laufe der Jahrhunderte und legte dabei ein bemerkenswertes Anpassungsvermögen an den Tag. Mit der Kaiserkrönung Karls des Großen am Weihnachtstag 800 hatte sich das Frankenreich ein imperiales Selbstverständnis gegeben, das Otto der Große 962 glanzvoll erneuerte. Entstanden aus dem Willen, das Römerreich christlich wiedererstehen zu lassen, war es über die Jahrhunderte zu einem christlich geprägten, multiethnischen politischen Zusammenschluss mit universalem Anspruch geworden. Beachtliche eintausend Jahre existierte es, häutete sich mehrfach und warf immer wieder die Frage auf, wovon es eigentlich zusammengehalten werde. Die Macht des Kaisers war jedenfalls keine natürliche, die ihm als Vorsteher des Reiches sozusagen selbstverständlich zugestanden hätte, sondern fußte auf seiner Hausmacht in den eigenen Territorien und auf der Fähigkeit, die mächtigen Reichsfürsten von seiner Sache (und seiner aus ihrem Kreis herausragenden Stellung) zu überzeugen. Entsprechend besaßen die römischen Könige und Kaiser ein jeweils sehr verschieden großes Ausmaß an Macht. Nur ideell konnten sie sich auf ihre gottgewollte Würde und auf das mittelalterliche Ideal einer einheitlichen Ordnung von Frieden und christlicher Prägung berufen. Folglich ist die tausendjährige Geschichte des Heiligen Römischen Reiches und seiner Herrscher von Höhen und Tiefen geprägt. Die Geschichtsschreibung erlag allerdings allzu häufig der Versuchung, sich ausführlicher mächtigen Kaisern wie Otto dem Großen oder Friedrich Barbarossa zu widmen und weniger der Entwicklung des Reiches, wenn gerade kein »starker Mann« an seiner Spitze stand.

Eine der maßgeblichen, aber sich beständig verändernden Konstellationen des Reiches betraf das Verhältnis zu Papst und Kirche. Kaisertum und Papsttum waren seit Karl dem Großen eng miteinander verbunden und hatten immer wieder um die Vorherrschaft gerungen. Der Anspruch des Papstes, in Reichsangelegenheiten ein gewichtiges Wörtchen mitzureden, schlug sich am anschaulichsten nieder im Privileg der Kaiserkrönung: Seit dem 9. Jahrhundert setzte der Papst dem Kaiser die Reichskrone aufs Haupt. Umgekehrt versuchten die Kaiser immer wieder, auf die Papstwahl in Rom Einfluss zu nehmen oder einen Wettstreit konkurrierender Päpste im eigenen Sinne zu entscheiden.

Bis ins 14. Jahrhundert hinein war das Heilige Römische Reich ohne so etwas wie eine verbindliche Verfassung geblieben – schwer zu glauben bei unserer modernen Auffassung von Staatlichkeit. Dies änderte sich unter Kaiser Karl IV. aus dem Hause Luxemburg, dem König von Böhmen. Die Goldene Bulle, die ihren Namen dem Goldsiegel verdankt, mit dem sie statt eines einfachen Wachssiegels versehen war, um die Bedeutung des Dokuments zu würdigen, gilt als erstes und wichtigstes Grundgesetz des Alten Reiches.

Als wichtigste Maßnahme regelt dieses Gesetzbuch dauerhaft die Wahl des römisch-deutschen Königs und künftigen Kaisers: Traditionell und bis zur Auflösung des Reiches 450 Jahre später wurde der König von den »wirklichen und rechtmäßigen Kurfürsten des heiligen Reiches« gewählt, wie es im Text heißt, und mit der peinlich genauen Ausführung, wie diese Wahl vor sich gehen sollte, erwies sich die Goldene Bulle als ungemein beständig und erfolgreich. Diese wahlberechtigten Fürsten des Reiches waren der böhmische König, der Pfalzgraf bei Rhein, der Herzog von Sachsen und der Markgraf von Brandenburg sowie die drei wichtigsten Bischöfe: von Mainz, Köln und Trier. Sie entschieden gemeinsam, wer König werden sollte und dadurch auch »künftiger Kaiser«. Dadurch wurde die Position der wahlberechtigten Reichsfürsten gestärkt, gleichzeitig ihre Vorrechte mit der Wahl des Königs – und damit mit ihrer Verantwortung für das Reich als Ganzes – in Beziehung gesetzt. Im Unterschied zu den großen europäischen Monarchien England und Frankreich galt für den deutschen König keine automatische Erbfolge, auch wenn schon Karl IV. sein eigenes Gesetz unterlief, als er für die Nachfolge seines Sohnes die Zustimmung der

Kurfürsten einfach erkaufte. Der alte Anspruch des Papsttums auf Beteiligung wurde dagegen elegant zurückgewiesen: Von der Rolle des Papstes bei der Wahl des Königs war in der Goldenen Bulle schlichtweg nicht mehr die Rede.

Im »keiserlichen rechtsbuch«, wie es Karl IV. nannte, wurde detailliert festgelegt, wie und wo Wahl und Krönung des Königs vonstatten gehen mussten. Zum Schauplatz der Wahl wurde Frankfurt am Main bestimmt, zum Ort der Krönung Aachen, wo schon Karl der Große gekrönt worden war, sowie Nürnberg zum Ort des ersten Hoftages. Nach dem Tod eines Herrschers hatte der Erzbischof von Mainz die Aufgabe, innerhalb eines Monats die sieben Kurfürsten nach Frankfurt einzuladen, um die Neuwahl vorzunehmen. Dieser Zeitrahmen sollte die Vakanz des Thrones so kurz wie möglich halten. Auf dem Weg zum Wahlort mussten die Kurfürsten von allen Städten und Landesherren freies Geleit erhalten. In Frankfurt begann dann mit einem Gottesdienst in der Bartholomäuskirche (Dom) der Wahlvorgang, damit der Heilige Geist auf die Wähler einwirken konnte. Für die Dauer der Wahl durften die Kurfürsten die Stadt nicht verlassen; hatten sie sich nach dreißig Tagen noch auf keinen neuen König verständigt, wurden sie auf Wasser und Brot gesetzt, um ihre Entscheidungsfindung zu befördern. Ergab sich für einen Kandidaten eine Mehrheit, musste die Minderheit dem zustimmen, damit Einigkeit erzielt wurde. Dieses Mehrheitsprinzip verhinderte, was das Reich zuvor immer wieder blockiert und geschwächt hatte: Doppelwahlen mit dem Ergebnis mehrerer Könige, Loyalitätskonflikte für die Reichsfürsten und lähmende Machtkämpfe. Ähnlich wie noch heute bei der Papstwahl darf man sich die Königswahl aber nicht als eine Abstimmung mit Wahlzetteln und -urne vorstellen. Dem Verständnis nach ging es darum, Gottes Willen zu finden – und das bereitete man mit

Gesprächen und Absprachen vor, sodass der Wahlgang selbst, bei dem in genau festgelegter Reihenfolge die Kurfürsten nacheinander ihren Kandidaten nannten, vornehmlich zeremoniellen Charakter hatte.

Das Verfassungsdokument Goldene Bulle wurde 1356 von Kaiser Karl IV. auf zwei Hoftagen in Nürnberg und Metz verkündet und erlangte damit Gesetzeskraft. Der Luxemburger konnte zu diesem Zeitpunkt bereits auf eine beachtliche »Karriere« zurückblicken: Der König von Böhmen war 1346 zum römischen König gewählt worden, hatte 1355 die italienische und 1365, als erster Kaiser seit Friedrich Barbarossa, auch die burgundische Königskrone erworben – all das zu einer krisenhaften Zeit, geprägt von Naturkatastrophen und Seuchen, die im Reich eine Endzeitstimmung verursachten und grausame Judenverfolgungen und Geißlerzüge auslösten. Karl war ein ungemein gebildeter Kosmopolit, der fünf Sprachen beherrschte und mit Dichtern und Gelehrten engen Umgang pflegte; als erster Herrscher des Mittelalters verfasste er eine Autobiografie. In Prag gründete er die erste Universität Mitteleuropas und schenkte seiner Residenzstadt außerdem den erweiterten Hradschin und den Veitsdom, die Karlsbrücke und die Neustadt. Nach der Kaiserkrönung am Dreikönigstag 1355 in Rom war der Realpolitiker Karl mächtig genug, um dem Reich mit der Goldenen Bulle eine dauerhafte Gesetzesgrundlage zu geben. Zugute kam ihm dabei seine politische Begabung, sein ausgeprägter Machtinstinkt, aber auch sein diplomatisches Geschick mit dem pragmatischen Blick für das Mögliche. In der deutschen Geschichtsschreibung hat Karl IV. selten die verdiente Anerkennung gefunden – lange betrachtete man ihn als »Nicht-Deutschen«, nahm ihm übel, das Hauptgewicht seiner Politik auf den Osten des Reiches gelegt zu haben, und verhöhnte ihn als

»Pfaffenkönig«, weil er mithilfe des Papsttums an die Macht gekommen sei. Heute wird ihm vor allem vorgeworfen, dass er der massiven Verfolgung der Juden in seiner Regierungszeit nicht nur nicht entgegentrat, obwohl er für ihren Schutz verantwortlich war, sondern Pogrome sogar begünstigte – und finanziell davon profitierte.

Während für das Königtum das Wahlverfahren festgeschrieben wurde, bestimmte die Goldene Bulle für die Territorien der Kurfürsten die Erbfolge für den ältesten Sohn und verbot die Teilung der Fürstentümer. Gleichzeitig gewährte das Gesetz den Kurfürsten die unbeschränkte Gerichtsgewalt in ihren Landen. Damit wurde die Stellung der Kurfürsten gegenüber den übrigen Reichsfürsten gestärkt. Die Goldene Bulle knüpft an ein Prinzip an, das die Politik im Reich in den vorangegangenen Jahrhunderten bereits bestimmt hatte: Der König und Kaiser regierte mithilfe der Reichsfürsten, deren Einvernehmen er nach Möglichkeit zu erreichen suchte. Die eigentliche Macht lag in den Händen der Reichsfürsten und damit in den Fürstentümern. Das verhinderte eine Entwicklung zur königlichen Zentralgewalt wie in den meisten anderen Staaten Westeuropas. Dieser später verächtlich als Kleinstaaterei abgewertete Wesenszug des Heiligen Römischen Reiches verzögerte die Entwicklung hin zu einem deutschen Nationalstaat und bildet noch heute eine der Grundlagen des föderalen Systems der Bundesrepublik – mit allen damit verbundenen positiven und negativen Aspekten.

DIE KIRCHE ZU IHREM AUFTRAG ZURÜCKFÜHREN
1517 – DIE 95 THESEN MARTIN LUTHERS

Ihre Bedeutung oder auch die besondere Wertschätzung, die man ihnen erweist, verhilft historischen Ereignissen mitunter sogar zur Aufnahme in den allgemeinen Kalender. Das verschafft ihnen neben einer besonderen Bekanntheit allerdings auch die Gefahr, zur inhaltsleeren Erinnerungsübung zu erstarren. Frankreich erwählte sich Ende des 19. Jahrhunderts das Auftakt-Happening zur Französischen Revolution, den Tag des Sturms auf die Pariser Bastille am 14. Juli 1789, zum alljährlich pompös zelebrierten Nationalfeiertag, während sein deutsches Gegenstück, der Beitrittstag der ostdeutschen Bundesländer zum Geltungsbereich des Grundgesetzes der Bundesrepublik, auf einen ungleich nüchterneren Verfassungsakt verweist. Daneben ist der Reformationstag, der 31. Oktober, in mehreren Bundesländern (aber auch in Slowenien) gesetzlicher Feiertag und wird auch anderswo von Protestanten als zumindest kirchlicher Festtag begangen. Das Datum bezieht sich auf die Veröffentlichung der damals hochexplosiven 95 Thesen Martin Luthers 1517, den Startschuss zur Reformation, die als einer der wesentlichen Einschnitte der deutschen, europäischen, ja sogar Weltgeschichte gilt. Auch als Abschluss des Mittelalters wird die Reformation oft genannt, der damit ebenso ein taggenaues Datum hätte wie das Ende der langen Nachkriegszeit des 20. Jahrhunderts im 9. November 1989.

Daneben werden Luthers 95 Thesen auch häufig als das erste

Medienereignis der Geschichte gehandelt, weil der Kampf um die Reformation der Kirche publizistisch ausgetragen wurde: Seit wenigen Jahrzehnten erst wurden Bücher nicht mehr nur mühsam per Hand geschrieben, sondern gedruckt – und das Medium Buchdruck fand in der Reformation erstmals umfassende und sogleich außerordentlich wirkungsvolle Anwendung. Vor allem Martin Luther erwies sich in zahllosen Flugschriften und -blättern als gewiefter PR-Mann in eigener Sache.

An hochkarätigen Zuordnungen in der Rangfolge epochaler Ereignisse mangelt es den Lutherthesen also nicht. Und auch wenn Historiker über ihre Einordnung gerne diskutieren, zweifeln sie ihre Bedeutung nicht an. Allerdings entspricht der Verlauf des Ereignisses selbst ganz und gar nicht dem Bild, das wir bis heute davon im Kopf haben. Diese Vorstellung lautet, der Klosterbruder und Doktor der Theologie Martin Luther habe seine Kritikpunkte an der Kirchenpraxis des Ablasswesens eines Morgengrauens eigenhändig an das Portal der Wittenberger Schlosskirche geheftet, um so bekannt zu machen, welche Missstände insbesondere im Ablasswesen der Kirche er anprangert. Vom Wittenberger Kirchenportal aus habe sich die unerhörte, schonungslose Kritik in alle Welt verbreitet und so die Reformation ausgelöst. Wohl kaum ein Besucher der Lutherstadt in Sachsen-Anhalt, der die schwere Kirchentür nicht auf Spuren von Nägeln untersucht, auch wenn sie gerade erst 150 Jahre alt ist.

Von diesem einprägsamen Bild des finster entschlossenen, die Kirchenöffentlichkeit direkt ansprechenden Luther hat sich die Fachwelt längst verabschiedet. Die folgenreiche Publikation wurde nämlich nicht in Form eines öffentlich angeschlagenen Thesenpapiers der Öffentlichkeit präsentiert. Weil aber der Beginn der Reformation damit ein ebenso lieb gewonnenes wie einprägsames Bild verlieren würde, hat sich der weniger spektakuläre, aber historische Auftakt im öffentlichen Bewusstsein bislang kaum durchsetzen können.

Denn in Wirklichkeit ging es 1517 in Wittenberg braver zu – nicht inhaltlich, sondern im Handeln. Nachdem Luther seine Thesen zusammengestellt hatte, schickte er sie nämlich sozusagen auf dem Dienstweg und mit einem Brief versehen an Bischof Albrecht von Brandenburg. Der antwortete aber nicht, sondern leitete das brisante Dokument mangels Zuständigkeit an die Kurie in Rom weiter. Trotzdem begann damit die Reformation, die die katholische Kirche in ihren Grundfesten erschütterte und schließlich mehrere nebeneinander bestehende Glaubenskonfessionen hervorbrachte. Die Reformation bewegte die Menschen bis ins letzte Gehöft und sollte Deutschland, ja Europa in erbitterte Kriege stürzen. Am Ende war Deutschland nicht nur religiös in zwei Lager gespalten, was das Land und seine Kultur bis auf den heutigen Tag prägt.

Der Weg zur Reformation umfasst mehr als bloß die unmittelbare Vorgeschichte der Lutherschen Thesen. Zu ihr gehören bereits die vielen Reformen des Mittelalters, mit denen sich die katholische Kirche mal mehr, mal weniger freiwillig zu erneuern suchte. Dazu gehört die immer wieder als problematisch erkannte Verquickung von Kirche und weltlicher Macht seit den Tagen Karls des Großen. In diesem Zusammenhang ist ein Mann wie Franz von Assisi zu nennen, der drei Jahrhunderte vor Luther den »reinen Glauben« und das christliche Armutsideal verfochten und dafür einen Bettelorden gegründet hatte, den Rom unterstützte – so wie Luther Angehöriger eines anderen Bettelordens war. Dazu gehört ebenso die besondere Geistesverfassung der Menschen am Ende des 15. Jahrhunderts, die von einer besonders leidenschaftlichen, manchmal geradezu verzweifelten

Frömmigkeit geprägt war: aus massiver Angst vor dem Tod, dem Herrgott als gestrengen Richter und den drohenden Qualen im Fegefeuer, was im Ergebnis eine sehnsüchtige Suche nach allem hervorbrachte, was Heil oder Erlösung versprach – von der Angst im Diesseits und den Sündenstrafen im Jenseits. Ebenso gehört zur Vorgeschichte das Ausmaß der Verweltlichung der Kirche auf wirtschaftlichem Gebiet sowie ihre zweifelhafte Praxis, durch eine Vielzahl käuflicher Ablässe aus der Heilssehnsucht der Gläubigen Kapital zu schlagen. Der berüchtigte Petersablass zur Zeit Luthers ist das markanteste Beispiel: Unter Beteiligung des Augsburger Bankhauses Fugger finanzierte das Papsttum über hohe Geldforderungen an die Bischöfe den Neubau der gewaltigen Peterskirche – und die Bischöfe versprachen dem sündenbewussten Kirchenvolk für Geld die Linderung der Qualen dereinst im Fegefeuer. Luthers Anklage in den 95 Thesen: »Es predigt menschliche Dummheit, wer behauptet, dass, sobald der Groschen im Kasten klingt, die Seele in den Himmel springt.«

Der Missstand im Ablasswesen der Kirche ist es, den Luther in seinen Thesen von 1517 anprangert. Dabei war für ihn nicht der Ablass an sich das Problem, also die kirchliche Zusicherung auf Sündenerlass im Jenseits, sondern die Praxis: Luther ging es um die Tatsache, dass der göttliche Gnadenerweis zu einem reinen Finanzakt verkommen war und keine innere Reue der Gläubigen mehr voraussetzte. Darin sah er einen Widerspruch zur Bibel, und es sollte nicht der einzige bleiben.

Martin Luther, thüringischer Aufsteigersohn mit bäuerlichem Hintergrund, folgte 1505 einem Gelübde, das er während eines schrecklichen Gewitters geleistet hatte, und trat ins Erfurter Kloster der Augustinereremiten ein, eines strengen Bettelordenkonvents, der Armut und Wissenschaft in Ehren hielt. Luther bekam eine profunde theologische Ausbildung, wurde Universitätslehrer in Wittenberg und stellte die Bibel ins Zentrum seiner Sache: Der gottgemäß gelebte Glaube führte nach seiner Überzeugung direkt über die Bibel, deren Auslegung, wie er befand, nicht allein der Institution Kirche überlassen werden konnte. Um seine theologische Lehre hat Luther lange und hart gerungen. Als er schließlich, bekannt unter dem Begriff »Turmerlebnis«, seine Überzeugungen gewonnen hatte, vertrat er sie unerschütterlich, mit Vehemenz und zunehmender Wirkkraft. Politisch revolutionär war das nicht gedacht, denn Luther unterschied säuberlich zwischen Politik und Religion. Ihm ging es vielmehr darum, dass nicht gute Werke allein aus einem Menschen auch einen guten Christen machen, sondern dass der Mensch aus göttlicher Gnade heraus zum guten Christen wird und Gutes tut.

Aus Luthers Kritik an den Auswüchsen der kirchlichen Praxis wurde eine Fundamentalkritik am römischen Papsttum. Als sein Thesenbrief unbeantwortet blieb, verlegte sich Luther aufs Drucken seiner Ansichten und wurde zum medienbewussten Bestsellerautor. In den ersten Jahren der Reformation, zwischen 1517 und 1525, standen die Druckerpressen nicht mehr still und verschafften der jungen Branche ihren ersten Höhepunkt – und der mit Abstand meistgedruckte Autor war Doktor Luther. Ohne die Druckerpresse wäre die Reformation nicht möglich gewesen, der Buchdruck dokumentierte ihre Ideen und machte sie bekannt, diente als Propagandamittel ebenso wie zur Verbreitung ihrer inhaltlichen Stützpfeiler, darunter des wichtigsten: der Bibel selbst.

Aufgrund von politischen Umständen, Verzögerungen infolge diplomatischer Rücksichtnahme sowie der Tatsache, dass Luther und seine Sache durch seine Druckschriften inzwischen unge-

heuer populär geworden waren, konnte die Kirche das Problem
nicht mehr, wie es in vergleichbaren Fällen abtrünniger Schafe
üblich war, einfach durch ein Ketzerurteil loswerden: Luthers
Landesherr, der es hätte vollstrecken müssen, kam dem Auftrag
nicht nach. Stattdessen ermöglichte Kurfürst Friedrich der Weise dem Verfemten die Flucht auf die thüringische Wartburg, wo
er getarnt als »Junker Jörg« die Bibel ins Deutsche übersetzte.
Das war zwar weder die erste deutsche Fassung noch die erste
deutschsprachige Druckbibel – wohl aber die prägnanteste,
preiswerteste und bestverkaufte, kurz: wirkungsvollste Überset-
zung.

Aber nicht nur die Lutherbibel fand reißenden Absatz, sondern
auch der Luthersche Reformationsgedanke verbreitete sich wie
ein Lauffeuer. Der niedere Adel, viele Städte, schließlich die
Bauern griffen Luthers Ideen auf, als hätten sie geradezu darauf
gewartet. Der reformatorische Funke sprang auf sozialen und
politischen Unmut über, auch wenn sich Luthers Ideen auf diesen gar nicht bezogen hatten. Den revolutionären Forderungen
des radikalen Pfarrers Thomas Müntzer oder der im Bauernkrieg
kulminierenden Erhebung, gegen die Luther donnernd eine
Kampfschrift mit dem Titel »Wider die räuberischen und mörde-
rischen Rotten der Bauern« sandte, konnte der Doktor der Theologie denn auch rein gar nichts abgewinnen. Die fundamenta-
listische Überzeugung, die Bibel könne das Leben auch jenseits
des Glaubens regeln, hielt er für blanken Unsinn. Vielmehr galt
für ihn die Gehorsamspflicht des Christen nicht nur gegenüber
Gott, sondern auch gegenüber dem weltlichen Herrscher, von
der allerdings der Glauben ausgenommen war. Luther war hoch
befriedigt, als sich nach den Auswüchsen der Massenbewegung,
die er ausgelöst hatte, und den Wirren der süddeutschen Bauern-
kriege die Landesfürsten der Sache annahmen. Die Reformation

wurde zu einer Angelegenheit der Fürsten, von denen viele sie von oben in ihren Territorien einführten.

Der katholische Kaiser Karl V. versuchte verzweifelt gegenzusteuern, um die Einheit der Christenheit zu bewahren – schon weil eine Spaltung sein kaiserliches Amtsverständnis infrage gestellt hätte. Aber er blieb letztlich erfolglos, nachdem weder die Reichsacht gegen Luther noch der siegreiche Schmalkaldische Krieg gegen die evangelischen Reichsfürsten etwas gefruchtet hatten – und ebenso wenig der Versuch einer erzwungenen Einigung auf dem Reichstag zu Augsburg 1547. Die Reformation war zu einem bestimmenden politischen Faktor geworden, der das Reich spaltete, als ein Teil der Reichsglieder von Rom abfiel. Erst im Augsburger Religionsfrieden 1555 kam es zu einem tragfähigen Ausgleich zwischen katholischen und protestantischen Fürstentümern, der allerdings nur für Lutheraner, nicht aber für andere Reformierte galt. Für die Menschen bedeutete das keine echte Religionsfreiheit, weil sie die Konfession ihres Landesherrn annehmen mussten – oder auszuwandern hatten. Aber trotzdem kehrte mit dem Religionsfrieden, der Reichsgesetz wurde, Ruhe ein: Für Deutschland begann eine ungewohnt lange Friedensphase – ebenso dauerhaft wie die Friedenszeit seit dem Ende des Zweiten Weltkriegs.

»EIN TIEFES TAL OHNE ERBARMEN«
1618–48 – DER DREISSIGJÄHRIGE KRIEG

Man nannte es die »böhmische Methode«: Unliebsame Gegner wurden durch ein Fenster befördert, um so zu dokumentieren, dass man mit der Herrschaftsausübung des Monarchen und der Behandlung durch seine Vertreter nicht einverstanden war. Dieser handfeste Protest vom 23. Mai 1618, als Vertreter der böhmischen Protestanten zwei Repräsentanten der verhassten katholischen Herrschaft der Habsburger mitsamt ihres Sekretärs aus einem Fenster des Prager Hradschin in den Burggraben warfen, war das Auftakt-Happening zum Dreißigjährigen Krieg. Die drei Herren überlebten leicht verletzt – ob durch das beherzte Eingreifen der Gottesmutter Maria, wie eins der Opfer eilends reklamierte, oder durch einen Misthaufen, der den Aufprall in 17 Meter Tiefe abfederte, sei dahingestellt. Jedenfalls begann damit der böhmische Aufstand gegen Habsburg, ganz so wie fast genau 200 Jahre zuvor der erste Prager Fenstersturz der Auftakt zu den böhmischen Hussitenkriegen gewesen war. Und abermals ging es um Glaubenskontroversen. Diese symbolträchtige Wiederholung der »böhmischen Methode« war alles andere als ein spontaner Akt des Unwillens, sondern vielmehr wohlgeplant.

Anlass für den Widerstand der böhmischen Protestanten war die habsburgische Politik der Rekatholisierung an den Grenzen zu Schlesien und Sachsen, wo protestantische Kirchen zerstört worden waren. Ein förmlicher Einspruch angesichts dieses Verstoßes gegen verbriefte Rechte der böhmischen Protestanten wurde von Wien mit kühler Geste zurückgewiesen. Habsburg ging es aber keineswegs nur um Religion, sondern ebenso um Politik: Die böhmischen Stände wollten mehr Macht, der König aber wollte sich ihrer Wahl und Kontrolle nicht unterwerfen, sondern seine Zentralgewalt durchsetzen. Kurzerhand setzten die Böhmen im August 1619 den Habsburger Ferdinand als böhmischen König ab und wählten stattdessen den Calvinisten Friedrich V. von der Pfalz zu ihrem König. Als daraufhin die katholischen bayrischen Wittelsbacher sich auf Habsburgs Seite stellten, weitete sich der Konflikt ein erstes Mal aus. Der nur Tage später zum Kaiser gewählte Ferdinand rief die katholischen Reichsfürsten an seine Seite, die katholische Liga formierte sich, und ein Heer unter Graf von Tilly wurde aufgestellt. Auf protestantischer Seite war die Mobilisierung ungleich schwieriger – viele evangelische Reichsfürsten hatten Skrupel, sich gegen den rechtmäßigen Kaiser zu erheben.

Nach einiger Verzögerung aufgrund politischer Sondierungen – vor allem wegen der einzugehenden Militärbündnisse – zog die katholische Liga gegen die böhmischen Rebellen und ihren »Gegenkönig« ins Feld. Friedrich von der Pfalz unterlag in der Schlacht am Weißen Berg im November 1620 und wurde fortan katholischerseits als »Winterkönig« verspottet, weil er sich nach seiner Krönung im Prager Veitsdom ein Jahr zuvor nur einen Winter lang hatte halten können. Kaiser Ferdinand II. dagegen triumphierte, konnte seine Macht in Böhmen erheblich ausbauen und die Rekatholisierung sogar verstärken.

So weit die Entwicklung in Böhmen. Aber wie konnte es kommen, dass sich die Auflehnung der Böhmen als Funken erwies, der bald darauf ganz Deutschland, ja Europa in Brand setzte? Auf Deutschland bezogen lag ein wichtiger Grund dafür im normalen gesellschaftlichen Fortgang, war gewissermaßen ein biologischer: Die Generation des Augsburger Religionsfriedens, die nach der Erfahrung erbitterter Auseinandersetzungen im Gefolge der Reformation einen tragfähigen Ausgleich zwischen den beiden Konfessionen erreicht hatte, war längst tot. Und wie so oft in der Geschichte stieg mit verblassender Erinnerung an Zeiten voller Unsicherheit und Zwietracht die Bereitschaft zum erneuten Konflikt. Der Wille zum überkonfessionellen Kompromiss schwand dahin, Religionsfragen wurden wieder ideologisiert, und was man früher gütlich geregelt hätte, wurde plötzlich zum Kriegsgrund. Insbesondere die Habsburger, die im Besitz der Kaiserkrone waren, gaben die frühere, auf Ausgleich zwischen den Konfessionen bedachte Reichspolitik zugunsten einer ziemlich unverfrorenen katholischen Politik auf. Damit handelte Habsburg gegen den Augsburger Frieden, den es als Kaiserhaus eigentlich verteidigen sollte. Hinter diesem Vorgehen stand aber nicht allein religiöse Überzeugung, sondern ebenso das politische Ziel der Stärkung der Zentralmacht. Man konnte den Eindruck gewinnen, was Ferdinand als Landesherr in Böhmen tat, wolle er reichsweit ebenso durchsetzen. Und das wiederum führte zu der Entwicklung, dass im Laufe des Krieges katholische Reichsfürsten durchaus dem Kaiser die Gefolgschaft verweigerten – dann nämlich, wenn sie ihre Machtstellung als Territorialfürsten bedroht sahen. Brach aber die innere Eintracht des Reiches zusammen, konnten sich auswärtige Mächte veranlasst sehen, sich die Situation zunutze zu machen.

Diese Ausgangslage und die ideologischen Spannungen zwischen den Konfessionen im Reich waren es aber nicht allein, die das 17. Jahrhundert zur Epoche andauernder Kriege machten. Es ging nicht nur um Deutschland, sondern um Europa insgesamt, wo es schon seit den 1580er-Jahren heiß herging. Eine Vielzahl von kriegerischen Auseinandersetzungen wurde an vielen Schauplätzen in ganz Europa ausgetragen. Neben den Glaubenskonflikten im Reich stritten Spanien und Frankreich, kämpften die Niederlande um ihre Unabhängigkeit von Spanien und die Anrainerstaaten des Ostseeraums um die Vorherrschaft in der Region. Ebenso war es ein Kräftemessen der europäischen Großmächte, insbesondere zwischen Habsburg und Frankreich, deren Konflikt noch aus dem 16. Jahrhundert stammte. Diese Konflikte sind zum anderen nicht auf die drei Jahrzehnte zwischen 1618 und 1648 begrenzt, sondern begannen zum Teil früher und wurden später beendet. Daher ist die Bezeichnung »Dreißigjähriger Krieg« streng genommen nicht zutreffend, zumal es in diesen drei Jahrzehnten regionenweise längere Friedenszeiten gab. Aus heutiger Sicht unterscheidet man selbst bei den auf deutschem Boden stattfindenden Auseinandersetzungen vier Kriege. Der übergreifende Begriff wurde aber schon von Zeitgenossen geprägt und hat sich eingebürgert – zumindest in Deutschland, das in diesem Zeitraum der Hauptschauplatz der kriegerischen Auseinandersetzungen war. Und da die Ereignisse im Heiligen Römischen Reich deutscher Nation mit dem Prager Fenstersturz sowohl einen prägnanten Beginn als auch mit dem Westfälischen Frieden dreißig Jahre später einen förmlichen Friedensschluss an seinem Ende haben, lässt sich trotz allem mit einiger Berechtigung vom Dreißigjährigen Krieg sprechen.

Die Vorstellung vom böhmischen Funken, der einen europäischen Flächenbrand ausgelöst hat, trifft jedoch nicht zu. Was wir unter dem Dreißigjährigen Krieg zusammenfassen, war keine Kausalkette aufeinander aufbauender Ereignisse, sondern eine Art multiples Ereignis mit schwer entwirrbaren Zusammenhängen, dessen jahrzehntelange Entwicklung von zahlreichen Faktoren bestimmt wurde, die keineswegs auf das Reich beschränkt waren.

Die Menschen vor allem in Deutschland erlebten diese drei Jahrzehnte als eine traumatische Abfolge von Heerzügen, von Krise und Zerstörung. Zu verfolgen, wer gerade gegen wen kämpfte und worum es genau ging, wurde zunehmend schwieriger; gar die politischen Entwicklungen und Beweggründe dahinter zu verstehen, war wenigen vorbehalten. Die einfachen Menschen erlebten den Krieg als eine Zeit bedrückender Unsicherheit und enormer Belastung, zusätzlich verstärkt durch die wirtschaftlichen Auswirkungen der Kleinen Eiszeit seit 1570. Durch die kriegsbedingt erhöhte Mobilität in Europa konnten sich Krankheiten wie die Pest leichter verbreiten, die Sterblichkeit stieg. Marodierende Kriegsinvaliden und freigesetzte Söldnertruppen machten die Gegend unsicher, die Belastungen der Menschen durch wachsende Steuern und Lebensmittelabgaben, Requirierungen und Einquartierungen zur Unterhaltung der gewaltigen Söldnerarmeen wuchsen beständig. Hinzu kamen Brandschatzungen und Plünderungen, Flüchtlingsströme und die Ausfälle durch die Abwesenheit der Männer, die in den Krieg hatten ziehen müssen. Der Dreißigjährige Krieg wurde für Deutschland zu einem noch lange nachwirkenden Trauma. Viele zeitgenössische Berichte erzählen vom Schrecken dieser Zeit für die Bevölkerung, dessen Tragweite sich statistisch nachvollziehen lässt: Statt 17 Millionen wie vor dem Krieg lebten in Deutschland um 1650 nur noch rund 10 Millionen Menschen – bei regional sehr unterschiedlichen Auswirkungen des Krieges. In manchen Gebieten wie der Pfalz oder Vorpommern hatten mehr als zwei Drittel der Bevölkerung ihr Leben lassen müssen, ganze Landstriche waren verwüstet. Gegenden in Randlage kamen vergleichsweise gut weg, während einzelne Landstriche in Pommern, Württemberg oder Hessen völlig verwüstet und menschenleer waren. Und weil es an Menschen fehlte, ging der Wiederaufbau nur sehr schleppend vonstatten.

Den vielen Auseinandersetzungen und Kriegen, die das 17. Jahrhundert bestimmten, ist gemeinsam, dass es jeweils sowohl um Religions- als auch um Machtfragen ging. Mit gutem Grund lassen sich die Auseinandersetzungen als ein erster Weltkrieg verstehen oder wenigstens als ein erster europäischer Krieg. Denn der böhmische Aufstand weitete sich alsbald zum Böhmisch-Pfälzischen Krieg aus, den Tilly durch die Einnahme von Heidelberg und Mannheim 1622 beendete. Des Kaisers Machtgewinn war so groß, dass er es sogar wagen konnte, gegen die sakrosankte Goldene Bulle zu verstoßen, als er 1623 entgegen der Regelung des Reichsgrundgesetzes die Kurwürde, also das Königswahlrecht, der protestantischen Pfalz ab- und dem katholischen bayrischen Herzog zuerkannte, der sich außerdem die Oberpfalz einverleiben durfte.

Allerdings lässt sich das Geschehen in Deutschland nicht verstehen, wenn man die anderen Konflikte ausspart, da im Dreißigjährigen Krieg irgendwie alles mit allem zusammenhing. Beispielsweise mischte schon im Böhmisch-Pfälzischen Krieg Spanien mit. Schweden trat 1630 erst dann in den Krieg in Deutschland ein – und machte daraus eine europäische Angelegenheit –, als es seine staatlichen Interessen berührt sah und durch einen Waffenstillstand mit Polen und weitere Absprachen mit Russland und den Niederlanden freie Hand hatte. Frankreich wiederum griff 1635 in die Auseinandersetzung ein, weil es seinem Erzfeind Habsburg damit schaden und seinen Rivalen Spanien schwächen konnte.

Zunehmend weniger ging es um konfessionelle Konflikte; immer stärker dominierte die Machtpolitik. Grob lässt sich die weitere Entwicklung der Auseinandersetzungen an drei Kriegen festmachen, die der Kaiser auszufechten hatte: dem Dänisch-Niedersächsischen Krieg (1625–29), dem Schwedischen Krieg (1630–35) und dem Schwedisch-Französischen Krieg (1635–48).

Nach der Niederlage der Böhmen, dem Triumph Tillys und einer kurzen Friedensphase begannen die Kämpfe von Neuem. Schauplatz wurde der Nordwesten des Reiches, nachdem zwei wichtige Köpfe für die Sache des abgesetzten und geflohenen Winterkönigs Friedrich von der Pfalz, Graf Ernst II. von Mansfeld und Markgraf Georg Friedrich von Baden-Durlach, sich dorthin zurückgezogen hatten. Die Gegenseite wollte ihre katholischen Enklaven im Norden schützen, um von dort aus die Gegenreformation voranzutreiben. Das wiederum rief den dänischen König und Herzog von Holstein Christian IV. auf den Plan. Zu seinem überlegenen Gegner wurde der kaiserliche Heerführer Wallenstein, ein reicher Böhme, der zum Heeresdienstleister aufstieg, indem er Söldnerheere aufstellte und dem Kaiser zur Verfügung stellte. Wallenstein war damit so erfolgreich, dass Kaiser Ferdinand II. ihn zum Oberfeldherrn der kaiserlichen Truppen gegen die Protestanten machte und ihm das Herzogtum Mecklenburg gab – und Friedrich Schiller ihm als Titelhelden einer berühmten Dramen-Trilogie zu literarischen Ehren verhalf. Die kaiserlichen Truppen unter Wallenstein, die am Ende bis zu 150000 Söldner umfassten, zwangen den dänischen König zum Rückzug, der Kaiser erreichte den Höhepunkt seiner Macht.

Aber Kaiser Ferdinand II. überschätzte bei allem Erfolg seine Möglichkeiten, als er gegen Ende des Dänisch-Niedersächsischen Krieges die katholische Konfession im Reich bevorzugen und der katholischen Kirche umfangreiche Besitztümer zurückgeben wollte. Dieser Bruch des bisherigen Ausgleichs zwischen den Konfessionen war unerhört und stieß auch unter katholischen Fürsten auf Widerstand – die Macht des Kaisers wäre nämlich erneut gewachsen, und das wollten auch katholische Reichsfürsten nicht hinnehmen. Folgerichtig versagten die Kurfürsten in dieser Angelegenheit dem Kaiser die Gefolgschaft und verlangten die Entlassung des Emporkömmlings Wallenstein, dessen rasanten Aufstieg sie höchst misstrauisch beäugt hatten. Ferdinand II. musste sich dem Widerstand seiner Fürsten fügen – ein tiefer Fall nach großem Triumph, und abermals ein Sieg der Territorien gegenüber einer Reichszentralgewalt, auf die die habsburgische Politik abzielte. In der Folge ging Bayern gar ein vorübergehendes Verteidigungsbündnis mit Habsburgs Erzfeind Frankreich ein.

Der europäische Machtkampf aber ging weiter, als der schwedische König Gustav II. Adolf die Schwäche Habsburgs nutzte und auf der Ostseeinsel Usedom landete – mit der umgehend verbreiteten Botschaft, die evangelische Konfession schützen zu wollen. Spätestens nach der Zerstörung Magdeburgs durch die kaiserlichen Truppen unter Tilly im Mai 1631 fiel diese Propaganda bei den deutschen Protestanten auf fruchtbaren Boden. Nicht völlig uneigennützig hatte Gustav Adolf aber ebenso sehr die Absicht, seine Vorherrschaft im Ostseeraum gegen einen nach Norden drängenden Kaiser zu sichern – der Schwedische Krieg begann. Das 40 000 Mann starke Heer der Schweden zog in Richtung Süden, und weder Tilly noch Wallenstein konnten den Vormarsch zunächst stoppen – das gelang erst nach Tillys Tod 1632 und kurz nach der Ermordung Wallensteins mit der katastrophalen Niederlage der Schweden in der Schlacht von Nördlingen Anfang September 1634. Zwei Jahre zuvor war in der Schlacht von Lützen nahe Leipzig bereits Gustav Adolf gefallen – möglich, dass andernfalls das Reich dauerhaft gespalten worden wäre: mit Habsburg als Führer der katholischen Territorien und Schweden als Schutzmacht der Protestanten.

Weil sich zu diesem Zeitpunkt bereits abzeichnete, dass Frankreich unter Kardinal Richelieu seine neu gewonnene Stärke in das europäische Kräftemessen einbringen und Habsburg herausfordern würde, wuchs die Bereitschaft von Kaiser und Reichsfürsten, das Heilige Römische Reich wenigstens innerlich zu befrieden, um der Gefahr von außen begegnen zu können. Im Prager Frieden von 1635 wurden die Regelungen des Augsburger Religionsfriedens von 1555 wieder eingesetzt. Aber der Frieden erwies sich nicht als dauerhaft, weil er die europäische Dimension nicht in Rechnung stellte, und für die Menschen in Deutschland waren die Schrecken des Krieges damit keineswegs vorüber, als nunmehr der Schwedisch-Französische Krieg begann: Nicht nur blieb insbesondere Mitteldeutschland Kriegsschauplatz; die Auswirkungen dieser letzten und längsten Phase vor dem Erschöpfungsfrieden stellte an Grausamkeit alles Vorangegangene in den Schatten. Zu einem ständigen Hin und Her im Kriegsverlauf mit andauernden Heereszügen kam die Klemme der Protestanten, wem gegenüber sie loyal sein sollten: dem Kaiser, der ja nach wie vor das Oberhaupt des Reiches war, dem sie angehörten, oder seinen Gegnern, die sich zwar die protestantische Sache auf ihre Fahnen schrieben, aber gleichzeitig auch den Bestand des Heiligen Römischen Reiches deutscher Nation bedrohten. War man zuerst Reichsangehöriger oder Mitglied einer Konfession? Und was hatte man davon zu halten, dass unter den Gegnern des Kaisers auch Katholiken waren?

Im folgenden Krieg der nunmehr verbündeten (protestantischen) Schweden und (katholischen) Franzosen gegen das Haus Habsburg wurden über zwölf Jahre weite Landstriche Mitteleuropas verwüstet, immer mehr trug die Zivilbevölkerung die Hauptbelastungen der Kämpfe. Der Krieg hatte vollends seinen Charakter als religiös bestimmte Auseinandersetzung verloren. Die Loyalität der Söldner wechselte, auf die Menschen nahmen sie immer weniger Rücksicht. Hinzu kamen Ernteausfälle, Epide-

mien, Wirtschaftskrisen angesichts unterbrochener Handels-
verbindungen und zerstörter Infrastruktur. Meisterlich wie kein
anderer erzählt von Leid und Elend dieses Krieges Hans Jakob
von Grimmelshausen in seinem zeitgenössischen Roman *Der
abenteuerliche Simplicissimus.*

Als die europäischen Mächte nach dreißig Jahren Kampf von dem
zermürbenden, letztlich aber ergebnislosen Krieg und enormen
Verlusten unter der Bevölkerung endlich genug hatten, war die
Erschöpfung und Kriegsmüdigkeit groß genug, um einen tragfähigen Frieden zustande zu bringen – schon seit dem Prager Frieden hatte es immer wieder entsprechende Sondierungen gegeben. Aber obwohl der Kontinent sprichwörtlich ausgeblutet war,
dauerte es insgesamt vier Jahre, bis in Münster und Osnabrück
der Westfälische Frieden geschlossen werden konnte – der mit
148 Delegierten bis dahin umfangreichste Friedenskongress, in
dem völkerrechtliche Regelungen ausgehandelt und die Reichsverfassung erneuert wurde. Nach der Goldenen Bulle und dem
Augsburger Religionsfrieden erhielt das Heilige Römische Reich
deutscher Nation damit ein weiteres grundlegendes Gesetzeswerk. Es bestätigte das hundert Jahre zuvor vereinbarte Nebeneinander der Konfessionen und gab der katholischen Kirche ihre
Besitzungen nach dem Stand von 1624 zurück. Katholiken und
Protestanten verhandelten auf den Reichstagen künftig getrennt;
eine strenge Parität zwischen den Konfessionen wurde festgelegt. Aber auch Landesherrschaften veränderte der Westfälische
Frieden: Schweden wurden Vorpommern, Bremen und Verden
zugesprochen, und damit stieg es zur europäischen Großmacht
auf – wenn auch nicht für lange. Frankreich bekam das Elsass; die
Niederlande und die Schweiz verließen den Verbund des Heiligen Römischen Reiches, dessen Einzelstaaten jetzt vollständig
souverän wurden und sich alsbald daran machen sollten, eigene

stehende Armeen aufzubauen. Die deutsche Kleinstaaterei wurde damit bestätigt – wirtschaftlich, politisch, kulturell vertiefte sich die Spaltung. Aber das war vorerst kein Thema – nach den schweren Verwüstungen, enormen Bevölkerungsverlusten und dem Trauma einer gewalttätigen Zeit ging es um Wiederaufbau.

Bleibt der Vollständigkeit halber nachzutragen, dass die europaweiten Auseinandersetzungen erst mit weiteren Friedensschlüssen ihr Ende fanden: dem Pyrenäenfrieden zwischen Frankreich und Spanien 1659 sowie dem Frieden von Oliva, 1660 geschlossen zwischen Schweden und Polen. Mit all diesen Verträgen erhielt Europa eine langfristig tragfähige Friedensordnung, die zwar Kriege nicht ausschloss, aber ein diplomatisches Instrumentarium zu ihrer Disziplinierung und Beilegung schuf. Das europäische Staatensystem hatte dauerhafte Konturen bekommen, die für die deutsche Geschichte wichtig werden sollten: Spanien und Polen waren geschwächt, während die Niederlande, Schweden, England und Frankreich gestärkt aus dem Kriegsjahrhundert hervorgingen. Das europäische Staatensystem fußte fortan auf einigen mächtigen souveränen Staaten mit dem territorial zersplitterten Reich als Pufferzone dazwischen. Im Reich blieb das Haus Habsburg einstweilen die unangefochtene Nummer eins, aber die Voraussetzungen für den Aufstieg einer zweiten europäischen Großmacht aus dem Kreis der Reichsterritorien war geschaffen. Neben Bayern und Kursachsen profitierte nämlich Brandenburg vom Westfälischen Frieden: Es erhielt Hinterpommern sowie das westfälische Minden und setzte zum Aufstieg in die erste europäische Liga an.

VOM SCHUTZLOSEN KURFÜRSTENTUM ZUR EUROPÄISCHEN GROSSMACHT
1740 – DER AUFSTIEG PREUSSENS

Die vermutlich am wenigsten vorhersehbare Entwicklung des 18. Jahrhunderts war der Aufstieg Brandenburg-Preußens zur anerkannten europäischen Großmacht – eine rasante Karriere, die von einem nicht minder erstaunlichen Wachstum der brandenburg-preußischen Armee begleitet und in erheblichem Maße auch bedingt wurde. Als historische Wegmarke für die deutsche und die europäische Geschichte gilt 1740 – das Jahr des Regierungsantritts Friedrichs II. von Preußen, später »der Große« genannt.

Wie erstaunlich diese Entwicklung ist, zeigt ein Blick auf die Geschichte Brandenburgs: Anfang des 15. Jahrhunderts erhielt der Hohenzoller Friedrich VI., Burggraf von Nürnberg, vom Kaiser die Mark Brandenburg, an der nordöstlichen Grenze des Reiches gelegen und zunächst im Grunde nicht mehr als ein Territorium mit einem Radius von etwa 100 Kilometern rund um Berlin. Die Metropole von heute war damals freilich noch eine bescheidene Siedlung von Händlern und Fischern. Aber wie konnte aus diesem bevölkerungsarmen Ländchen mit sandigen Böden und Sümpfen, mit Wäldern und Wasser, das kaum nennenswerte Rohstoffe besaß, eine europäische Großmacht werden?

Als Mittel dazu dienten Beharrlichkeit und eine langfristig angelegte Politik, um das Territorium zu erweitern und wirtschaftlich voranzubringen. Zugute kam den brandenburgischen

Kurfürsten, dass sie zu den sieben Wählern des deutschen Königs und Kaisers des Heiligen Römischen Reiches gehörten – das brachte außer Prestige auch die Möglichkeit mit sich, die Wahlstimme für einen Kandidaten von seinen politischen Konzessionen abhängig zu machen. Und dabei stand für die Hohenzollern als oberste Staatsräson die Territorialpolitik im Vordergrund. Selbst in der aufgeladenen Atmosphäre der Reformationszeit mit ihren politischen Beben blieben sie zurückhaltend, abwartend, ausgleichend.

Bis ins 18. Jahrhundert hinein vergrößerten die Hohenzollern ihr Herrschaftsgebiet auf diplomatischem Weg – also durch Konzessionen des Kaisers oder kluge Heiratspolitik, die Erbansprüche nach sich zog und Bündnisse ermöglichte. Vor allem auf das Herzogtum Preußen, außerhalb des Reiches an der Ostsee gelegen und an Polen-Litauen grenzend, hatten es die brandenburgischen Kurfürsten abgesehen, sowie auf Jülich-Kleve am Niederrhein. Letzteres war eine kleine, aber feine Herrschaft nah der Grenze zu den Niederlanden – reich und wirtschaftlich weit entwickelt und strategisch von europäischer Bedeutung. Aber diese Ziele wurden in Berlin über lange Zeit mit rein friedlichen Mitteln verfolgt – Kriege brach man dagegen nicht vom Zaun.

Diese friedliche Politik zur Erweiterung des Herrschaftsgebietes und zur territorialen Arrondierung stieß allerdings da an ihre Grenzen, wo es auch ohne Krieg eine gewisse militärische Potenz brauchte, um ans Ziel zu gelangen. Schon im Dreißigjährigen Krieg war Brandenburg ohne nennenswerte Armee nicht in der Lage gewesen, sein Territorium selbstständig zu schützen. In den drei Jahrzehnten des Krieges waren wieder und wieder riesige Armeen quer durchs Land gezogen, das zwischen den verfeindeten Akteuren hilflos eingeklemmt war. Seit Mitte der 1620er-Jahre litten brandenburgische Gebiete nacheinander unter pfälzischen und dänischen, kaiserlichen und schwedischen Heeren. Die zunächst ausgleichende Haltung des Kurfürsten Georg Wilhelm zahlte sich ebenso wenig aus wie seine folgende Anlehnung an den Kaiser sowie die anschließende Kehrtwende im Bündnis mit Schweden, mit dessen Kriegsherrn Gustav Adolf Georgs Schwester verheiratet war. Schwer verwüstet, wirtschaftlich geschwächt und der Hälfte seiner Einwohner durch Krieg, Krankheit oder Hunger beraubt ging es aus dem europäischen Mächteringen hervor. Immerhin erhielt es territorialen Zuwachs – durch Ostpommern und Gebiete um Minden, Halberstadt und Magdeburg – und wurde wenigstens hinsichtlich seiner Fläche nach Habsburg zum zweitgrößten Territorium des Flickenteppichs namens Deutschland.

Aber bloße Ausdehnung bedeutet noch lange keinen Aufstieg. Und doch: Ausgerechnet in dem Augenblick, als nach Ende des Dreißigjährigen Krieges kühl urteilende Beobachter das kleine Brandenburg am Rand des Abgrunds wähnten, setzte es wie Phoenix aus der Asche zum Aufstieg an – wirtschaftlich, politisch, militärisch. Das Trauma der Kriegserfahrungen wurde gleichwohl nicht vergessen und bestimmte die preußische Politik bis zur förmlichen Auflösung des Staates durch die Alliierten nach dem Zweiten Weltkrieg. Ein vergleichbares Desaster wie im Dreißigjährigen Krieg sollte dem Land auf keinen Fall noch einmal widerfahren. Als Konsequenz begann der Große Kurfürst Friedrich Wilhelm mit dem Aufbau eines stehenden Heeres, den sein Enkel fortsetzen sollte. Gleichzeitig machte sich der Große Kurfürst, arbeitswütig und geschult von seinem kriegsbedingten Aufenthalt in den wirtschaftlich fortschrittlichen Niederlanden, an den Aufbau und die Zentralisierung seines Staates. Außerdem verfolgte er eine tragfähige und gleichzeitig flexible Bündnispolitik – weil die Geschicke seines Landes von vielen mächtigen Akteuren abhingen, deren Machtpositionen wiederum Veränderungen unterlagen.

Unter seinem Nachfolger kam nach dem Erwerb Preußens die Aufwertung des Herrscherhauses hinzu: 1701 krönte sich Kurfürst Friedrich III. in Königsberg zu König Friedrich I. in Preußen – streng genommen blieb er im Stammland Brandenburg weiterhin Kurfürst, aber diese Unterscheidung wurde alsbald einfach ignoriert.

Diese Rangerhöhung verdankte Friedrich abermals den Entwicklungen der Reichspolitik, denn der Kaiser brauchte den Kurfürsten und gestattete deshalb, dass dieser sich zum König machte – so waren auch schon andere Könige zu ihrem Titel gelangt. Die nun folgende Zurschaustellung von Prunk und Pracht, die die finanziellen Möglichkeiten der neuen Krone erheblich überstieg, wird bis heute mit der Verschwendungssucht Friedrichs I. erklärt. Das trifft einerseits zwar zu, aber ebenso sah sich der Aufsteiger veranlasst, die Rangerhöhung auch im höfischen Zeremoniell widerzuspiegeln. Dies geschah auch nicht allein in kurzlebigen Äußerlichkeiten, sondern daneben in einer Kulturpolitik, wie sie das Land bisher nicht kannte. Berlin wurde repräsentativ umgebaut, Charlottenburg erhielt ein neues Schloss, die (später so getaufte) Preußische Akademie der Wissenschaften nahm ihre Arbeit auf. So wurde neben dem Militär die Kultur zum zweiten Aushängeschild Preußens. Der ruinöse Protz hingegen fand mit dem Regierungsantritt des Soldatenkönigs Friedrich Wilhelm I. 1713 ein jähes Ende, denn der bevorzugte simplere Vergnügungen und erhob die Sparsamkeit zum Credo.

Als schließlich 1740 Friedrich II. in Berlin die Regierung antrat, herrschte er über ein Gebiet, das vom Rhein bis ins Baltikum

reiche – allerdings nicht flächendeckend, sondern mit großen
Lücken dazwischen. Diese Lücken zu schließen wurde zum Ziel
preußischer Politik. Der König konnte dabei auf das zurück-
greifen, was seine Vorgänger aufgebaut hatten, und setzte jetzt
todesmutig, aber mit kühler Berechnung zum Sprung in die Liga
der ersten europäische Mächte an. Nur Monate nach seinem
Regierungsantritt stürzte sich Friedrich II. in seinen ersten Krieg.
Finanziell und militärisch war er bestens gerüstet – sein spar-
samer Vater hatte ihm eine gut gefüllte Kriegskasse hinterlassen,
die im Keller des Berliner Schlosses nur darauf wartete, ihren
Zweck zu erfüllen. Friedrich wollte sich den vorzeitigen Tod des
Habsburger Kaisers Karl VI. zunutze machen, durch den in Europa eine Situation entstanden war, die nicht nur in Preußen Be-
gehrlichkeiten weckte: Die Nachfolge durch die Kaisertochter
Maria Theresia war zwar formell abgesichert, aber trotzdem be-
fiel die anderen europäischen Mächte ein unbändiger Heißhun-
ger auf ein Stückchen vom habsburgischen Länderkuchen. Dass
aber der frischgebackene und unerfahrene Monarch Friedrich
von Preußen sogleich Schlesien überfallen würde, kam für alle
Welt überraschend. Aus der militärischen Auseinandersetzung
entwickelte sich eine lange währende Feindschaft zwischen
Preußen und Österreich, die zunächst drei Kriege um die reiche
Provinz führten.

Friedrich II. ließ sich in seinem einsam gefassten Entschluss
von den Zweifeln seiner erfahrenen Berater nicht beirren, sondern setzte kurz entschlossen um, was er programmatisch bereits niedergeschrieben hatte: In diesem ersten Angriffskrieg
Preußens führte der junge König Mitte Dezember 1740 knapp
30 000 Soldaten über die Grenze in die österreichische Provinz
Schlesien. Mangels Widerstand war der Landstrich mitsamt der
Provinzhauptstadt Breslau schon nach sechs Wochen in preu-

ßischer Hand. Als günstiger Umstand kam hinzu, dass Österreichs Bündnispartner Russland zum einen vom Krieg gegen Spanien beansprucht war, zum anderen von politischen Wirren in Moskau: Erst im Oktober war die Zarin verstorben, deren Sohn und Nachfolger nicht einmal drei Monate alt war. Die preußischerseits erhobenen Erbansprüche auf Schlesien waren eher konstruiert und zweifelhaft, aber die Provinz war wirtschaftlich begehrenswert, militärisch schlecht gesichert und geografisch günstig gelegen, sowohl für einen Feldzug als auch für die nachfolgende Angliederung. Friedrichs Kalkül ging auf, 1742 fiel mit den Friedensschlüssen von Breslau und Berlin das reiche Gebiet an Preußen. Der zweite Schlesische Krieg 1744/45 bestätigte die Grenzverschiebungen. Das kleine Preußen hatte das große Österreich um eine wichtige Provinz erleichtert und sich plötzlich und unerwartet in die Reihe der europäischen Großmächte gedrängt. Dass es sich dort würde behaupten können, war zu diesem Zeitpunkt jedoch alles andere als ausgemacht.

Denn der dritte, längste und schwierigste Waffengang stand noch bevor: der Siebenjährige Krieg (1756–63), der Preußen wieder einmal an den Rand des Abgrundes brachte, weil gegen die schiere Übermacht der drei verbündeten Hauptgegner Österreich, Frankreich und Russland kaum anzukommen war. Als der Krieg längst zur Entscheidung über das Schicksal Preußens geworden war und bereits verloren schien, kam Friedrich der Tod der Zarin Elisabeth zugute, weil ihr Nachfolger bekennender »Preußenfan« war und alsbald einen Separatfrieden schloss. Überhaupt profitierte er davon, dass die mächtigen Bündnispartner Abstimmungsschwierigkeiten hatten und sehr unterschiedliche Ziele verfolgten. Friedrich dagegen stand zwar weitgehend allein, war dadurch aber in der Lage, schnell und unabhängig entscheiden zu können. Auch sein militärisches Talent und die hervorragende Ausbildung und Disziplin seiner Soldaten erwiesen sich als klarer Vorteil. Trotzdem schien die preußische Sache mehr als einmal verloren, musste auch Preußen mit militärischen Defiziten kämpfen und massive Verluste hinnehmen. Am Ende aber blieb Österreich, jetzt ohne die nötige Unterstützung der Verbündeten, nichts anderes übrig als im Frieden von Hubertusburg hinzunehmen, dass der Vorkriegszustand wieder galt und Schlesien für Habsburg verloren blieb. Nicht weniger musste in Wien Maria Theresia schmerzen, dass Preußens Triumph den Status des Newcomers als europäische Großmacht dauerhaft bestätigte.

Um vor aller Welt zu demonstrieren, dass das siegreiche Preußen nicht sogleich kriegsbedingt an Erschöpfung und Bankrott zugrunde gehen würde, ließ Friedrich II. baldmöglichst mit dem Bau eines prächtigen Palastes in Potsdam beginnen. Und schon in der Ersten Teilung Polens 1772, mit der Österreich, Russland und Preußen dem Nachbarn Polen skrupellos ein Drittel seines Territoriums entrissen und untereinander aufteilten, gehörte Preußen zum Kreis der Großen. Und mit Westpreußen erhielt es die lang ersehnte Landverbindung zu den östlichen Landesteilen.

Im Ergebnis gab es nun mit Österreich und Preußen zwei Großmächte auf deutschem Boden, die einander feindlich gesinnt blieben – und damit hatte sich das Mächtegleichgewicht in Europa nachhaltig verschoben. Viele Beobachter erwarteten zwar, dass es mit der preußischen Dominanz nach dem Tod des Alten Fritz rasch wieder ein Ende haben würde, und auch der preußische König selbst gab sich keinen Illusionen hin, dass sein Werk noch immer auf tönernen Füßen stand. Aber diese Vermutung, insbesondere in Österreich hoffnungsfroh gehegt, sollte sich nicht bewahrheiten. Zwar gelang dem Sohn Maria Theresias, Kaiser Joseph II., Preußen unter den europäischen Mächten durch Bündnisse zu isolieren. Preußen nutzte aber seine letzte Option und die Zweifel der Reichsfürsten an Österreich und brachte 1785 den Fürstenbund zustande, der tatsächlich eine Kontinuität für die neue Großmacht auch nach dem Tod seines wichtigsten Königs ermöglichte.

Für die deutsche wie die europäische Geschichte wurde die Stärke Preußens dauerhaft zum bestimmenden Faktor, auch wenn es Jahrzehnte später Napoleon gelingen sollte, das Image der vorbildlichen Militärmacht vorübergehend zu beschädigen. Der darauf folgende erneute Wiederaufstieg Preußens wurde Vorbedingung für den ersten deutschen Nationalstaat unter preußischer Führung, aber führte auch zu jener fatalen Selbstüberschätzung, die im 20. Jahrhundert den Ersten und schließlich den Zweiten Weltkrieg möglich machte.

NACH TAUSEND JAHREN
1806 – DAS ENDE DES ALTEN REICHES

Am verregneten Vormittag des 6. August des Jahres 1806 – mitten in einem den Menschen unerträglich heiß erscheinenden Sommer – erschallten von der barocken Balustrade der ehemaligen Wiener Jesuitenkirche »Zu den neun Chören der Engel« am Hof die Fanfaren, während der Reichsherold die letzte Erklärung des römisch-deutschen Kaisers Franz II. kundtat. Um himmlische Botschaften ging es aber keineswegs, denn die Nachricht war eher irdisch und für die Zuhörer sehr betrüblich, wenn auch der unmittelbare Schock geringer war als der Tragweite des Ereignisses angemessen. Denn was sich da vollzog, war ein unerhörter historischer Einschnitt, das Ende einer fast tausend Jahre währenden Epoche, und als solches wurde es nicht nur in Wien, sondern europaweit auch verstanden, auch wenn längst alle Anzeichen darauf hingedeutet hatten. Andererseits lebte man seit mehr als zwanzig Jahren in ausgesprochen stürmischen Zeiten und war große Nachrichten gewohnt – schon gar im deutschen Schicksalsjahr 1806.

Der Kaiser ließ von seinem Herold verkünden, er betrachte »das Band, welches uns bis jetzt an den Staatskörper des Deutschen Reiches gebunden hat, als gelöst«, weshalb er die Kaiserkrone niederlege, und liquidierte gleichzeitig den Reichsverband. Es ging also nicht um eine bloße Abdankung, was schon spektakulär genug gewesen wäre, sondern um nichts weniger als das

Ende des Heiligen Römischen Reiches, das mindestens seit 962 bestanden hatte, in den Augen vieler gar seit der Kaiserkrönung Karls des Großen im Jahr 800 – jedenfalls seit Menschengedenken.

Das Heilige Römische Reich, ab Ende des 15. Jahrhunderts mit dem Zusatz »deutscher Nation« versehen, stand in seiner Geschichte mehrmals am Abgrund. Aber es hatte dynastische Krisen, verheerende Kriege und äußere Bedrohungen, beispielsweise durch das Frankreich Ludwigs XVI. oder das Osmanische Reich, bislang ebenso überstanden wie die massiven Umwälzungen im Gefolge der Reformation. Nun aber stand die Sache anders: Das Reich wurde aufgegeben, die alte Ordnung aufgehoben.

Der lange Weg zum Ende begann 1740, als die zukünftigen erbitterten Machtkonkurrenten Maria Theresia von Österreich und Friedrich II. von Preußen ihren jeweiligen Thron bestiegen. Brandenburg-Preußen machte Österreich die Vorrangstellung im Reich streitig und schwang sich zur vierten europäischen Großmacht auf, was das bestehende Gleichgewicht nachhaltig störte. In diesem Mächteringen, das Historiker als »preußisch-österreichischen Dualismus« bezeichnen, hatte das Alte Reich, insbesondere dessen schwächere Glieder, alsbald das Nachsehen. Denn nun standen nicht mehr Bestand und Wohl des Reichsverbandes im Vordergrund, sondern Machtpolitik und Staatsräson der beiden Großen. Bei derart veränderten Prioritäten konnte Österreich nach jahrhundertelanger Feindschaft ein Bündnis mit Frankreich eingehen, obwohl das nicht im Interesse des Reiches lag. Auch Preußen fand nichts mehr dabei, Verträge zu schließen, die der Reichsverfassung zuwiderliefen.

In Frankreich hatte die Revolution von 1789 das *ancien régime* hinweggefegt und eine Art revolutionären Expansionsdrang entfacht, den Napoleon, seit 1799 als Konsul und seit 1804 als Kaiser bestimmender Faktor der französischen Politik, nach ganz Europa trug. Das Reich konnte sich dessen kaum erwehren, denn die französische Volksarmee entfachte eine Kriegsdynamik, der die Söldnerheere und die Generäle der alten Ordnung des Reiches schlichtweg nicht gewachsen waren. Als Fanal für das Unvermögen des Reiches, den französischen Expansionsdrang aufzuhalten, erwies sich der Rückzug des Reichsheeres nach der erfolglosen Kanonade von Valmy 1792. Hinzu kam, dass Preußen und Österreich immer auch auf einen Vorteil gegenüber dem jeweils anderen schielten, während sie doch eigentlich Seite an Seite gegen Frankreich im Feld standen. Folglich musste die innere Erosion, ausgelöst durch die seit einem halben Jahrhundert vom staatlichen Eigeninteresse geleitete Politik Österreichs und Preußens, nur noch rascher voranschreiten. Der Schaden, den die beiden Großmächte dem Alten Reich zufügten, diente ihnen dann prompt als Legitimation, das Reich sehenden Auges seinem Ende zuzuführen.

Historiker haben in Wien ebenso wie in Berlin eine grotesk schlechte Politik ausgemacht, die die letzten Jahre des 19. Jahrhunderts zur finalen Krise des Alten Reiches werden ließ. Verantwortlich war das menschliche Versagen bestimmter politischer Akteure, aber wohl auch eine gewisse Lähmung angesichts der rasanten politischen Entwicklung, wie sie auch bei anderen historischen Einschnitten zu beobachten ist, denn Frankreich bestimmte den europäischen Fahrplan. In jedem Fall galt den politisch Handelnden die Reichsverfassung längst nichts mehr, und sie spekulierten schon auf ihren Anteil vom Fell des verendenden Bären.

Preußen vollzog im Frieden von Basel 1795 nicht den ersten Bruch der Reichsverfassung, indem es aus dem Reichskrieg gegen

Frankreich einseitig ausschied. Ähnlich rücksichtslos verletzten die Friedensschlüsse zwischen dem unterlegenen Österreich und Frankreich 1797 (Campoformio) und 1801 (Lunéville) die Reichsverfassung auf Kosten der Kleinen im Reich – wie Preußen scherte sich Österreich kaum noch um das Schicksal des Reiches, dem der Habsburger Franz doch vorstand. Mit dem Frieden von Lunéville gingen die Gebiete westlich des Rheins verloren: Frankreich betrachtete den Fluss als seine natürliche Ostgrenze. Zur Entschädigung der von Frankreich eroberten Territorien bereicherten sich Preußen und Österreich ungeniert an den geistlichen Fürstentümern. Dem machtpolitischen Eigeninteresse opferten Preußen und Österreich das alte Imperium und damit dessen schwächste Glieder: die zahllosen Kleinterritorien und die Kirchenbesitzungen, die auf den Schutz des Reiches angewiesen waren.

Jetzt war es Frankreich, das die Geschicke des Reiches am aktivsten lenkte – natürlich nicht in dessen Interesse, sondern im Sinne Napoleons, der der überragende Machtfaktor in Europa sein wollte. Wer da noch Aussicht auf Rettung sah, versuchte es – Württemberg oder Bayern wurden angesichts solcher Rücksichtslosigkeit geradezu in Frankreichs Arme getrieben.

Auf die drei Friedensschlüsse der beiden deutschen Großmächte mit Frankreich folgte geradewegs der Reichsdeputationshauptschluss von 1803, der nicht nur wegen seines sperrigen Namens berüchtigt ist. Darin führte der Reichstag die französisch-russischen Vorgaben über eine Neuregelung im Reich nur noch aus. Sanktioniert wurde insbesondere die Säkularisation, das heißt die völlige Abschaffung – vorläufig bis auf ein einziges – der geistlichen Fürstentümer und Territorien, womit eine tragende Säule des Alten Reiches weggeschlagen wurde. Land und Besitz wurde den weltlichen Fürsten zugeschanzt. Ebenso erging es der

Mehrheit der reichsunmittelbaren Städte – von den einstmals 51 unabhängigen Reichsstädten blieben nach der sogenannten Mediatisierung gerade mal sechs übrig. Viele Millionen Menschen erhielten über Nacht neue Herrschaften – das geschah in jenen Jahren oftmals gleich mehrmals hintereinander –, wirtschaftlichen Existenzen und persönlicher Berufsplanung wurde die Grundlage entzogen. Es war große Geschichte, die sich da vollzog, aber sie hatte auf fast jeden Zeitgenossen unmittelbare Wirkung.

Zugute kam die Neuordnung den Mächtigen: Österreich und Preußen wurden größer, denn sie erhielten auf Kosten der Schwächeren mehr, als Napoleon ihnen zuvor abgenommen hatte. Der französische Kaiser hatte für ein weniger zerstückeltes, aber gleichwohl geteiltes Deutschland gesorgt, das ihm nicht gefährlich werden sollte – wofür er nun die neuen Mittelstaaten von sich abhängig machte: Er stärkte in Süd- und Südwestdeutschland Baden, Bayern und Württemberg. Am eindrucksvollsten illustriert ein Blick auf die Landkarte die umwälzenden Veränderungen in Deutschland: Während das Alte Reich mit seinen Hunderten Territorien ein kunterbunter Flickenteppich gewesen war, kehrte mit Napoleon auf der Landkarte Ruhe ein – farblich gesehen. Als Ersatz für die geistlichen Kurfürstentümer, die ja bei der Kaiserwahl stimmberechtigt waren, gab es künftig vier neue, davon drei protestantische: Hessen-Kassel, Baden und Württemberg. Damit war die bisherige Mehrheit der katholischen Reichsstände im Kurfüstenkollegium zerschlagen.

Wenig Protest nur war zu hören, selbst von den am stärksten Betroffenen, denen vielleicht im Sog der Geschichte schwindelte und die vermutlich wussten, dass niemand ihnen zur Seite springen würde. Auch so etwas wie Apathie angesichts der galoppierenden Entwicklungen zum Schlechteren lässt sich ausmachen. Doch auch der Reichsdeputationshauptschluss, der das Reich zu bewahren schien, aber *de facto* abschaffte, hatte nur für wenige Jahre Bestand.

In prompter Reaktion auf Napoleons Selbstkrönung zum Kaiser der Franzosen nahm Kaiser Franz II. 1804, vorläufig zusätzlich zu seiner Reichskrone, den Titel eines erblichen Kaisers von Österreich an. Dass die Rudolfskrone, eigentlich die Hauskrone der Habsburger, ungemein schwer war und daher nie aufgesetzt wurde, lieferte Anlass zu Spötteleien. Aber noch gab es einen Rang über diesen beiden neuen Kaiserwürden: die römische Kaiserkrone. Klar erkennbar ist jedoch mit diesem abermaligen Bruch der Reichsverfassung, dass für Österreich das Alte Reich zur Disposition stand. Gutachten wurden erstellt, welche Vorteile Österreich aus der Führung des Heiligen Römischen Reiches überhaupt noch ziehen könne, und bald ging es für Franz II. nicht mehr darum ob, sondern wann er die Reichskrone niederlegen würde. Aber der Kaiser wartete noch auf den richtigen Zeitpunkt.

1805 versucht Russland ein weiteres Mal, den französischen Einfluss in Europa einzudämmen. Preußen zog gar nicht erst mit in den Krieg, in dem die Verbündeten Russland und Österreich in der »Dreikaiserschlacht« bei Austerlitz im heutigen Tschechien eine verheerende Niederlage erlitten. Die italienischen Besitzungen Österreichs gingen im Diktatfrieden zu Preßburg verloren, Bayern und Württemberg wurden zu Königtümern, und zur napoleonischen Neuordnung in Mitteleuropa gehörte im Jahr darauf die Gründung des Rheinbundes unter französischem Protektorat – klar gegen das Alte Reich gerichtet und mit der Verpflichtung verbunden, im Kriegsfall mit Napoleon ins Feld zu ziehen. Solange Napoleon von Sieg zu Sieg eilte, war der Zulauf der deutschen Fürsten beträchtlich, insbesondere nach dem Zu-

sammenbruch Preußens Ende 1806. Sachsen beispielsweise hatte
bei Jena und Auerstedt noch an der Seite Preußens gekämpft,
musste nach der Niederlage jedoch dem Rheinbund beitreten,
wofür der sächsische Kurfürst aber immerhin zum König erhoben wurde. 1811 gehörten fast alle deutschen Staaten dem Bund
von Napoleons Gnaden an – bis auf Preußen, Österreich, Braunschweig und Kurhessen.

Schon bald nach Gründung des Rheinbundes erklärten die
Mitglieder des neuen Bundes ihren Austritt aus dem Reich –
schon wieder ein Verfassungsbruch, denn solche Austritte waren
gar nicht vorgesehen. Aber die Macht des Faktischen regierte,
bestimmt von Napoleon und seiner schieren Machtfülle sowie
der Unfähigkeit oder dem Unwillen der deutschen Politik, selbst
noch gestaltend tätig zu werden, anstatt nur den größtmögli-
chen Vorteil aus dem Konkurs des Reiches zu ziehen. Noch vor
dem Austritt der Rheinbund-Staaten aus dem Reichsverband
hatte Napoleon dem Kaiser des Reiches ein Ultimatum gestellt:
Bis zum 10. August müsse er seine Krone niederlegen, andernfalls drohe ein erneuter Waffengang. Franz II. kommt dieser Aufforderung nach, schon um den weiteren Schaden für Österreich
möglichst gering zu halten. Aber er sorgt dafür, dass die Krone
nicht kopflos wird, sondern löst das Reich selbst auf, damit es
nicht Napoleon in die Hände fallen kann. Streng genommen
war auch das verfassungsrechtlich nicht möglich, weil der Kaiser die Auflösung des Reiches gar nicht anordnen konnte. Aber
existierte das Reich angesichts zahlreicher Verfassungsbrüche
und konkurrierender Staatengebilde überhaupt noch? War es
nicht längst zum ebenso leeren wie sinnentleerten Gehäuse verkommen? Hatte es sich nicht als unzeitgemäß und nicht mehr
lebensfähig erwiesen? Ob der Kaiser rechtmäßig handelte oder
nicht, das erörtern heute Historiker – damals interessierte sich
kaum jemand allzu sehr für diese Frage.

Für dieses außerordentliche Ereignis wurden seither viele Vokabeln bemüht: Untergang und Scheitern, Zusammenbruch und Ende, Auflösung, Zerschlagung, natürlicher Tod, Exitus eines morschen Gebildes … Jedenfalls hatte das Alte Reich seinen letzten Atemzug getan, und die Geschichte nahm ihren Lauf. Im Rückblick lässt sich das Jahr 1806 für die deutsche Geschichte als ein Scheitelpunkt sehen, so wie es das Revolutionsjahr 1789 für Frankreich war: Dort war es das *ancien régime*, das abgelöst, hier das Alte Reich, das zu Grabe getragen wurde. Das Heilige Römische Reich war bis dahin die dauerhafteste und wichtigste Konstante der deutschen Geschichte, und sein Ende bedeutete einen tiefen Einschnitt mit einer klaffenden Wunde.

Entsetzen, Betroffenheit, Erschütterung herrschten aber in allen Gegenden des Reiches und in allen Schichten vor. Dass dieses Entsetzen vergleichsweise wenig Niederschlag fand, hat die Historiker zur Annahme verleitet, dem untergegangenen Reich wäre kaum eine Träne nachgeweint worden. Genauere Untersuchungen legen aber das Gegenteil nahe. Nur überstürzten sich die schlechten Nachrichten dieses Jahres, nur hielt man es oft nicht für ratsam, Briefe zu schreiben, zumal die Postverbindungen stockten, außerdem verschlug es vielen schlichtweg die Sprache. Den unmittelbar größeren Schock lösten zwar die militärischen Zusammenbrüche der drei Großmächte Russland, Österreich und Preußen in Austerlitz und Jena/Auerstedt aus. Trotzdem standen die Menschen der Tatsache, dass nach langen Jahrhunderten das Reich plötzlich nicht mehr war, alles andere als gleichgültig gegenüber.

Derjenige Teil der deutschen Öffentlichkeit, der die Geschehnisse verfolgt hatte und einordnen konnte, war wenig überrascht. Man wusste, was sich in Europa abspielte, und hatte erleben müssen, wie die politisch Verantwortlichen für das ehrwürdige

Reich kaum noch einen Finger rühren wollten – sie waren mithin vorbereitet. Goethe zum Beispiel schreibt am Tag der Abdankung des Kaisers auf der Rückfahrt von Karlsbad lapidar, die Zeitungen hätten berichtet, »das Deutsche Reich sey aufgelöst«. Seine Mutter ist ein wenig gefühlvoller, wenn sie ihrem Sohn knapp zwei Wochen später mitteilt, dass im Gottesdienst neuerdings die Fürbitten für Kaiser und Reich verschwunden seien, und den Zustand des Alten Reiches mit dem eines alten Freundes vergleicht, der sehr krank ist. Insgesamt allerdings war von den Meinungsführern wenig zu hören, aber dieses Schweigen war durchaus beredt und wurde mitunter auch erklärt. Der weltgewandte Schriftsteller Christoph Martin Wieland schrieb an eine alte Freundin, wie sehr ihm die Ereignisse nahegingen, fügte jedoch resigniert hinzu: »Aber ich scheine ruhig, weil ich schweige, weil die Zeit vorbei ist, wo reden etwas helfen konnte – aber nichts geholfen hat, weil diejenigen nicht hören, nicht lesen, nicht denken wollten, deren Pflicht es war, für das Ganze zu sorgen und tätig zu sein.«

Anders verhielt es sich mit dem einfachen Volk, das eine unschuldigere, kindlichere Bindung an Kaiser und Reich hatte und mit Ungläubigkeit oder Entsetzen auf die Nachrichten reagierte. Für sie musste es eher einer Katastrophe gleichen, dass die altbewährte Ordnung des Reiches und der Kaiser als »Vaterfigur« vom einen auf den anderen Tag wegfallen sollten, denn damit verbunden waren Ungewissheit und Zukunftsangst und das leere Gefühl des Verlassenseins.

DAS UNGLÜCK EUROPAS BEENDEN
1813 – VÖLKERSCHLACHT BEI LEIPZIG

In Leipzig erhebt sich riesenhaft und monumental das Denkmal der Völkerschlacht, das wie so viele Denkmäler schon bei Inbetriebnahme 1913 mit zweifelhaftem Inhalt gefüllt wurde – ganz dem nationalen Pathos der Wilhelminischen Zeit kurz vor dem Ersten Weltkrieg entsprechend. Aber es war nicht erst das Denkmal, sondern bereits das Ereignis, an das es erinnert, das zum Gegenstand von Deutungsstreitereien wurde: Die bis dahin größte Schlacht eines europäischen Krieges, ein überwältigender Triumph der Koalitionstruppen Preußens, Österreichs und Russlands gegen das französische Heer, der Napoleons Herrschaft in Deutschland beendete und seinen Sturz besiegelte – die Völkerschlacht bei Leipzig vom 16. bis zum 19. Oktober 1813.

Das Jahr 1813 mit der Völkerschlacht als ihrem herausragenden Ereignis hat nicht nur für die deutsche Geschichte große Bedeutung, sondern für die europäische Geschichte insgesamt. Nachdem der korsische General und »Kaiser der Franzosen« Napoleon Bonaparte mehr als ein Jahrzehnt lang seine Vorstellungen von französischer Vorherrschaft in Europa hatte durchsetzen können, formierte sich endlich ein koordinierter Widerstand seitens der drei Mächte Österreich, Preußen und Russland, der nur mit deren vereinter Kraft gelingen konnte. Aber diese Einigkeit herzustellen war kein leichtes Unterfangen, denn die Gegner Napoleons misstrauten einander ebenso sehr, wie sie Napoleon fürchteten.

Zunächst war der Respekt der alten Herrscher vor der enormen Leistung des Korsen beträchtlich und entsprechend groß auch ihre Furcht vor einem Misserfolg und den damit verbundenen Konsequenzen. Daneben waren aber auch die Interessen wieder einmal – bei aller Überzeugung, dass Frankreich Einhalt geboten werden müsste – höchst unterschiedlich gelagert. Preußen war im Frieden von Tilsit die Hälfte seiner früheren Fläche und Bevölkerung amputiert worden und entsprechend geschwächt – ein Trauma nach dem kometenhaften Aufstieg des Landes unter Friedrich dem Großen und angesichts des bis dahin hervorragenden Rufes seiner Armee. Mochte Napoleon auch nur mit vereinter Kraft besiegt werden können – gleichzeitig musste Preußen befürchten, als schwächster Partner von Österreich und Russland übervorteilt zu werden – vor allem, wenn es nach einem Sieg über Frankreich um eine neue Territorialordnung gehen sollte. Hinzu kam die Neigung des Königs Friedrich Wilhelm III., sich bis zur völligen Passivität ängstlich und abwartend zu verhalten – was sich im Nachhinein jedoch als richtig erweisen sollte.

Auch Österreich wartete ab, zum einen gelähmt aufgrund der vernichtenden Siege Napoleons, zum anderen, um bei einem etwaigen gemeinsamen Vorgehen gegen Frankreich die eigenen Interessen möglichst umfassend durchsetzen zu können. Die Herrscher sowohl von Österreich als auch von Preußen standen außerdem der vielerorts zunehmenden antinapoleonischen Stimmung höchst skeptisch gegenüber – nicht völlig unberechtigt fürchteten sie, von einer nationalen Bewegung der Volksmassen gleich mit hinweggefegt zu werden. Russland schließlich hatte sich nach dem Friedensschluss von Tilsit zunächst ruhig gehalten, der Zar interessierte sich aber ob der preußischen Schwäche für den Teil Polens, der durch die Teilungen der 1790er-Jahre Preußen zugefallen war. Entscheidend für Alexander I., Napoleons

Vorherrschaft in Europa zu beenden, war aber dessen Verletzung des Friedens und sein russischer Feldzug.

Mit diesem desaströsen Krieg gegen Russland begann der Niedergang der französischen Vorherrschaft in Europa. Der Militärschlag gegen den Zaren nahm mit der fast völligen Vernichtung der napoleonischen *Grande Armée* im russischen Winter 1812/13 vor Moskau ein schmähliches Ende. Insgesamt mussten fast eine halbe Million Menschen ihr Leben lassen, neben Franzosen auch viele Soldaten der verbündeten Rheinbundstaaten – insgesamt marschierten fast 200 000 Deutsche für Napoleon nach Moskau. Zurück kamen die wenigsten, von 23 000 Soldaten aus Westfalen beispielsweise nur 2000, von 1700 Soldaten aus Mecklenburg-Schwerin gerade mal sechzig. Und doch bestimmte der französische Kaiser weiterhin die europäische Agenda, beherrschte die Köpfe der europäischen Staatsmänner. Die Bevölkerung hingegen, die den Durchmarsch der riesigen Armee mit Einquartierungen und Nahrungsknappheit zu tragen hatte, was Ostpreußen besonders massiv traf, war zusehends radikaler gegen Frankreich eingestellt, und es kam immer häufiger zu spontanen Unruhen. Wer die wenigen elenden, zerlumpten und halb verhungerten Gestalten sah, die sich aus den russischen Weiten gen Westen schleppten, mochte die Tage des Mannes für gezählt halten, der längst als »Tyrann«, »Wüterich« oder »Weltzertreter« bezeichnet wurde. Andere dagegen sahen Napoleons Stärke nach wie vor ungebrochen.

Der Korse selbst kehrte inkognito umgehend nach Paris zurück, schob die Verantwortung für den Untergang auf das Wetter und andere Widrigkeiten und machte sich sofort an den Aufbau einer neuen Armee. Auf der iberischen Halbinsel, wo sich die Franzosen seit Jahren in einen erbitterten Guerilla-Krieg verwickelt sahen, weil auch die Spanier sich der Fremdherrschaft entledigen wollten, vertrieb der englische General Wellington die Franzosen mit einem Sieg bei Vitoria im Juni 1813. Aber nicht nur Napoleons militärische Expansion zeitigte negative Auswirkungen: Die Kontinentalsperre, mit der er England wirtschaftlich in die Knie zwingen wollte, die aber auf dem Kontinent zu einer Wirtschaftsflaute führte, sorgte in den Rheinbundstaaten und in Frankreich selbst für zunehmenden Unmut.

Preußen, das nach der vernichtenden Niederlage gegen Frankreich 1806 bei Jena und Auerstedt ohne die Fürsprache des russischen Zaren Alexander I. wohl von der Landkarte getilgt worden wäre, hatte sich durch mutige Reformen erneuert, die mit den Namen Stein und Hardenberg verknüpft sind. Der Staat, der nicht mehr ernsthaft unter die europäischen Großmächte gerechnet werden konnte, modernisierte sich und bereitete für eine nachnapoleonische Ordnung einen Neubeginn vor. Dazu gehörte neben Städteordnung, Bildungsreform, Gewerbefreiheit, Abschaffung der Leibeigenschaft und anderem die Heeresreform. Als erster europäischer Staat nach dem revolutionären Frankreich führte Preußen die allgemeine Wehrpflicht ein, weil die Söldnerheere gegen die französische Armee nicht angekommen waren. Für die künftige Kriegführung bedeutete dies wie andere Elemente der Heeresreform eine revolutionäre Erneuerung.

Im preußisch-russischen Vertrag von Kalisch und Breslau 1813 handelte Preußen der erzwungenen Allianz mit Frankreich zuwider und setzte darauf, dass des französischen Kaisers Macht nun tatsächlich im Niedergang begriffen war. Im erwachenden Nationalbewusstsein in Deutschland wurde der Widerstand gegen den »Tyrannen« und »Wüterich« Napoleon zur Ehrensache, zahlreiche Freiwillige meldeten sich zu den Waffen, und der preußische König erließ von Breslau aus einen noch wenige Jahre zuvor unvorstellbaren Aufruf »An mein Volk!«, in dem er an den Patriotismus der Deutschen appellierte: »Es ist der letzte, entscheidende Kampf, den wir bestehen für unsere Existenz, unsere Unabhängigkeit, unseren Wohlstand: Keinen anderen Ausweg gibt es, als einen ehrenvollen Frieden oder einen ruhmvollen Untergang.« Was er zuvor entgegen der Meinung vieler Berater vermieden hatte, sich nämlich an die Spitze der euphorisierten Bewegung für einen Kampf gegen die französische Besatzung zu setzen, tat der preußische König jetzt doch. Im Nu wurden Freiwillige rekrutiert und in den sogenannten Freikorps und der Landwehr zusammengefasst – unter anderem in dem berühmten Lützowschen Freikorps, auf deren Uniform möglicherweise die deutschen Farben Schwarz-Rot-Gold zurückgehen.

Aber erst als auch Schweden, England (mit riesigen Geldsummen), außerdem – nachdem Metternichs Friedensbemühungen im Kongress zu Prag gescheitert waren – Österreich und schließlich Bayern der Koalition beitraten, war das Bündnis schlagkräftig genug. Dagegen verblieben die anderen Rheinbundstaaten an der Seite Napoleons, darunter Sachsen, dessen König zu Recht befürchtete, auf der anderen Seite in noch größere Bedrängnis zu geraten. Die kleinen deutschen Staaten sahen sich in der Bredouille, zumal sie teilweise schlecht informiert waren, was Stand und Inhalt der Koalitionsverhandlungen zwischen den neuen Verbündeten betraf.

Im Frühjahrsfeldzug 1813 errang Napoleon zwar wieder Siege, konnte aber keine Entscheidung herbeiführen. Die Streitmacht der Alliierten war riesig – allein Preußen bot weit über 250 000 Mann auf, dazu kamen fast ebenso viele Österreicher, Russen und Schweden. Bald zeichnete sich ab, dass es zu einer entscheidenden Schlacht von mehreren Tagen kommen würde. Die napoleonische Armee zog sich im Raum Dresden zusammen; die Verbündeten rückten von Norden, Osten und Süden her vor.

Die europäische Schicksalsentscheidung fiel vom 16. bis 19. Oktober 1813, nachdem Napoleons Taktik, Teilarmeen der Gegner entscheidende Verluste zuzufügen, nicht aufgegangen war und er die Alliierten im Großraum Leipzig erwartete.

Drei Tage lang kämpften auf beiden Seiten insgesamt mehr als eine halbe Million Soldaten die bis dahin größte Schlacht der europäischen Geschichte, deren Bezeichnung »Völkerschlacht« schon deshalb ihre Berechtigung hat: Außer Franzosen, Russen und Österreichern sowie Deutschen auf beiden Seiten waren auch Schweden, Polen, Italiener und Soldaten anderer Völker des Habsburgerreiches beteiligt. Augenzeugenberichten zufolge hatte Europa noch nie ein so grausames Gemetzel erlebt. Das Aufgebot beider Seiten unterschied sich zahlenmäßig zwar nur wenig, aber die neu ausgehobene Armee Napoleons war schlecht ausgebildet und ausgestattet und noch dazu kampfunerfahren.

Zunächst kam es am 16. Oktober zu Gefechten außerhalb der Stadt, als die österreichische Armee von Süden und die preußische von Norden angriff, was bei Einbruch der Dunkelheit keine Entscheidung, wohl aber auf beiden Seiten hohe Verluste gebracht hatte. Die Alliierten erwarteten allerdings Nachschub von der schwedischen Nord- und der polnischen Armee. Napoleon dagegen musste sich mit ersten Übergängen deutscher Truppenteile zu den Verbündeten auseinandersetzen. Der zweite Tag, ein Sonntag, verlief überwiegend ruhig: Die Soldaten konnten sich ein wenig erholen, Napoleon wollte verhandeln, was seine Gegner aus ihrer Position der Stärke rundweg ablehnten – eine ebenso ungewohnte wie demütigende Erfahrung für den Korsen. Am 18. Oktober dann rückten von allen Seiten die Alliierten auf Leipzig vor und entschieden die Schlacht für sich. Erschwerend kam für Napoleon hinzu, dass im Verlauf des Schlachtgeschehens weitere deutsche Truppenteile zu den Verbündeten überliefen – Sachsen und Württemberger, Westfalen und Badener.

Abends vollzog sich dann, nachdem Napoleon die Lage als aussichtslos erkannt hatte, ein eher chaotischer Rückzug der Franzosen in Richtung Westen, während 30 000 Mann zurückblieben, um die Alliierten bei der Einnahme Leipzigs hinzuhalten und dem Rest der *Grande Armée* den Abmarsch zu erleichtern. Während Napoleon schon auf der Flucht zum Rhein war, entbrannte tags darauf ein erbitterter Kampf um die Stadt, der noch einmal viele Tote forderte. Am Ende flohen auch die Reste der französischen Nachhut, von denen viele noch starben, als auf dem Fluchtweg nach Westen die Elster-Brücke verfrüht gesprengt wurde. Leipzig blieb schwer getroffen zurück, die berühmten Gärten vor den Toren der Stadt waren völlig verwüstet.

Gegen 13 Uhr war die Stadt eingenommen und die Schlacht beendet, sodass die siegreichen Feldherren, mit Kaiser Franz I., Zar Alexander I., dem preußischem König Friedrich Wilhelm III. sowie dem schwedischen Kronprinzen Karl Johann an der Spitze, in die Stadt einmarschieren konnten. Im grausamen Spektakel der Völkerschlacht hatte nicht die zahlenmäßige Unterlegenheit der napoleonischen Armee den Ausschlag gegeben, sondern der taktische Erfolg insbesondere der preußischen Truppen unter den Generälen Blücher und Gneisenau. Jeder vierte der an der Schlacht beteiligten Soldaten kam dabei ums Leben oder wurde verwundet, 110 000 Tote waren auf beiden Seiten zu beklagen. Der sächsische König Friedrich August I. wurde gefangen genommen und nach Berlin verbracht.

Die dreitägige Schlacht beendete Napoleons Herrschaft nicht unmittelbar, aber sie versetzte den Franzosen, die Deutschland jetzt räumen mussten, den entscheidenden Schlag. Mochte die *Grande Armée* im russischen Winter vollständig aufgerieben worden sein, in Leipzig hatte Napoleon in offener Schlacht eine vernichtende Niederlage erlitten. Klägliche hunderttausend von insgesamt einer halben Million Soldaten der eben erst neu ausgehobenen Armee kehrten aus den Schlachten in Brandenburg und Sachsen zurück. Nach weiteren, vergleichsweise marginalen Scharmützeln und Verhandlungen und begleitendem Abfall der Rheinbundstaaten von Napoleon zogen die Alliierten 1814 in Paris ein, Napoleon wurde abgesetzt und auf die Insel Elba verfrachtet. Zwar gab der gesundheitlich angegriffene Korse nicht auf und kehrte 1815 für die berühmten »Hundert Tage« zurück – das endgültige Ende seiner Ära erlebte er aber in der Schlacht bei Waterloo im heutigen Belgien gegen die vereinten Truppen der Preußen und Engländer. Im Versuch, Europa einseitig zu dominieren, sollte Napoleon Nachfolger haben, denn die Lehre aus dem gescheiterten französischen Hegemoniestreben wurde erst im 20. Jahrhundert nachhaltig gezogen: Europäische Politik muss auf Gleichgewicht und Gleichberechtigung beruhen, weil die Vorherrschaft eines Landes über den Kontinent nur zerstörerisch wirken kann.

Die Freiheitskriege gegen die napoleonische Herrschaft mit der Leipziger Völkerschlacht als ihrem Höhepunkt haben in knapp zwei Jahrhunderten eine höchst unterschiedliche Interpretation erfahren. Als nach der Reichsgründung 1871 die preußische Sicht auf die deutsche Geschichte dominierte, wurde der preußische Beitrag zur Befreiung mit der staatlichen Einheit unter preußischer Führung in unmittelbare Beziehung gesetzt. Die marxistische Geschichtsschreibung wiederum betonte zum einen die Bedeutung der Volksmassen – Lenin sprach von einem »gewaltigen nationalen Aufschwung« –, zum anderen die »feste

Waffenbrüderschaft« mit Russland, die für das 20. Jahrhundert Pate stehen sollte.

Bis heute ist aber umstritten, wie sehr der Kampf gegen Napoleon vom Volke aus ging und ob der preußische König sich mit seinem Aufruf nicht eher notgedrungen »An mein Volk« wandte, damit sich die revolutionäre Stimmung nicht auch gegen ihn richtete.

Mit Kategorien unserer Zeit allein lässt sich eine Beurteilung jedoch nicht vornehmen. Natürlich waren die europäischen Herrscher darauf bedacht, das Aufbegehren im Volk nicht in eine Revolution nach französischem Vorbild umschlagen zu lassen, wie sie noch in lebendiger Erinnerung war. Aber auch wenn es dabei vor allem um die Wahrung monarchischer Besitzstände ging – bislang hatte sich die Volkssouveränität noch nicht dauerhaft als politisch tragfähig erwiesen. In jedem Fall fehlte der breiten Volksbewegung gegen Napoleon jenseits der Vordenker noch das politische eigenständige Format, und die breite Mehrheit der Freiwilligen kämpfte weniger für die Interessen eines politisch mündigen Volkes als für König und Vaterland gegen die französische Besatzung. Hinzu kam, dass die deutschen Staaten gespalten waren, was Napoleons Vorherrschaft betraf. Insbesondere diejenigen Fürsten, die ihre Krone dem Franzosen verdankten, waren ihm naturgemäß eher gewogen als Preußen, das sich durch die Halbierung von Staatsfläche und Bevölkerung massiv gedemütigt und seiner Großmachtstellung beraubt sah. Württemberg oder Bayern wiederum hatten angesichts der Erfahrung mit der machtorientierten Deutschlandpolitik Preußens und Österreichs allen Grund, sich von Napoleon geschützt zu sehen, da er die beiden deutschen Großmächte in Schach hielt. Vor allem im Süden und im Südwesten Deutschlands wurde die Franzosenzeit daher durchaus positiv gesehen und weniger als Fremdherrschaft wie im Norden. Dort brachten den

Umschwung die wirtschaftlichen Auswirkungen der Kontinentalsperre – für viele aber erst der Untergang Napoleons nach der Leipziger Völkerschlacht.

Die aufkeimende deutsche Nationalbewegung erhoffte sich, dass der Befreiungskrieg auch gleichzeitig ein Freiheitskrieg werden und Bürgerrechte und Volkssouveränität durchsetzen würde. Schließlich hatte es sich ja um keinen reinen Fürstenkrieg gehandelt, sondern es war ebenso ein Volkskrieg gewesen, der Napoleon verjagt hatte. Diese Hoffnung sollte sich jedoch nicht erfüllen – denn daran zeigten die Fürsten und Diplomaten bei ihren nun folgenden Friedensverhandlungen nur wenig Interesse.

DAS VERGNÜGEN ERRINGT DEN FRIEDEN
1814/15 – DER WIENER KONGRESS

Im Rückblick ist der Wiener Kongress, auf dem nach dem Sieg über Napoleon die Mächte Europas eine Neuordnung des Kontinents vornahmen, eine merkwürdige Veranstaltung. Da wurde Europa nach den Umwälzungen und Folgewirkungen der Französischen Revolution, zu denen ja auch Napoleon gehörte, neu geordnet, aber die Kategorien und Vorstellungen, die dahinter standen, stammten aus alten Rezepten von Fürstenstaat, Mächtebalance und Absolutismus, und das Ergebnis kam eher einer Restauration gleich als einer zukunftsweisenden Neuordnung. Vor allem schienen die Akteure des Kongresses in erheblichem Maße ungeschehen machen zu wollen, dass in Europa eine Revolution stattgefunden hatte, die neue Ideen von Freiheit und Selbstbestimmung sowie Forderungen nach Verfassungen, die das Volk an der Macht beteiligen sollten, eingebracht hatte. Stattdessen orientierte man sich am Interesse der Dynastien, die Europa auch weiterhin allein regieren wollten, und sorgte für ihren Machterhalt. Gleichzeitig wurden jedoch viele napoleonische Neuordnungen beibehalten – nicht jeder Fürst von 1790 konnte also auf seinen Thron zurückkehren.

Die österreichische Hauptstadt als Veranstaltungsort sonnte sich im Glanz der erlauchten Herrschaften, die zu den Verhandlungen zusammengekommen waren: der russische Zar und der österreichische Kaiser, außerdem sechs Könige, unter anderem von Preußen, Dänemark, Bayern und Württemberg, und über einhundert Fürsten – dazu natürlich ein umfänglicher Tross von rund zweihundert Diplomaten. Unter Letzteren ragen zwei heraus, deren Namen mit dem Wiener Kongress und seiner Friedensordnung eng verbunden sind: die Fürsten Metternich und Talleyrand, die Unterhändler Österreichs und Frankreichs.

Aber nicht nur die Verhandlungen der neuen Ordnung, auch das Drumherum des Kongresses machte Geschichte: Prächtige Bankette und Bälle, auf denen der Walzer seinen Durchbruch erlebte, Jagden, Paraden und Konzerte, bei denen Schubert und Beethoven höchstpersönlich ihre Kompositionen dirigierten. Außerdem Feuerwerke, Ausfahrten und Schlittenpartien, plötzliche Todesfälle und amouröse Verwicklungen sowie Völkerfest, Friedensfest und der erste ökumenische Gottesdienst überhaupt – bis hin zur Rückkehr Napoleons aus seinem Exil auf Elba, was kurzzeitig für Aufregung sorgte, die Feierlaune verdarb, aber gleichzeitig pragmatische Lösungen strittiger Fragen ermöglichte. Eine der Töchter des österreichischen Kaisers hatte auch vorher schon an keiner der Festveranstaltungen teilnehmen dürfen: Marie Louise, die nur wenige Jahre zuvor mit Napoleon verheiratet worden war und ihren Gatten unerwarteterweise sehr lieb gewonnen hatte, ihm aber nicht ins Exil folgen durfte. Nun war sie nach Wien zurückgekehrt und sozusagen zum Hausarrest im Schloss Schönbrunn verdammt. Zu den gesellschaftlichen Ereignissen hatte daneben ein Seelenamt im Wiener Stephansdom gehört: für das von der Revolution hingerichtete französische Königspaar Ludwig XVI. und Marie Antoinette, Tochter von Kaiserin Maria Theresia und Großtante der Napoleongattin Marie Louise – die politisch bedingten dynastischen Verbindungen hatten zu kuriosen Ergebnissen geführt.

Von September 1814 bis Juni 1815 war Wien der Mittelpunkt des Kontinents, die Equipagen der Eminenzen verursachten immer wieder Verkehrsstaus, und die Akteure des Kongresses stellten die Weichen für Europas Zukunft, mochten auch gelegentlich die Festlichkeiten das politische Geschäft überlagern. Aber es wäre falsch, das Vergnügen als Hauptbeschäftigung der Mächtigen auf dem Wiener Kongress zu sehen. Die Vertreter der anwesenden Länder verhandelten, überlegten, taktierten und schlugen vor, wie es bei komplexen diplomatischen Konferenzen auf internationaler Ebene üblich ist. Sie machten also ihre Arbeit und waren dabei keineswegs faul. Gesellschaftliche Ereignisse gehörten aber dazu und spielten keine geringe Rolle für das Ergebnis, das war damals nicht anders als heute. Das Bonmot des Fürsten Ligne, der Kongress tanze, komme aber nicht von der Stelle, traf zwischenzeitlich jedoch durchaus zu. Gleichwohl ging die öffentliche Meinung fehl, die den Friedenskongress für eitle Vergnügerei hielt, denn es wurde hart gearbeitet. Für Missfallen in der Bevölkerung musste aber sorgen, dass wegen der enormen Kosten des Kongresses die Steuern erhöht wurden – in der Wahrnehmung der Menschen verursachte der Unterhaltungsanteil augenfällig die höchsten Ausgaben.

Vom politischen Kaliber und der Komplexität der Themen und widerstreitenden Interessen her gesehen, war der Wiener Kongress mit den großen EU-Konferenzen unserer Tage vergleichbar – nur dauerte er nicht wenige Tage und Nächte, sondern ganze neun Monate. Außerdem gab es mit Ausnahme der Abschlussveranstaltung keine Verhandlungen in großer Runde, sondern stets im kleineren Kreis. Das Ergebnis wurde nicht durch gleichberechtigtes Diskutieren aller mit allen erreicht, sondern in Kabinetten und auf Ausritten, durch Geheimverhandlungen, Allianzen und Koalitionen, Absprachen und Vermittlungen, mittels diplomatischem Geschick, aber auch mit unverhohlenen Drohungen. Eben ganz so, wie man sich Diplomatie im großen Maßstab vorstellt.

Die Neuordnung Europas war möglich und nötig geworden, nachdem die napoleonische Herrschaft über weite Teile des Kontinents abgeschüttelt worden war und die siegreichen Alliierten den Korsen aus Paris vertrieben hatten. Vorschläge und Überlegungen, die Neuordnung Mitteleuropas auf zeitgemäße Weise am Alten Reich zu orientieren und wieder einen deutschen Kaiser einzusetzen, gab es zwar, wurden jedoch nicht umgesetzt, jedenfalls nicht in Form einer Neugründung des Reiches. Ebenso wenig waren die Staatsmänner bereit, Ziele und Forderungen der Französischen Revolution für ihre Neuordnung zu berücksichtigen oder das Verdienst der Völker beim Kampf gegen Napoleon dadurch anzuerkennen, dass man ihnen künftig mehr Mitsprache einräumte. Den Fürsten und Diplomaten in Wien ging es vornehmlich um die Wiederherstellung von Ruhe und Ordnung – worin sie im Übrigen der Sehnsucht der meisten Menschen haargenau entsprachen. Folglich strebte vor allem der österreichische Chefunterhändler Metternich ein ausbalanciertes System der Mächte und Staatlichkeiten an, das Europa in ruhiges Fahrwasser manövrieren sollte, was in der Tat für eine längere Periode gelang, als wir es von Friedensvereinbarungen unserer Tage kennen. Auch wenn es kriegerische Auseinandersetzungen in Europa weiterhin geben sollte, entfalteten sie so lange, wie das System des Wiener Kongresses nicht infrage gestellt wurde, keine derartige Dynamik, wie sie etwa die Machtpolitik Napoleons dargestellt hatte: nämlich bis zum Ausbruch des Ersten Weltkriegs 1914.

Mit den Regelungen des Wiener Kongresses wurde weitgehend die Konzeption des österreichischen Ministers Metternich verwirklicht, der sich dem alten monarchischen Prinzip verpflichtet fühlte. Ein abgestimmtes »Konzert der Mächte« sollte sicherstellen, dass in Europa Ruhe und Frieden einkehrten und neue Erschütterungen vermieden wurden – ob durch Revolution oder einen neuen Napoleon. Das bedeutete nicht nur, dass das Mächtegefüge insgesamt bestätigt werden sollte, sondern auch, den Verursacher der kriegerischen Jahrzehnte Frankreich trotzdem wieder als Großmacht zu etablieren, wenn auch in den Grenzen von 1790. Niemand verkörperte diesen vermeintlichen Widerspruch besser als der französische Diplomat Talleyrand: Der frühere Bischof aus altem französischem Adel hatte dem *ancien régime* ebenso gedient wie der Revolution und schließlich Napoleon. Immer wieder hatte er das Pferd rechtzeitig gewechselt und sich als Wendehals reinsten Wassers den kommenden Herren angedient. In Wien vertrat er abermals die alte, wieder eingesetzte Dynastie der Bourbonen und erreichte mit Scharfsinn und Verhandlungsgeschick Erstaunliches für das unterlegene Frankreich.

Der geniale Diplomat und Gastgeber Metternich musste sich naturgemäß mit höchst unterschiedlichen Interessen befassen. War man sich über das Ziel der Restauration einig, so galt dies nicht für die Machtverteilung und die künftigen Grenzen. Insbesondere an der Teilung Deutschlands wollten die europäischen Mächte festhalten. Preußen strebte nach einer Hegemonialstellung für Norddeutschland und gleichberechtigter Stellung neben Österreich und wollte sich Sachsen einverleiben. Die süddeutschen Staaten wiederum wollten so viel wie möglich von ihrer neu gewonnenen Souveränität in die neue Zeit hinüberretten. Österreich hingegen musste verhindern, dass Preußen allzu mächtig wurde. Russland schließlich wollte mit einem starken Preußen einem möglichen künftigen Expansionsstreben Frankreichs etwas entgegensetzen. Das beabsichtigte auch England, das aber nicht nur an eine Gefahr aus Frankreich, sondern ebenso aus Russland dachte. Die Gemengelage war also höchst kompliziert und musste dazu führen, dass die europäischen Großmächte für das künftige Schicksal Deutschlands ein maßgebliches Wort mitzureden hatten.

Das Ergebnis bestand – neben der Restauration der monarchischen Staaten Europas – in territorialen Veränderungen, die aber nicht einfach auf die Besitzverhältnisse vor den napoleonischen Umwälzungen zurückgriffen. Preußen erhielt die Rheinprovinz, Westfalen und Schwedisch-Pommern, wozu Stralsund, Greifswald und die Insel Rügen gehörten, behielt außerdem Teile Polens und bekam fast die Hälfte des sächsischen Territoriums. Am Streit über die sächsische und polnische Frage hätte sich Ende 1814 allerdings fast ein neuer Krieg entzündet. Österreich erhielt umfangreiche Besitzungen in Italien und an der Adria, wodurch es in Italien zum wichtigsten Machtfaktor wurde und sich weiter von Deutschland wegentwickelte. Bayern vergrößerte sich um fränkische Territorien, auch Hannover legte zu und wurde in Personalunion mit dem Königreich England vereinigt, das endgültig zur Weltmacht avancierte. Russland wurde das sogenannte Kongress-Polen zugesprochen – auch die schändlichen Teilungen Polens wurden nicht rückgängig gemacht – und rückte westwärts. Frankreich schließlich wurde zwar nach den immensen napoleonischen Eroberungen auf seine Grenzen von 1790 zurechtgestutzt, die Siegermächte verzichteten aber klugerweise auf Vergeltungsmaßnahmen, die künftige Probleme vorprogrammiert hätten. Eine Zeit lang bestanden gar noch Überlegungen, Napoleon auf dem Thron zu belassen.

Die europäische Neuordnung war natürlich für die deutsche Geschichte von großer Bedeutung, und das nicht nur für die Großmächte Preußen und Österreich. Die Dominanz der großen Mächte führte allerdings dazu, dass die vielen sogenannten »mindermächtigen Staaten« Deutschlands bei den Entscheidungen über das Schicksal Deutschlands weitgehend an den Rand gedrängt wurden. Andererseits fiel es den »Kleinen« schwer, sich zusammenzutun, weil auch ihre Interessen ganz unterschiedlich gelagert waren. Die Großen unter ihnen, vor allem Bayern, aber auch Württemberg, Sachsen und Baden, versuchten sich beispielsweise auf Kosten der Kleinstaaten gegenüber den deutschen Großmächten zu profilieren. Die Kleinen wiederum hatten das größte Interesse an der Wiedererrichtung der kaiserlichen Würde, weil sie sich davon Schutz versprachen. Darin aber standen sie allein, und nicht einmal das entsprechend umworbene Haus Habsburg wollte wieder einen Kaiser stellen, da das Amt für Österreich vor allem Nachteile gebracht hätte.

Für Deutschland als Ganzes fand zwar einerseits der Mächtedualismus Preußens und Österreichs Bestätigung, andererseits wurde der Deutsche Bund gegründet, der nach dem Vorbild des napoleonischen Rheinbundes ein föderatives Gebilde schuf, das – obwohl es von der preußischen Vormachtstellung in Deutschland seit 1866 und 1871 hinweggefegt wurde – in seiner Struktur und in vielerlei Tradition bis auf die heutige Bundesrepublik fortwirkt.

Mit der Auflösung des kurzlebigen Rheinbundes im Gefolge der Leipziger Völkerschlacht war die Notwendigkeit entstanden, auch in Deutschland selbst wieder eine tragfähige Organisationsstruktur herzustellen. Dafür sorgten Preußen und Österreich gemeinsam mit den größeren der Mittelstaaten Bayern, Hannover und Württemberg. Für die kleineren deutschen Staaten war es schwierig, sich gegen die »großen Fünf« durchzusetzen. Auf europäischer Ebene machten Russland, Österreich, Frankreich, England und Preußen die Zukunft des Kontinents unter sich aus. Bei der Ausgestaltung des Deutschen Bundes setzten sich Preußen und Österreich in den Grundzügen durch, weil beide ihren jeweiligen Einfluss in Deutschland wahren wollten. Daneben versuchten sich die neuen deutschen »Mittelmächte« Bayern, Württemberg, Baden und Sachsen gegenüber den kleineren Territorien zu profilieren und sich gleichzeitig gegenüber den beiden Großen zu behaupten. Mehr Spielraum für die Kleinen ergab sich durch den Bruch zwischen Preußen und Österreich wegen der polnischen und sächsischen Frage, weil plötzlich jeder der beiden die kleinen Staaten auf seine Seite ziehen wollte, sowie für die Dauer der Rückkehr Napoleons, als die Großen für ihre Kriegspläne die Unterstützung der Kleinen brauchten. Vor allem während dieses Ereignisses konnten auch die kleinen Staaten allein oder gemeinsam Einfluss auf einzelne Artikel der Bundesverfassung nehmen. Am Ende überwog auch bei den sogenannten mindermächtigen Staaten Deutschlands die Zufriedenheit über das in Wien Erreichte.

Im Inneren war der Deutsche Bund nur locker geknüpft; er diente vor allem der äußeren Sicherung Deutschlands als Ganzes und der Unabhängigkeit der deutschen Staaten – die aber beispielsweise darin ihre Grenzen hatte, dass ein Austritt aus diesem Bund nicht vorgesehen war. Zentrale Begriffe der Präambel der Bundesakte waren »Sicherheit« und »Unabhängigkeit« für Deutschland, »Ruhe« und »Gleichgewicht« für Europa. Zwar wurde in Frankfurt am Main – dem traditionellen Ort der Kaiserwahl des Alten Reiches – der Deutsche Bundestag eingerichtet, aber der war kein Parlament, sondern ein ständiger Gesandtenkongress, in dem die alte Kaisermacht Österreich den Vorsitz führte und

die 37 souveränen Staaten und Städte gegen die beiden Großmächte keine Mehrheit hatten. Eine einheitliche Verfassung
bekam der Deutsche Bund nicht; darin waren die Einzelstaaten
unabhängig. Dieser Umstand führte dazu, dass in den folgenden
Jahrzehnten die Verfassungswirklichkeit in Deutschland ausein-
anderdriftete: Preußen und Österreich blieben einstweilen kon-
servativ, während sich in den süddeutschen Staaten liberalere
Tendenzen durchsetzten.

Es mochte der kleinste gemeinsame Nenner sein, der den
Deutschen Bund schuf – aber wie bei der Neuordnung des Kontinents insgesamt konnte der Ausgleich der vielen wiederstreiten-
den Interessen und die Prämisse einer tragfähigen Friedensordnung kaum mehr als einen solchen bewirken. Von einem Krieg
blieb Deutschland zwar die nächsten fünfzig Jahre verschont,
zur Einigung Deutschlands konnte der Deutsche Bund jedoch
nichts beitragen. Das Gefälle in politischer Kultur, Lebensstandard, Modernität und Liberalität blieb beträchtlich, und ein Zentrum bildete sich weiterhin nicht heraus. Der Deutsche Bund war
eben nicht der beherzte Schritt zu Volkssouveränität, Freiheit
und Einheit, aber er war auch kein gänzlich verantwortungsloser
Rückschritt – es kam darauf an, was man daraus machte.

NICHT NUR BLUTEN FÜRS VATERLAND
1832 – DAS HAMBACHER FEST

Als anlässlich der Fußballweltmeisterschaft 2006 ganz Deutschland ein schwarz-rot-goldenes Fahnenmeer zu sein schien, war das ein ungewohnter Anblick. Mindestens ebenso ungewohnt war in den letzten Maitagen im Frühling 1832 in der damals bayrischen Rheinpfalz der Anblick des Hambacher Schlosses, das damals schon fast zwei Jahrhunderte lang eine Ruine war und heute zu Neustadt an der Weinstraße gehört. Denn dort am Turm wehte eine Fahne in den eigentlich verbotenen Farben Schwarz-Rot-Gold und grüßte die Teilnehmer des Hambacher Festes auf ihrem Weg den Schlossberg hinauf zum Veranstaltungsort. Die Farben waren seit einiger Zeit die der Urburschenschaft, ein 1815 gegründeter Zusammenschluss Jenaer Studenten. Möglicherweise gehen sie auf die Uniform des seit den Befreiungskriegen in der Bevölkerung enorm populären Lützowschen Freikorps zurück.

Jetzt war nicht nur das Schloss damit geschmückt, auch die Menschen trugen jene Farben, die erst 1919 zur deutschen Nationalflagge werden sollten, an Kragen, Mützen und im Haar. Daneben waren aber auch polnische Fahnen in Weißrot unübersehbar. Ein berühmtes Gemälde zeigt das mittelalterliche Schloss und die es umgebenden Weinberge, durch die eine bunte Masse Menschen singend und fahnenschwenkend zieht. Bis zu 30 000 Menschen waren dem Aufruf der Organisatoren gefolgt und nach Hambach gekommen – für die damalige Zeit eine enorme Zahl, mit der keine andere vergleichbare Veranstaltung aus der Zeit vor der Revolution von 1848 aufwarten konnte. Unter den Teilnehmern waren keineswegs nur Deutsche aus Sachsen und Preußen, aus Bayern, Württemberg, Baden, aus Hessen und Hannover, sondern auch viele Franzosen und Polen, die mit ihren Fahnen zum Schloss liefen. Dazu wurden Glocken geläutet, Böllerschüsse abgefeuert, Freudenfeuer angezündet. Die Teilnehmer waren wie beseelt von der einträchtigen, herzlichen Stimmung auf der Burgruine.

Die jüngsten politischen Ereignisse in den beiden Nachbarländern hatten die deutsche Freiheitsbewegung beeinflusst, und ihre Vertreter wurden beim Hambacher Fest immer wieder bejubelt: In Frankreich hatte es im Juli 1830 erneut eine Revolution gegeben, die zum zweiten Mal seit 1789 einen Bourbonenkönig zur Abdankung gezwungen hatte. Im unter russischer Herrschaft stehenden Kongress-Polen, das als Königreich in Personalunion vom russischen Zaren regiert wurde, war der Novemberaufstand 1831/32 allerdings nicht erfolgreich gewesen. Er wurde auf Befehl Nikolaus' I. gewaltsam niedergeschlagen, sodass viele der Polen beim Hambacher Fest Exilanten waren, die vor den Verfolgungen geflohen waren.

Eigentlich war schon 1815 absehbar, dass die deutschen Fürsten mit ihrer Absage an die entstehende deutsche Nationalbewegung und ihrer Weigerung, den Anteil des Volkes beim Kampf gegen Napoleon zu honorieren, am Zeitgeist vorbeigingen. Aber das mag ein leichtfallender Befund sein, wenn man zwei Jahrhunderte später Einschätzungen trifft. Und doch: Auch wenn die Ordnung des Wiener Kongresses kein kompletter Rückschritt in die Zeit vor der Französischen Revolution war – immer mehr Menschen in Deutschland nahmen die politischen Verhältnisse als rückständig und unzeitgemäß wahr. Wozu war man freiwillig in den Krieg gegen Napoleon gezogen, wenn man anschließend doch wieder der Willkür der Landesherren ausgeliefert war? Eine Gegenbewegung formierte sich.

Nach dem Ende des Wiener Kongresses hatte gewisse Hoffnung auf dem Bundestag geruht, dem wichtigsten, allerdings nicht mächtigsten Gremium des neu gegründeten Deutschen Bundes, der in Frankfurt am Main im Palais Thurn und Taxis in der Eschenheimer Gasse residierte. Und in der Tat bemühten sich die nicht gewählten, sondern von den 41 Mitgliedern des Bundes bestimmten Gesandten zunächst tatsächlich, dem neuen Staatenbundgebilde eine innere Form zu geben, die mal behutsam, mal forscher progressiv war. Vielen ging das aber nicht schnell genug, und die Ungeduld der intellektuellen Elite, die mehr Freiheit und politische Beteiligung wollte, ist nur zu verstehen. Andererseits aber musste die politische Arbeit des Bundestages erst einmal mit Leben gefüllt werden, und Neuanfänge brauchen Zeit und Geduld. Aber sie brauchten auch die Billigung der Fürsten, von denen die wenigsten bereit waren, wenigstens in ihren Ländern fortschrittliche Verfassungen zu erlassen. Auf eine staatlich vereinte Heimat Deutschland hinzuarbeiten aber wäre dem Bundestag auch bei bestem Willen verwehrt geblieben – schließlich garantierte die Bundesakte den Einzelstaaten ihre Souveränität, und die Landesfürsten waren nicht gewillt, daran etwas zu ändern und ihre Macht zur Disposition zu stellen. Der Koblenzer Publizist Joseph Görres bemängelte schon 1815 im *Rheinischen Merkur*, Deutschland werde von Fürsten regiert, »ohne dass das deutsche Volk durch Stellvertreter an der Bestimmung seines Schicksals Teil nehmen dürfe«.

Geduld und Zuversicht erschöpften sich allerdings im Volk. 1817 kam es zur ersten, noch recht überschaubaren öffentlichen

Kundgebung auf der thüringischen Wartburg, zu der die Urburschenschaft der nahen Jenaer Universität geladen hatte. Das Großherzogtum Sachsen-Weimar hatte kurz zuvor die modernste Verfassung Deutschlands erhalten, und außer in Jena war auch in Gießen, Berlin oder der Gegend um Darmstadt eine politische Kultur erblüht. Unmittelbarer Anlass dieser ersten politischen Demonstration der deutschen Nationalbewegung war der dreihundertste Jahrestag der Lutherschen Thesen sowie der vierte Jahrestag der Leipziger Völkerschlacht. Den Zusammenhang beider Ereignisse sahen die Veranstalter im Aufbegehren gegen Zwangsherrschaft: im Falle der Reformation die des römischen Papsttums, im Falle der Befreiungsschlacht die Napoleons. Zunächst beklagten die Hauptredner Riemann und Rödiger in maßvollem Ton, dass die deutschen Fürsten den Wunsch der Menschen nach Verfassung und politischer Beteiligung verschleppten, und forderten nachdrücklich politische Reformen im Sinne deutscher Einheit, gesetzlicher Gleichheitsgarantie sowie politischer Repräsentation. Das Ganze war aber kein Angriff auf den Deutschen Bund, sondern die Forderung nach seiner fortschrittlichen Ausgestaltung – nur eine kleine Minderheit wollte schon jetzt eine deutsche Republik. Das Wartburgfest fand in ganz Europa weite Beachtung – begeistert die Anhänger bürgerlicher Freiheiten und nationaler Einheit, argwöhnisch bis alarmiert die Beobachter der europäischen Fürstenhäuser.

Als Provokation musste die spektakuläre Bücherverbrennung am Fuße der Wartburg aufgefasst werden, die von radikaleren Teilen der Nationalbewegung durchgeführt wurde: In Anlehnung an Luthers Verbrennung der päpstlichen Bannandrohungsbulle 1520 wurden konservative Autoren und Schriften von Gegnern der Burschenschaft ebenso verbrannt wie stellvertretend für die

französische Fremdherrschaft der *Code Napoléon* oder Attribute
der preußischen und österreichischen Armeen. Der russische
Zar protestierte erbost bei Großherzog Carl August von Sachsen-Weimar, auf dessen Gebiet die Wartburg stand. Ein französischer Gesandter witterte gar dieselbe Luft wie in Frankreich
kurz vor der Revolution von 1789. Fürst Metternich sah sein Le-
benswerk des europäischen »Konzerts der Mächte« vom Wiener
Kongress bedroht. Ihm galt das Volk als Manövriermasse, das
der politischen Mitsprache nicht bedurfte. Dass er und mit ihm
die konservativen deutschen Fürsten zunehmend als Relikte einer
überkommenen Herrschaftsordnung wahrgenommen wurden,
übersah er beharrlich. Als tragfähige Friedensordnung zwischen
den Staaten war Metternichs »Mächtekonzert« durchaus geeignet, aber sie taugte kein bisschen als Friedensordnung zwischen
Herrschern und Volk – das galt für Deutschland ebenso wie für
Italien, Frankreich, das spätere Belgien oder Polen.

Als keine zwei Jahre später der radikale Jenaer Student Karl Ludwig Sand nach Mannheim fuhr und den konservativen Journalisten und russischen Staatsrat August von Kotzebue ermordete,
hatten die Verteidiger der konservativen Politik der Restauration den Anlass, den sie brauchten. In prompter Reaktion wurden
1819 die Karlsbader Beschlüsse erlassen, um die aufrührerischen
Tendenzen zu unterbinden. In geradezu absolutistischer Manier
setzten Österreich und Preußen durch, dass der Frankfurter Bundestag die Beschlüsse umsetzte: Die Burschenschaften wurden
verboten, Universitäten sollten staatlicherseits streng kontrolliert werden, und schließlich wurde eine strenge Pressezensur
zum wirksamen Instrument gegen die »aufrührerischen Dema-
gogen«, die es unerbittlich zu verfolgen galt. Viele von ihnen
kamen sogleich ins Gefängnis; der Rest sah sich von der Staatsmacht bespitzelt, überwacht und drangsaliert – oder wanderte

aus. Mit ihren autoritären Maßnahmen verweigerten sich Österreich und Preußen den Wünschen der Menschen und offenbarten, dass sie auch den Frankfurter Bundestag, dessen Arbeit durchaus vielversprechend begonnen hatte und auf den so viele ihre Hoffnungen richteten, an der kurzen Leine führen wollten. Das Bundesgremium in Frankfurt verkam zum Vollzugsorgan der unbelehrbaren Fürsten, allen voran der Regierungen in Berlin und Wien. Das politische Klima verschlechterte sich zusehends. Aber spätestens im Gefolge der französischen Julirevolution 1830 brach sich der gedeckte Unmut erneut Bahn.

Als im Juli 1830 in Paris und in der französischen Provinz aus heiterem Himmel Handwerker und Arbeiter, Bürger und Soldaten zu den Waffen griffen, wurde die alte Dynastie der Bourbonen endgültig hinweggefegt. Zwar folgte auf diese zweite Revolution diesmal keine Republik, sondern mit Louis Philippe wieder ein König, der als »Bürgerkönig« aber eine liberalere Politik verhieß. Wie schon 1789 strahlte das Geschehen auf Deutschland aus, verstärkt durch Missernten, Teuerung und wirtschaftliche Krisen, und führte zu Unruhen, unter anderem in Dresden, Leipzig und Braunschweig, wo der Volkswut gar das herzogliche Schloss zum Opfer fiel, aber auch in Preußen und Österreich. Über kurzfristige Proteste und Erhebungen ging es allerdings nicht hinaus. Immerhin erhielt – ebenfalls in Nachwirkung der Pariser Geschehnisse 1831 – das Herzogtum Hessen-Kassel die bis dahin fortschrittlichste Verfassung. Wie sehr damit die Macht des Kurfürsten beschränkt wurde, belegt der abermalige wütende Protest Metternichs. Der führende Diplomat des Wiener Kongresses und Chefideologe des »Mächtekonzerts« wich von seinen Überzeugungen keinen Millimeter ab. Doch die deutschen Fürsten waren von der Julirevolution verunsichert: Aus Angst vor einem revolutionären Flächenbrand reagierten sie vorsichtiger, ängstlicher – was der deutschen National- und Freiheitsbewegung Chancen eröffnete.

Anfang 1832 gründete sich in Zweibrücken der erste Massenverein Deutschlands: Der »Deutsche Preß- und Vaterlandsverein«, der in der kurzen Zeit seines Bestehens auf beachtliche 5000 Mitglieder kam, hatte sich zum Ziel gesetzt, die von Zensur und Obrigkeit drangsalierte Presse zu unterstützen und auf ein freiheitliches, geeintes Deutschland hinzuarbeiten. Sichtbarer Höhepunkt des neu gewonnenen Selbstbewusstseins freiheitlich-nationaler Kräfte und der neuen Protestwelle gegen den autoritären Fürstenstaat wurde das Hambacher Fest, nachdem die bayrische Regierung den »Preßverein« kurz zuvor verboten hatte. Seine Gründer, der ehemalige Burschenschaftler, Jurist und Journalist Philipp Jakob Siebenpfeiffer und der Jurist und Schriftsteller Johann Georg August Wirth, luden unter dem Vorwand eines harmlosen Volksfestes zu einer politischen Massenkundgebung aufs Hambacher Schloss. Angesichts verstärkter staatlicher Zensurmaßnahmen waren Reden außerdem ungefährlicher als Gedrucktes. Eigentlich hatte das Fest die bayrische Verfassung feiern und dem bayrischen Königshaus beflissen dafür danken sollen, aber nun wurde daraus eine beeindruckende Demonstration für die Freiheit des Einzelnen, bürgerliche Rechte und die Einheit Deutschlands. Auch Europa kam dabei nicht zu kurz, sodass Heinrich Heine später lobend schreiben konnte: »... mit der ganzen Menschheit ward Brüderschaft getrunken«. Der Dichter verwahrte sich aber ebenso gegen die »Deutschtümelei« der Hambacher Reden.

Dass mehrere Zehntausend Teilnehmer in die Rheinpfalz kamen und zahlreiche Vereinigungen Grußadressen schickten, war der umfassenden Werbung und dem Charakter des Volksfestes zu verdanken, aber ebenso dem wachsenden Bestreben der Menschen, sich nicht beständig von den autoritären Fürsten gängeln zu lassen. Mittels solcher Gängelung hatte die bayrische Regierung noch kurzfristig versucht, das Fest zu verhindern, war aber gescheitert und hatte damit unfreiwillig weitere Werbung dafür gemacht. Dabei war das Ziel der Organisatoren aber keineswegs eine Revolution oder ein gewaltsamer Sturz der Herrschenden, sondern mehr Liberalität im Bestehenden: Das zielte ab auf Verfassungen mit repräsentativen Elementen, auf konstitutionelle Monarchien, auf einen deutschen Bundesstaat im Rahmen des Deutschen Bundes und innerhalb eines konföderierten Europa. Diese Strömungen waren damals innerhalb der deutschen Nationalbewegung in der Mehrheit gegenüber revolutionären Republikanern oder Industriellen, vor allem den rheinisch-westfälischen, die ein geeintes Deutschland ohne Österreich und unter preußischer Führung wünschten.

Aber es kam ähnlich wie nach dem Wartburgfest: Die Autorität reagierte empfindlich. Als im Jahr darauf im Frankfurter Wachensturm eine kleine Gruppe Radikaler die Haupt- und die Konstablerwache in Frankfurt am Main stürmen und damit eine Revolution auslösen wollte – was schon an der mangelnden Resonanz der Frankfurter scheiterte –, verfügte der Deutsche Bund auf oberstes Geheiß abermals Repressionen, mit denen die Karlsbader Beschlüsse noch einmal verschärft wurden. Wieder kam es zu zahlreichen Verhaftungen und Prozessen, zu Zensurbeschlüssen und verschärften Bestimmungen des Versammlungsrechts. Die Herrschenden versuchten mit allen Mitteln, den Status quo aufrechtzuerhalten, der doch längst nicht mehr auf der Höhe der Zeit war. Vor allem die traditionsorientierten Fürsten der großen deutschen Staaten aber blieben in ihrem Anspruch auf Souveränität auch weiterhin unbelehrbar. Hunderte Teilnehmer des Hambacher Festes, darunter auch der Organisator Wirth, wurden verurteilt, andere wie Siebenpfeiffer konnten noch rechtzeitig fliehen. Aber auch wenn es hinterher statt zu mehr Freiheit und Demokratie einstweilen zu mehr autoritärer Repression und Überwachung kam, wirkt das demokratische Erbe des Hambacher Festes gerade als fröhliches Volksfest und mit seinem selbstbewussten, streitbaren, aber friedlichen Charakter bis ins 21. Jahrhundert nach.

»SO NOTWENDIG WIE DAS TÄGLICHE BROT«
DIE REVOLUTION VON 1848

»Es ist eine traurige Verblendung, daß der König solchen Zeiten gegenüber sein Volk immer noch wie eine Herde kleiner Kinder behandelt und Dinge, welche so nothwendig sind wie das tägliche Brot, z. B. Preßfreiheit, noch in weite Entfernung hinausrückt.«

Der genannte König ist der preußische, Friedrich Wilhelm IV., der Verfasser dieser Zeilen der Arzt an der Berliner Charité Rudolf Virchow, der aus den Revolutionswirren der preußischen Hauptstadt an seinen Vater schreibt. Der Tag ist der 11. März 1848, der Frühling in diesem Jahr besonders mild.

In den vergangenen Wochen haben sich die Ereignisse in Deutschland wie in Europa geradezu überschlagen, und das soll auch noch eine ganze Weile so bleiben. Auslöser der Beschleunigung ist eine erneute Revolution in Frankreich, die im Februar 1848 wieder einmal einen König verjagte und das Land zum zweiten Mal zur Republik erklärte. Und wie 1789 und 1830 strahlen die dramatischen Ereignisse nach Deutschland ebenso aus wie nach Italien oder in die Schweiz, später auch nach Spanien, Dänemark und Rumänien.

Seit dem Hambacher Fest hatten die deutschen Fürsten zwar weitgehend für Ordnung in ihrem Sinne gesorgt – der Wunsch nach politischer Teilhabe, nach freier Presse und vor allem nach politischer Einheit im Sinne eines Nationalstaates war aber deswegen noch lange nicht untergegangen. Ganz im Gegenteil, je offensichtlicher die spätabsolutistischen Herrscher an ihren Thronen klebten und starrsinnig an einem System festhielten, das mit jedem Tag unzeitgemäßer wurde, desto mehr ging ihr Rückhalt im Volk zurück. Nur kümmerte das die Fürsten wenig, weil sie sich weiterhin im Recht und auf eine Zustimmung des Volkes zu ihrer Politik nicht angewiesen sahen. 1840 hatten sich zwar viele Hoffnungen auf den neuen preußischen König Friedrich Wilhelm IV. gerichtet, der als fortschrittlich und nationalpolitisch aufgeschlossen galt. Aber er betrieb folgenlose Symbolpolitik, anstatt endlich dem 1815 gegebenen Versprechen einer preußischen Verfassung nachzukommen. Nur die unter preußischer Führung erfolgte Bildung des Zollvereins, der für die damalige wirtschaftliche Aufbruchzeit von größter Bedeutung war, wies in eine fortschrittlichere Richtung.

Auf der anderen Seite zogen die progressiven Kräfte, damals noch nicht als Parteien organisiert, keineswegs an einem Strang. Da waren zum einen die meist bürgerlichen Liberalen, denen einstweilen eine Verfassung mit einem daran gebundenen Monarchen ausreichend erschien, weil ihnen ein behutsamer, allmählicher Wandel lieber war als ein Umsturz; da waren zum anderen die radikalen Demokraten, die eben diesen Umsturz wollten: allgemeines Wahlrecht, ein von der Verfassung abhängiger Fürst, gar die Republik. Der Graben zwischen diesen beiden Gruppen wurde spätestens mit zwei Programmen von 1847 offensichtlich, die in Offenburg und Heppenheim verabschiedet wurden. Und dann war da noch die junge sozialistische Bewegung, die aber in Deutschland ihre Klientel, die Arbeiterschaft, noch lange nicht erreicht hatte. Das Kommunistische Manifest von Karl Marx erschien erst am Vorabend der Revolution, im Februar 1848. Nur beim Ziel der nationalen Einheit Deutschlands kamen die unterschiedlichen Positionen einigermaßen überein.

Die Gegner der bestehenden Verhältnisse haben also keineswegs dieselben Ziele, beide Hauptrichtungen aber gute Gründe für ihre jeweiligen Überzeugungen: Die Liberalen befürchten bei einer entfesselten Revolution Anarchie und Terror und warnen vor Verhältnissen wie in Frankreich nach 1792. Als Bürger haben sie natürlich auch mehr zu verlieren als Bauern, Industriearbeiter oder die immer größer werdende Zahl der Arbeitslosen. Nicht ganz unberechtigt verweisen sie darauf, dass ein Volk nicht von heute auf morgen uneingeschränkt demokratisch mündig werden kann. Die radikalen Demokraten hingegen setzen gerade darauf und überschätzen gleichzeitig ihren Rückhalt im Volk. Und sie warnen ihrerseits vor Kompromissen mit den Fürsten und ihren Ratgebern, die nicht gewillt seien, von ihrer Macht tatsächlich abzulassen. Beide Seiten sollten in Teilen recht behalten, aber ebenso sollten am Ende beide ihre Ziele abermals unerreicht sehen.

In den vergangenen Jahrzehnten hatte sich ein weiterer bedeutsamer Faktor hinzugesellt. Seit 1830 zog die Industrialisierung merklich an, was nicht nur mit einer Aufbruchstimmung insgesamt einherging, sondern gleichzeitig mit mehr Verstädterung, mit mehr Mobilität der Menschen, aber auch mit Entwurzelung und Verelendung. Da die rasanten wirtschaftlichen Veränderungen im Gefolge des Siegeszuges der Eisenbahn und der damit verbundene Struktur- und Gesellschaftswandel sich ungehemmt entwickelten, zogen sie wirtschaftliche Krisen mit hoher Arbeitslosigkeit, Hungerkrawallen und grassierender Unzufriedenheit der Menschen nach sich. Der industrielle Kapitalismus war noch viel zu jung und neu, als dass gegen seine negativen Folgen bereits wirksame Rezepte entwickelt worden wären. Verstärkt wurden die Krisen durch Missernten, die unter anderem in Schlesien zu Preissteigerungen und Hungersnöten führten. Der Kontrast zwischen wirtschaftlichem Wandel und politischer

Lähmung war überall in Mitteleuropa unübersehbar. Das restaurative System des Wiener Kongresses mochte den Frieden zwischen den europäischen Großmächten sichern – für den inneren Frieden war es angesichts des wirtschaftlichen Umbruchs mit all seinen Folgen denkbar ungeeignet.

Und trotzdem kommt die Revolution in Deutschland für viele überraschend. Nur Tage nach den Umwälzungen in Paris erfasst Deutschland von Südwesten her eine Welle politischer Unruhen. Protestierend ziehen die Menschen vor die Sitze ihrer Landesherren, vor Schlösser und Rathäuser. In den »Märzforderungen« werden die ersten Ziele formuliert: freiheitliche Verfassung mit Grundrechten, Presse-, Versammlungs- und Vereinsfreiheit, Strafrechtsreform und Nationalparlament.

Die Regierungen waren ähnlich unvorbereitet und reagierten ängstlich, unsicher und abwartend. Es brodelte viel zu sehr, als dass es geraten sein konnte, den Unruhen wie bisher mit autoritären Maßnahmen zu begegnen. Um eine Eskalation zu vermeiden, handelten sie scheinbar entgegenkommend: In Wien musste der erzkonservative Metternich seinen Hut nehmen, nachdem er jahrzehntelang die Politik des Habsburgerreiches bestimmt hatte. Das ging so rasch, dass man dahinter ein Bauernopfer vermuten muss, denn niemand in ganz Europa verkörperte die verknöcherten Regime mehr als seine Person. Aber auch der bayrische König Ludwig I. musste zugunsten seines Sohnes abdanken. Die kleineren Staaten erfüllten Einzelforderungen der Revolution und setzten liberalere Minister ein, so in Hannover und Hessen, in Sachsen, Baden und Württemberg. Der eben noch als Unterdrückungsinstrument amtierende Bundestag hob die Pressezensur auf, und auch die anderen Ausnahmegesetze der Ära Metternich fielen. Wieder einmal wurde dem Volk eine Verfassung in Aussicht gestellt.

Ein lauer Wind geht durch das Land, die Menschen strömen zu Kundgebungen und in Cafés, Zeitungen und mündlich weitergegebene Nachrichten sind heiß begehrt; viele entdecken zum ersten Mal die Lust am Diskutieren, am Meinungsaustausch, am politischen Geschäft. Im großen Berlin sind die Kundgebungen und Versammlungen naturgemäß besonders gut besucht – Zehntausende nehmen daran teil. An jenem Tag, an dem Rudolf Virchow sein Unverständnis über den Starrsinn des preußischen Königs niederschreibt, kommt es zu Toten, als wütende Bürger und das königstreue Militär aufeinanderprallen. Dann endlich, am 18. März, verspricht auch Friedrich Wilhelm IV. die Aufhebung der Zensur und die Wiedereinberufung des Landtages, der im Jahr zuvor aufgelöst worden war. Doch während die Berliner sich noch auf dem Schlossplatz drängen, schießen Soldaten in die Menge, kommt es zu Tumulten, und in Windeseile werden überall in der Stadt Barrikaden errichtet, gegen die die Truppen nicht ankommen. Über vierhundert Menschen sterben, Soldaten wie Zivilisten, bevor der König die Armee zurückzieht.

Die Revolution scheint einen Riesenschritt vorangekommen zu sein: Nicht nur muss der König, versehen mit den Farben Schwarz-Rot-Gold, den Toten der Berliner Unruhen seine Reverenz erweisen und nimmt dabei nach Aufforderung aus der Menge sogar die Mütze ab. Er setzt auch liberale Minister ein und kündigt die Berufung einer preußischen Nationalversammlung an. Friedrich Wilhelm verspricht außerdem, Preußen werde sich an die Spitze der deutschen Nationalbewegung setzen, und nutzt den Symbolgehalt der schwarz-rot-goldenen Flagge, die er beim Ritt durch die Stadt mitführt und an der noch in Bau befindlichen Kuppel des Berliner Schlosses aufziehen lässt. Damit geht er weiter als alle anderen deutschen Fürsten. In diesen Tagen schreibt Rudolf Virchow, der sich am Barrikadenbau beteiligt hatte, aus Berlin an seinen Vater in Pommern: »Der Anblick Berlins ist wahrhaft traumhaft. Ganz Berlin hängt voll deutscher Fahnen, und die Straßen haben dadurch ein außerordentlich buntes und belebtes Aussehen gewonnen. Die Berliner selbst sind natürlich voll Siegesstolz, und jeder Straßenjunge tut, als ob er mehrere Soldaten getroffen hätte.«

Über das Kalkül des Preußenkönigs lässt sich trefflich streiten, denn der tiefgläubige, sendungsbewusste Christ ist nicht einmal seinen Zeitgenossen wirklich durchschaubar. Manche halten ihn für phlegmatisch und inkonsequent, andere für regelrecht gerissen und flexibel in seinem Verhalten während der Revolution. Ein lupenreiner Revolutionär war er jedenfalls nicht.

In Deutschland geht es jetzt nicht mehr nur um eine Reform des Staatenbundes namens Deutscher Bund, sondern um einen ganz neuen Bundesstaat. Überall stehen die Zeichen auf konstitutionelle Monarchie und nationale Einheit, nun also auch in Österreich und Preußen, auf die es ihrer schieren Größe und Macht wegen vor allem ankommt.

In Frankfurt am Main wird der eben noch reaktionäre Bundestag liberal, weil die sogenannten Märzregierungen neue Vertreter entsenden. Außerdem formiert sich das Vorparlament, dann erfolgen die Wahlen zur Nationalversammlung, die in der Frankfurter Paulskirche zusammentritt und eine deutsche Verfassung ausarbeiten soll. Dort kommt es zu wichtigen und beeindruckenden Debatten über die Zukunft Deutschlands, denn die Zusammensetzung ist hochkarätig – aber das erste gesamtdeutsche Parlament scheitert unter anderem an seiner Zerrissenheit und an tagespolitischen Entwicklungen. Liberale und radikale Demokraten können angesichts widerstreitender Vorstellungen nicht zueinanderfinden: konstitutionelle Monarchie contra Republik; allmähliche Veränderung des Bestehenden contra grundlegende

Umwälzung. Den radikalen Demokraten fehlt die Massenbasis; vielen Protestierenden, beispielsweise aufständischen Bauern in Hessen oder in Schlesien, geht es weniger um das große Ganze der künftigen politischen Ordnung als um ihre unmittelbaren Nöte. Aber je mehr die Proteste und Unruhen abflauen, je größer die negativen wirtschaftlichen Auswirkungen der Revolution, desto schwieriger wird auch die Position der Liberalen. Und die Zeit arbeitet für die Fürsten: Im selben Maße nämlich, in dem die alten Kräfte an Boden gewinnen, sinkt ihre Bereitschaft, alles Versprochene auch wirklich einzulösen.

Die von der Frankfurter Nationalversammlung eingesetzte erste Reichsregierung erweist sich beim nächsten außenpolitischen Konflikt als Papiertiger: im Streit mit Dänemark um das Herzogtum Schleswig, das der dänische König seinem Land eingliedern will. Nationale Begeisterung entbrennt, und die Paulskirche fordert den Krieg gegen Dänemark. Als aber Preußen auf massiven internationalen Druck hin einen Rückzieher macht und den Frieden von Malmö schließt, steht die Nationalversammlung blamiert da, zumal sie den Frieden nachträglich anerkennen muss. Zwar hat Preußen eigenmächtig und ohne Rücksprache mit der Reichsregierung gehandelt – aber das Parlament kann ohne eigene Armee nicht tätig werden. Als das Volk wutentbrannt die Paulskirche stürmt, verteidigen gar preußische und österreichische Truppen die Abgeordneten gegen ihr Volk. Es kommt zu erbitterten Straßenkämpfen mit über 80 Toten.
Überhaupt kommt der Armee eine Schlüsselrolle zu, denn nur die wenigsten Soldaten laufen zur Revolution über. Sobald die Fürsten die Zeit für eine wirkungsvolle Reaktion auf die Revolution gekommen sehen, greifen denn auch überall in Europa Truppen ein: in den österreichischen Besitzungen in Italien, in Paris und in Budapest, schließlich in Wien und in Berlin.

Die nationale Frage war weiterhin offen, ebenso die Entscheidung, ob ein geeintes Deutschland auch Österreich umfassen sollte. Unter dem Eindruck der Gegenrevolution entschied sich die Frankfurter Nationalversammlung zwar für die sogenannte kleindeutsche Lösung ohne Österreich und bot dem preußischen König Friedrich Wilhelm IV. die Kaiserkrone an, die der Hohenzollernkönig jedoch dankend ablehnte. Er verstand sich als Fürst von Gottes Gnaden und wollte keine Krone aus der Hand des Volkes – schon gar nicht zu einem Zeitpunkt, an dem einerseits die alten Kräfte längst wieder Oberwasser bekamen, andererseits die Einzelstaaten schon wieder höchst bedacht auf ihre Souveränität waren.

Schließlich schlägt die Reaktion zurück, und sie tut es mit harter Hand – Tausende werden verhaftet und vor Gericht gestellt, viele Revolutionäre kehren der Heimat für immer den Rücken und suchen ihr Glück in der Schweiz, in England oder in Amerika. Gleichzeitig aber wird die Uhr nicht einfach zurückgedreht. Die nun folgenden Verfassungen der deutschen Einzelstaaten werden dem Volk zwar vorgesetzt und bleiben hinter dem vermeintlich Erreichten der Revolution weit zurück – aber der Prozess hin zur Teilhabe an der Macht schreitet voran, wenn auch unendlich viel langsamer als erhofft. Allerdings trifft das offenbar den Wunsch vieler, denen die unruhigen, aufregenden Monate allzu lang und unheimlich und in ihren wirtschaftlichen Auswirkungen bedrohlich geworden sind und die deshalb einer Fortsetzung der Revolution reserviert bis ablehnend gegenüberstehen. Zwar löst das Scheitern der mit großen Hoffnungen erwarteten Reichsverfassung noch einmal massive, in Sachsen und der bayrischen Rheinpfalz blutige Proteste aus, die aber zu nichts mehr führen, weil die preußische Armee zur Stelle ist, wo immer es brennt.

Die radikalen Demokraten versuchen noch, die Revolution wenigstens in ihrem Stammland Baden weiterzuführen, wo sich für kurze Zeit die Badische Republik mit eigener Revolutionsarmee halten kann – bis auch dieses Unterfangen die deutsche Reaktion vereitelt, die sich auf die alte Fürstensolidarität besinnt. Die letzte Bastion der Revolution ist die badische Festung Rastatt, die am 23. Juli 1849 nach längerer Belagerung der Übermacht preußischer Truppen erliegt.

Die Bilanz der deutschen Revolution von 1848/49 muss also höchst zwiespältig ausfallen. Ein Wendepunkt deutscher Geschichte war es nicht, dafür änderte sich zu wenig, weil das bereits Erreichte zu großen Teilen der Gegenrevolution zum Opfer fiel. Die Pressefreiheit und die Freiheit politischer Betätigung wurden wieder eingeschränkt, die politischen Vereine verboten. Die Entwicklung in Richtung Nationalstaat und Demokratie ging gemächlich weiter, wurde weder beschleunigt noch zurückgeworfen. Nur erfüllten sich die meisten der Hoffnungen noch lange nicht, die die Menschen monatelang immer wieder auf Straßen und Plätze getrieben hatten. Vollends zurück zur spätabsolutistischen Regierungsform konnten die deutschen Fürsten trotz des Triumphes der Gegenrevolution aber nicht mehr. Die kommenden Jahrzehnte waren geprägt von einem bemerkenswerten Modernisierungs- und einem politischen Reifeprozess der Menschen. 1848 aber hatten sich die revolutionären Kräfte als zu gespalten und die Mehrheit der Deutschen als zu unentschlossen erwiesen, um grundlegende Veränderungen im Schnellverfahren durchzusetzen.

Was Virchow damals über das preußische Königshaus schrieb, behielt für die meisten deutschen Fürsten Gültigkeit: Sie waren »durch ihre Erziehung so sehr daran gewöhnt, sich als etwas

Apartes zu betrachten und ihre Wünsche für die Wünsche des Volkes zu halten, daß sie sich nie darein fügen werden, selbst beim besten Willen unwillkürlich nicht, immer nur dem Volkswillen nachzukommen«. Insofern blieb der Befund Virchows über das Vater-Kind-Verhältnis des Königs zu seinem Volk über die Revolution hinaus zutreffend. Der überzeugte Republikaner Virchow musste denn auch 1849 Berlin verlassen, weil er politisch Position bezogen hatte. Er ging nach Würzburg und konnte erst 1856 wieder an die Spree zurückkehren.

STAATLICHE EINHEIT
DURCH EISEN UND BLUT
1871 – GRÜNDUNG DES
ZWEITEN DEUTSCHEN REICHES

Dieses Bild fehlt in kaum einem deutschen Schulbuch für den Geschichtsunterricht: »Die Proklamierung des Deutschen Kaiserreichs« des preußischen Historienmalers Anton von Werner, das in mehreren Versionen gemalt wurde. Das monumentale Gemälde zeigt, wie die einträchtig versammelten deutschen Fürsten ausgerechnet im Spiegelsaal von Versailles, dem Schloss des französischen Sonnenkönigs Ludwig XIV., den preußischen König Wilhelm I. zum deutschen Kaiser erheben. Der Deutsch-Französische Krieg 1870/71 war noch gar nicht beendet, als der preußische Ministerpräsident und Kanzler des Norddeutschen Bundes Otto Graf von Bismarck – der bald darauf zum Fürsten erhoben wurde – sein Ziel erreicht hatte: Unter preußischer Vorherrschaft wurde das Deutsche Reich gegründet, und sein König stieg zum deutschen Kaiser auf.

Nach der gescheiterten Revolution von 1848 hatte sich in Sachen Demokratie zunächst eine bleierne Schwere über Deutschland gelegt, aber an der Nationalbewegung hatten die siegreichen Mächte der Reaktion insbesondere in Preußen einigen Gefallen gefunden. Allerdings strebten die Konservativen in der preußischen Regierung die deutsche Einheit nicht auf friedlichem und demokratischem Weg an, sondern mittels »Eisen und Blut«, wie sich der preußische Ministerpräsident Otto von Bismarck auszudrücken beliebte. Anders gesagt: Ihrer Auffassung nach war der gangbare Weg zum deutschen Nationalstaat der über eine unangefochtene Führungsmacht, die nur Preußen heißen konnte. Der ewige Konkurrent Österreich musste zu diesem Zweck ganz aus Deutschland verdrängt werden.

Der ostelbische Junker Bismarck war ein kluger, außergewöhnlich begabter und hartnäckiger Taktiker, der weit vorausdachte. Er wusste, dass Deutschlands Einheit nicht allein innenpolitisch entschieden werden konnte, und nutzte die außenpolitischen Veränderungen für seine Zwecke überaus geschickt. Seit den 1850er-Jahren war nämlich in das Metternichsche »Mächtekonzert« Bewegung gekommen, und statt um den Erhalt des Status quo von 1815 ging es zunehmend um Real- und Machtpolitik.

Zu Hilfe kam Bismarck die Außenpolitik Frankreichs unter Napoleon III., der an Ruhm und Pracht seines Namensvetters und Onkels Napoleon Bonaparte anknüpfte und sich Ende 1852 zum Kaiser ausrufen ließ. Frankreich liebäugelte wieder einmal mit deutschen linksrheinischen Gebieten und beobachtete höchst misstrauisch die Bemühungen Bismarcks, eine deutsche Einheit unter preußischer Führung zustande zu bringen. Einerseits unterstützte Napoleon III. den Wunsch der europäischen Völker nach nationaler Einheit und hatte die italienische Einigungsbewegung dabei nach Kräften gefördert. Andererseits sah er in einem deutschen Nationalstaat eine Bedrohung Frankreichs, weil damit eine jahrhundertealte Grundkonstante französischer Möglichkeiten in Europa wegfallen würde. In dieser Zwickmühle und wie die meisten Länder dieser Zeit unter dem Druck nationaler Wallungen der Bevölkerung unterlag Frankreich dem trickreichen Spiel Bismarcks.

Drei Kriege brachten Bismarck an sein Ziel: 1863 starb das dänische Königshaus, das in Personalunion auch die Herzöge von Schleswig und Holstein stellte, in männlicher Linie aus. Für Dänemark bedeutete das zunächst nichts weiter, als dass in weiblicher Nachfolgelinie Christian IX. König wurde, der unter heftigem innenpolitischen Druck versuchte, Schleswig-Holstein ganz und gar dem dänischen Königreich einzuverleiben. Das jedoch widersprach internationalen Abkommen, die die beiden Herzogtümer, von denen Holstein noch dazu zum Deutschen Bund gehörte, in ihrem Bestand rechtlich absicherten. Österreich und Preußen forderten daher gemeinsam von Dänemark die Anerkennung dieser Vereinbarungen. Auf die Weigerung Dänemarks folgte 1864 der Krieg, den Preußen und Österreich in ungewohnt einträchtiger Waffenbrüderschaft für sich entschieden. Dänemark musste Schleswig-Holstein abgeben, die Herzogtümer wurden fortan von Preußen und Österreich gemeinsam verwaltet.

Bald darauf, 1866, kam es zum »Deutschen Krieg«, der unmittelbar aus dem Konflikt um die Reform des Deutschen Bundes entstand (Bismarck hatte taktisch gewitzt allgemeine Wahlen für ganz Deutschland gefordert), von Preußen aber um den Besitz Schleswig-Holsteins und darüber hinaus um die deutsche Frage geführt wurde: Welcher der beiden Großmächte stand die Vorherrschaft über Deutschland zu? Und war die Zukunft Deutschlands überhaupt »großdeutsch«, also mit Österreich, oder »kleindeutsch«, das heißt ohne die Donaumonarchie? Als Preußen mit Getöse aus dem Bund austrat, mit Österreich brach und preußische Truppen Holstein besetzten, beantragte Wien beim Bundestag in Frankfurt die Mobilmachung von Bundestruppen. Sachsen, Bayern, Baden, Württemberg, Hannover, Kurhessen, Hessen-Darmstadt und Hessen-Nassau kämpften ab Mitte Juni an der Seite Österreichs einen Reichskrieg gegen Preußen, während die meisten norddeutschen Staaten sich auf die gegnerische Seite schlugen, die auch von Italien unterstützt wurde. Bismarck hatte zudem diplomatische Vorsorge getroffen, dass keine andere europäische Macht in den Konflikt eingreifen würde.

Am 3. Juli schlug die preußische Armee unter Graf von Moltke die österreichische Nordarmee bei Königgrätz in Nordböhmen; in Hannover, Sachsen und Kurhessen standen preußische Truppen – nach nur sieben Wochen war der Krieg entschieden. Weil ein Eingreifen Frankreichs drohte, schloss Bismarck rasch Frieden: Österreich verlor Venetien an Italien, kam aber ansonsten ebenso glimpflich davon wie die süddeutschen Staaten. Wien musste allerdings den Exitus des siechen Patienten Deutscher Bund amtlich bestätigen und sich aus Deutschland zurückziehen. Preußen annektierte seinerseits außer Schleswig-Holstein auch gleich Hannover, Kurhessen, Nassau sowie die Reichsstadt Frankfurt/Main. Damit war die Vorherrschaft in Deutschland geklärt, und das abermals gewachsene Preußen gründete noch 1866 mit 17 deutschen Kleinstaaten nördlich der Mainlinie den Norddeutschen Bund, der den Deutschen Bund ersetzte und in dem Österreich nicht vertreten war. Platzhirsch darin war das nunmehr riesige Preußen, das in einem breiten Streifen vom Rhein bis an die Memel reichte. Zum Deutschen Reich unter preußischer Führung war es jetzt nur noch ein Schritt: Für einen deutschen Nationalstaat mussten nur noch die süddeutschen Staaten gewonnen und Frankreichs Vorbehalte aus dem Weg geräumt werden.

Auch diesen Schritt ging Bismarck schließlich militärisch, aber er sorgte dafür, den entscheidenden Krieg nicht selbst anzuzetteln. Als 1868 in Spanien nach dem Sturz der Bourbonen die Thronfrage offen war, wurde die Krone einem süddeutschen Hohenzollern angeboten: Leopold von Hohenzollern-Sigmaringen. Zwar bewegte, sehr zu Bismarcks Verdruss, Wilhelm I. nach anfänglicher Billigung seinen Neffen aus Rücksicht auf Frankreich zum Verzicht, aber das Misstrauen Napoleons III. blieb. Mitte Juli, als der preußische König in Bad Ems kurte, überraschte ihn der französische Gesandte auf der Promenade und forderte eine Garantie, dass Preußen auch in Zukunft auf die Besteigung des spanischen Throns durch einen Hohenzollern verzichte. Wilhelm lehnte ab und ließ darüber an Bismarck telegrafieren, der wiederum das Telegramm an die Presse weitergab – allerdings nicht im vollen Wortlaut, sondern absichtsvoll gekürzt.

Die Veröffentlichung dieser »Emser Depesche« ließ den Vorfall auf der Kurpromenade als diplomatischen Eklat erscheinen und provozierte Frankreich zur Kriegserklärung an Berlin, womit Bismarck hatte, was er wollte: einen Krieg zur Klärung der Reichsfrage, bei dem Frankreich den Schwarzen Peter des Aggressors auf der Hand hatte. Das hatte mehrere Vorteile: Zum einen war die Gefahr internationalen Eingreifens deutlich niedriger, als wenn Preußen den Waffengang vom Zaun gebrochen hätte. Gleichzeitig half Bismarck die nationale Euphorie, die wie in Frankreich auch in Deutschland prompt hohe Wellen schlug – auch die süddeutschen Fürsten, die gar nicht recht wollten, wurden dadurch an die Seite Preußens gedrängt. Als die französische Armee bereits empfindliche Niederlagen erlitten hatte und Napoleon III. sich gar in preußische Gefangenschaft begab und in Kassel in Ehrenhaft genommen wurde, folgte Anfang September in Paris der Sturz des Zweiten Kaiserreichs – die Dritte Republik wurde ausgerufen. Die neue Republik kämpfte noch einige Monate weiter, bis am 10. Mai 1871 der Frieden von Frankfurt/Main geschlossen wurde: Frankreich musste Elsass-Lothringen abtreten und horrende Reparationen leisten. Die übersteigerte nationale Euphorie in Deutschland hatte nach noch mehr

Auflagen verlangt, aber Bismarck war sich bewusst, dass schon diese Friedensbedingungen eine große Belastung für die deutsch-französischen Beziehungen darstellten. Er sollte recht behalten. Nicht zu Unrecht bezeichnete Benjamin Disraeli, damals gerade zwischen zwei Amtszeiten als Premierminister englischer Oppositionsführer der Konservativen, den Deutsch-Französischen Krieg als die eigentliche Deutsche Revolution, noch wichtiger gar als die Französische Revolution von 1789. Denn danach sah Europa politisch nicht mehr so aus wie vorher.

Bismarck hatte erreicht, was er wollte, und noch vor dem Ende des Krieges mit Frankreich kam es zur Proklamierung des Deutschen Reiches im Spiegelsaal von Versailles. Das Bild Anton von Werners zeigt den inzwischen 74 Jahre alten preußischen König und neuen deutschen Kaiser Wilhelm I. mit unbewegter Miene auf einem Podest stehend, in Uniform – wegen des Kriegszustandes, aber auch, weil preußische Könige seit Friedrich dem Großen eigentlich nur noch in Uniform gingen. Neben ihm steht der ebenfalls längst ergraute und beleibte Kronprinz Friedrich. Die erste Version des Monumentalgemäldes, für das Berliner Schloss gedacht, legt die Betonung auf die große Menge von Fürsten und Offizieren, die auf Initiative des Großherzogs von Baden, Friedrich I. (Wilhelms Schwiegersohn), den neuen Kaiser Wilhelm per Akklamation bestätigen. Das Ereignis zog vielfältige Verbindungslinien: Wie germanische Heerführer eines siegreichen Feldherrn erhoben die deutschen Fürsten und ihre Offiziere Wilhelm zum Kaiser; dies geschah im Schloss Ludwigs XIV., der seine Expansionspolitik auch gegen Deutschland gerichtet hatte, in Räumen mit Wandgemälden, die die militärischen Taten Napoleons verherrlichten – ein klares Statement in Richtung des angeblichen »Erbfeindes« Frankreich. Die Gelegenheit einer solchen Inszenierung ergab sich aber zunächst aus der

Tatsache, dass das militärische Oberkommando der Deutschen sich in Versailles niedergelassen hatte (Paris wurde noch belagert) und fast alle deutschen Fürsten persönlich anwesend waren.

In einer anderen, der bekannteren Version des Gemäldes steht vor dem Podest der Kaisermacher Bismarck, der mit seiner weißen Uniform klar aus der Menge herausragt – diese Fassung entstand später und musste nicht mehr den geeinten Willensakt deutscher Monarchen vorführen, die den Stärksten und Verdientesten unter sich zum Kaiser erheben. Jetzt steht in der Person des Kanzlers Bismarck die Rolle Preußens beim Aufstieg Deutschlands zum Kaiserreich unübersehbar im Mittelpunkt. Denn die Vormachtstellung Preußens im Kaiserreich war längst unangefochten, und die preußische Sicht auf Geschichte dominierte, was nicht nur für Staatsgemälde galt, sondern auch für die Geschichtsschreibung insgesamt – mit Nachwirkungen bis heute.

Augenzeugenberichten zufolge war die ganze Zeremonie nicht allzu grandios inszeniert – was schon wegen des militärischen Rahmens wenig verwunderlich ist. Eher trocken wurde die Proklamationsakte verlesen, dann brachte der Großherzog von Baden sein Hoch auf Kaiser Wilhelm aus, und mit militärischem Gehorsam bekundete die versammelte Menge von mehreren Hundert Offizieren ihre Zustimmung – entfesselte Begeisterung war dabei jedoch nicht zu erleben. Anton von Werner, der zur Motivansicht vom preußischen Kronprinzen aus Karlsruhe eilig nach Versailles beordert worden war, fand es insgesamt prunklos, kurz und vorschriftsmäßig, als aber das vielfache Hurra ertönte, schrie er mit und konnte daher nicht weiterzeichnen, wie er sich später erinnerte.

Ob man die Zeremonie von Versailles als angemessen oder allzu nüchtern befand, Bismarck war jedenfalls am Ziel. Der frischgebackene Kaiser Wilhelm sah sich dagegen weit darüber hinausgeschossen: Er verstand sich mehr als Preuße denn als Deutscher und hatte die neue Würde gar nicht angestrebt. »Als Kaiser muss ich tun, was die anderen wollen, als König bin ich mein eigener Herr«, so sah er die Sache. Dabei hatte Bismarck für ihn erreicht, was Wilhelms Bruder Friedrich Wilhelm IV. fast 22 Jahre zuvor an der ihm angebotenen Kaiserkrone bemäkelt hatte: Diesmal kam das Angebot von den deutschen Fürsten und nicht vom Volk. Der designierte Reichskanzler hatte Wilhelm gleichwohl lange bearbeiten müssen, weil dieser die neue Würde als die eines »Charaktermajors« verstand – im zivilen Sprachgebrauch wäre das ein Frühstücksdirektor, also ein Prestigeposten ohne wirkliche Befugnisse. Noch am Abend vor der Proklamierung – eine Krönung gab es übrigens nicht, auch wenn die alte Krönungsstadt Aachen sie gerne ausgerichtet hätte – hatte Wilhelm das Ganze abblasen wollen, weil er das Gefühl hatte, damit dem preußischen Königtum fatal in den Rücken zu fallen. Am Ende aber bekam Bismarck – beziehungsweise die Staatsräson – seinen Willen. Immerhin: Selbst als deutscher Kaiser behielt Wilhelm seinen Wohnsitz in seinem eher bescheidenen Berliner Palais Unter den Linden gegenüber der Universität, anstatt ein paar Hundert Meter weiter ins prächtige Schloss zu ziehen.

Nun existierte also der deutsche Nationalstaat, den das erste gesamtdeutsche Parlament in der Frankfurter Paulskirche angestrebt hatte – nur nicht aus der Hand des Volkes und auf friedlichem, selbstbestimmtem Weg entstanden, sondern im durch Krieg und Machtpolitik errungenen Konsens mit den deutschen Fürsten und den Mächten Europas. Viele Zeitgenossen waren damit allerdings unzufrieden, weil Österreich fehlte und da-

mit nach damaliger Sicht ein großer Teil der Deutschen. Eine
Mehrheit aber sah ein Ziel erreicht, das jahrzehntelang erstrebt
worden war – für sie war der Weg dorthin eher nebensächlich.
Nationale Begeisterung war damals gleichbedeutend mit militärischem Chauvinismus, insofern hatte Bismarck auf die richtige
Karte gesetzt. Und die nachhaltige Reichsbegeisterung verschaffte ihm gar erhebliche innenpolitischen Spielraum, weil
viele seiner erbittertsten Gegner sich eines dauerhaften Wohl-
gefühls ob des preußischen Triumphes nicht erwehren konnten. Im Übrigen hatte Bismarck penibel darauf geachtet, auf die
Empfindlichkeiten der deutschen Fürsten, auf ihre Souveränität
und die föderativen Strukturen des Deutschen beziehungsweise
Norddeutschen Bundes Rücksicht zu nehmen. Das Deutsche
Reich von 1871 war kein Zentralstaat, sondern ein Bundesstaat
mit 25 Gliedern, die im obersten Reichsorgan vertreten waren,
dem Bundesrat, der jetzt nicht mehr in Frankfurt/Main, sondern
in der neuen Reichshauptstadt Berlin zusammentrat – und in
dem Preußen als bei Weitem größter Staat die meisten Stimmen und eine bequeme Blockademehrheit besaß. Zwei Drittel des Reichsterritoriums waren preußisch und jeder zweite
Reichsdeutsche preußischer Staatsbürger (eine »reichsdeutsche«
Staatsbürgerschaft war gar nicht vorgesehen) – ein erdrücken-
des Übergewicht, das im Zusammenspiel mit der erdrückenden
Militärmacht Preußens ein ausgewogenes föderatives Gleichgewicht verhindern musste.

AUS LEICHTSINN UND ÜBERHEBLICHKEIT IN DIE KATASTROPHE
1914–18 – DER ERSTE WELTKRIEG

Häufig in der Geschichte sind Anlässe oder Auslöser nicht die wirklichen Gründe für historische Ereignisse, und das lässt sich am Ersten Weltkrieg außerordentlich gut darstellen. Diese »Urkatastrophe des 20. Jahrhunderts« wurde durch das Attentat vom 28. Juni 1914 im bosnischen Sarajevo ausgelöst, bei dem der österreichisch-ungarische Thronfolger Erzherzog Franz Ferdinand und seine Frau Sophie von serbischen Nationalisten ermordet wurden. Sie befanden sich auf einer Art PR-Tour in Bosnien, um das ramponierte Ansehen der Habsburger Monarchie aufzupolieren, die Bosnien und Herzegowina erst wenige Jahre zuvor annektiert hatte. Viele der bosnischen Serben wollten aber zu Serbien gehören – das erinnert an die Situation unserer Tage. Trotz vorheriger Attentatswarnungen fuhr das Paar im offenen Automobil vom Bahnhof zum Rathaus, um an einem offiziellen Empfang teilzunehmen. Sieben Attentäter hatten sich unter die jubelnde Menschenmenge am Straßenrand gemischt, und einer von ihnen schleuderte eine Handgranate, die aber erst vom Arm des Erzherzogs, dann vom Wagen abprallte und dahinter explodierte. Das Thronfolgerpaar erreichte das Rathaus unverletzt, erst nach dem Empfang gelang ein weiterer Anschlag, als das erzherzogliche Automobil kurz stoppen musste und ein weiterer Attentäter zwei Schüsse auf die Insassen abgab: Franz Ferdinand und seine Frau starben noch auf dem Weg ins Krankenhaus.

Die österreichische Regierung vermutete hinter dem Anschlag die Regierung in Belgrad. Eine Vergeltungsaktion war allerdings höchst heikel, da Russland sich vermutlich auf die Seite Serbiens stellen würde – auf dem Balkan stießen schon damals die Interessengebiete der beiden Mächte aufeinander. Andererseits wollte und konnte das ohnehin angeschlagene, vom Untergang bedrohte Vielvölkerreich der Habsburger eine solche Demütigung nicht einfach hinnehmen. Also versicherte sich Wien des deutschen Beistands, um Russland vom Eingreifen abzuhalten, und den gewährte Kaiser Wilhelm II. auch bereitwillig. International aber betrachtete man diesen Akt als einen deutschen »Blankoscheck« an Wien, mit Rückendeckung aus Berlin Serbien den Krieg zu erklären und die drohende Eskalation einzuleiten. Denn die Begrenzung auf einen Regionalkrieg auf dem Balkan war kaum durchzuhalten, da Europa in ein Korsett unterschiedlicher Bündnisverpflichtungen eingeschnürt war: Österreich-Ungarn war der wichtigste Verbündete Deutschlands, auf der anderen Seite waren die anderen drei Großmächte Russland, England und Frankreich verschiedene gegenseitige Verpflichtungen eingegangen. Folglich konnte Berlin Wien nicht im Stich lassen, um nicht seinen wichtigsten Verbündeten zu verlieren oder diesen durch das Attentat gedemütigt und damit weiter geschwächt zu sehen. Aber wie fallende Dominosteine trat in der Folge ein Bündnisfall nach dem anderen ein.

Die Julikrise 1914, die Anfang August in die gegenseitigen Kriegserklärungen mündete, war auf allen Seiten von Fehlurteilen und -entscheidungen an höchster Stelle gekennzeichnet. Im Rückblick wirkt es so, als wären die Entscheidungsträger dieses unheilvollen Sommers sehenden Auges in eine Katastrophe hineingeschlittert und hätten nach dem einen oder anderen rettenden Ast am Rand erst dann und noch dazu eher unentschlossen gegriffen, als der ohnehin schon nicht mehr in Reichweite war. Tatsächlich gab es auf allen Seiten solche Vermittlungsbestrebungen, aber weil das Misstrauen zwischen den Mächten schon seit Längerem so groß war und man einander zum Teil völlig falsch einschätzte, ließ sich die Entwicklung nicht mehr aufhalten.

Große Schuld traf dabei das Deutsche Reich, das sich seit der Entlassung Bismarcks 1890 unter Kaiser Wilhelm II. und seiner Regierung nicht nur zu einer kraftvollen Wirtschaftsmacht gemausert hatte, sondern auch chauvinistisch-schrille Töne zum Besten gab und mit seiner Außenpolitik das Verhältnis zu den europäischen Großmächten nachhaltig vergiftet hatte. Ohne Not war das Bismarcksche Bündnissystem aufgegeben worden, das der erste deutsche Reichskanzler klug und weitblickend im Sinne einer europäischen Balance- und Friedenspolitik angelegt hatte.

Anfang Juli versuchte Serbien noch, den drohenden Krieg abzuwenden, und erhielt dabei Unterstützung aus Russland. Was dann folgte, war eine rasche Abfolge von Ultimaten, Teilmobilmachungen und halbherzigen Versuchen, die absehbare Eskalation auf diplomatischem Weg aufzuhalten. Die erste Kriegserklärung richtete Wien am 28. Juli an Belgrad, innerhalb einer Woche stand auch das Deutsche Reich mit Russland und Frankreich im Krieg. So hatte sich ein politisches Attentat, auf das Österreich-Ungarn mit einem militärischen Eingreifen auf dem Balkan antworten wollte, zu einem Kontinentalkrieg ausgeweitet, der bald zum Weltkrieg wurde. Der Mord am österreichischen Thronfolger war also nicht die Ursache des Krieges, sondern nur ihr Anlass.

Abgesehen davon, dass Bündnisverpflichtungen und gegenseitiges Misstrauen die Balkankrise ausufern ließen, gab es andere bedeutsame Faktoren: Alle Mächte betrieben imperialistische und nationalistische Politik – auf dem Balkan beispielsweise stießen die Interessen Russlands und Österreich-Ungarns aufeinander, gleichzeitig strebten die Balkanvölker nach Unabhängigkeit. Daneben wurde in Europa schon seit Jahren enorm aufgerüstet – militärisch dominierte daher die Idee eines Präventivschlags: losschlagen, bevor der andere zu stark wird. Mit dieser Ansicht konnten sich die deutschen Militärs mühelos durchsetzen, weil in Berlin wie in anderen europäischen Regierungen eine überhebliche Sorglosigkeit anzutreffen war, gepaart mit erheblicher Nervosität – nicht gerade eine gute Voraussetzung für maßvolle, überlegte Entscheidungen. Krieg war außerdem keineswegs verfemt, sondern galt als akzeptiertes Mittel der Politik – zumal nach mehreren Krisen seit Anfang des 20. Jahrhunderts, die Europa bereits an den Rand eines Krieges gebracht hatten.

Längst gab es in ganz Europa die offen geäußerte Erwartung, es müsse irgendwann zu einem Krieg kommen, der mal mit nationalistischem Hurrageschrei, mal mit bangen Gedanken an die Dimension erwartet wurde. In jedem Fall war es dadurch zu einer *self-fulfilling prophecy* gekommen, die sogar eine gewisse Erleichterung mit sich brachte, als sie schließlich eintrat. Dem Zeitgeist entsprechend war europaweit die Meinung verbreitet, ein Krieg würde dem Kontinent guttun. In der deutschen Öffentlichkeit herrschte zudem ein fatales Gefühl der Benachteiligung vor, weil Größe und wirtschaftliche Bedeutung – immerhin war das Deutsche Reich 1913 Exportweltmeister geworden – weltpolitisch nicht ausreichend gewürdigt wurden, und diese Meinung schlug sich vor allem im Ruf nach kolonialen Besitzungen und in der Zustimmung zur Rüstung nieder. Die daraus resultierende Politik des Deutschen Reiches, durch koloniale Erwerbungen und eine aggressive Flottenpolitik selbstbewusst bis überheblich in der Weltpolitik mitzumischen, zog nicht nur das Misstrauen der

anderen Mächte auf sich, sondern setzte die Regierung innenpolitisch unter erheblichen Druck.

Nach und nach entwickelte sich der europäische Kontinentalkrieg zum Weltkrieg. Als Deutschland für den Angriff auf Frankreich das neutrale Belgien überfiel, trat Großbritannien in den
Krieg ein. Nun kämpften das Deutsche Reich und Österreich-
Ungarn, bald verstärkt durch die Türkei und Bulgarien, gegen
die Verbündeten Großbritannien, Frankreich und Russland, auf
deren Seite außerdem Serbien, Belgien und Japan standen. Sie
wurden später noch von anderen Staaten unterstützt, darunter Italien, Portugal, Griechenland, China und Brasilien – und
schließlich die USA.

Anfangs herrschte die Erwartung vor, der Krieg werde ein
ähnlich triumphaler Kurzfeldzug werden wie der Deutsch-Französische Krieg 1870/71, aber stattdessen entwickelte er sich zu
einem verbissenen Ringen von vier Jahren Dauer, das schon bald
in einen langwierigen Stellungskrieg und irgendwann in einen
reinen Erschöpfungskrieg überging. Aber auch die Daheim-
gebliebenen waren massiv betroffen, mehr als bei allen bisherigen Kriegen: Die Wirtschaftsblockade Deutschlands machte
Lebensmittel und Kohle knapp, die Wirtschaft brach ein, es gab
harte Winter, allen voran der dramatische »Steckrübenwinter«
1916/17. Versorgungsengpässe führten dazu, dass die Menschen
insbesondere in den Städten froren und hungerten und Krankheiten grassierten. Mit zweifelhaften Mitteln der Kriegspropa-
ganda versuchte die deutsche Regierung mit williger Unterstützung der Presse, auch noch wider besseres Wissen Siegeszuver-
sicht und Durchhaltewillen zu bewahren – mit dem Ergebnis,
dass der Schock umso größer ausfiel, als der Krieg endgültig
verloren war und Deutschland die hauptsächliche Kriegsschuld
angelastet wurde. Auch wurden völlig unrealistische Hoffnun-

gen geschürt, was der Sieg Deutschland einbringen würde, was wiederum die Regierung so unter Erwartungsdruck setzte, dass trotz der absehbaren Niederlage verbissen weitergekämpft wurde und man sich selbst an höchster Stelle fatalen Illusionen darüber hingab, was noch zu erreichen sei.

Militärisch war der Erste Weltkrieg der erste »moderne« Krieg, geführt mit riesigem logistischen Aufwand, mit neuester Technologie (Panzer, Luftwaffen, U-Boote, chemische Waffen) und riesigen Heeren. In ungleich größerem Maße als frühere Kriege war der Erste Weltkrieg eine nicht enden wollende Horrortortur für Soldaten, die sich dem bislang unbekannten Feuersturm eines für damalige Verhältnisse hoch technisierten Krieges ausgeliefert wiederfanden. Das gewohnte Bild vom »redlichen« Krieg und vom tapferen Vaterlandsdienst der Soldaten wurde auf grausamste Weise auf den Kopf gestellt, und die Soldaten waren auf die Schrecken, die sich ihnen präsentierten, gar nicht vorbereitet.

Aufgrund der geografischen Mittellage Deutschlands drohte dem Reich ein aufreibender Zweifrontenkrieg im Westen und im Osten, der gemäß dem Schlieffen-Plan mit einem schnellen, entscheidenden Schlag gegen Frankreich hätte verhindert werden sollten. Das aber misslang, und stattdessen entwickelte sich im Westen ein langwieriger erbitterter Stellungskrieg, den über Jahre weder die Deutschen noch die verbündeten Truppen der Franzosen und Engländer für sich entscheiden konnten. Genau das aber wurde zum entscheidenden Nachteil für die deutschen Militärs: Nicht nur musste nun doch über Jahre der gefürchtete Zweifrontenkrieg geführt werden. Deutschland hatte auch deshalb weniger Ausdauer als seine Kriegsgegner, weil die britische Blockade das Reich von Rohstoff- und Nahrungsmittellieferungen abschnitt.

An der Ostfront war die deutsche Armee zunächst erfolgreicher, den Krieg rasch entscheidende Fortschritte konnten aber auch hier nicht erreicht werden. Ab Herbst 1916 waren das Deutsche Reich und seine Verbündeten, trotz vorheriger Erfolge im Osten und Südosten, in arger Bedrängnis, zumal jetzt massive Versorgungsprobleme infolge der britischen Seeblockade hinzukamen. Die Offensive von Verdun war nach monatelangen Kämpfen, die den Soldaten das Äußerste abforderten, fehlgeschlagen und hatte über 300 000 deutsche Soldaten das Leben gekostet – und noch mehr Franzosen. Auch die Offensive an der Somme wurde ergebnislos abgebrochen, aber erst nachdem über eine Million Menschen dabei umgekommen waren. Gegen diese Fehlschläge standen insbesondere die Erfolge Hindenburgs in Ostpreußen, mit denen die russische Armee zurückgedrängt werden konnte. Nicht zuletzt aufgrund von Streitereien in der Obersten Heeresleitung erwiesen sich aber auch diese Siege nicht als der ersehnte Durchbruch. Zwar stieg in der Folge in Berlin die Neigung nach einer Beendigung des Krieges, aber da das Reich von überzogenen Forderungen für einen Frieden nicht abrücken wollte, wurde die Chance vertan: Die Gegner lehnten Verhandlungen ab.

1917 veränderte sich die Situation durch die Revolution in Russland und das Ende der Monarchie, sodass Anfang März 1918 der Kampf an der Ostfront mit dem Diktatfrieden von Brest-Litowsk beendet werden konnte; in Oberitalien wurden außerdem die Italiener geschlagen. Schon 1917 aber waren die USA in den Krieg eingetreten, weil das Deutsche Reich einen höchst umstritten, uneingeschränkten U-Boot-Krieg führte, der aber nicht einmal die erhofften Ergebnisse brachte. Endlich kam es in Deutschland zu einem allmählichen, jetzt aber umfassenden Umschwung der öffentlichen Meinung gegen die Fortführung des Krieges, nicht zuletzt aufgrund der Hungersnöte, aber auch, weil von der immer wieder propagandistisch beschworenen Stärke im Krieg so gar nichts mehr zu spüren war. In der »Julikrise« brachen sich aufgestaute Probleme und Frustrationen innenpolitisch Bahn, und zwischen Regierung und Reichstag kam es zu Konflikten wegen neuerlicher Kriegskredite.

Eine breite Parteienkoalition des Reichstages forderte jetzt einen sofortigen Verhandlungsfrieden ohne Territorialgewinne und machte damit öffentlich, dass es erheblich schlimmer stand, als Regierung und Heeresleitung bisher zugegeben hatten. Reichskanzler Bethmann Hollweg geriet zwischen die Fronten und musste seinen Abschied nehmen. Die militärische Führung behielt jedoch die politische Oberhand und verfolgte entgegen aller Realität weiter den Kurs eines triumphalen Siegfriedens. Im Januar 1918 kam es wieder einmal zu Massenstreiks, die aber mehr und mehr politische Ziele verfolgten und nicht mehr allein Hunger und Not anprangerten. Die Oberste Heeresleitung versuchte eine weitere Offensive im Westen, um doch noch eine Entscheidung herbeizuführen, aber nach anfänglichen Erfolgen erwiesen sich die Gegenangriffe der Alliierten im Juli und August als zu stark. Ihren Höhepunkt fanden sie im »schwarzen Tag von Amiens«, als noch einmal zahllose Soldaten ihr Leben ließen, was auch an der völligen Entkräftung der Soldaten im Vergleich zu den ausgeruhten US-Kontingenten lag.

Damit war die letzte Offensive endgültig gescheitert, und jetzt gestand auch die Heeresleitung endlich die Niederlage ein. Die Verantwortung für das Kommende schob sie jedoch auf die Reichstagsparteien, womit sich zwar das Ende der Monarchie und der Beginn einer parlamentarischen Demokratie in Deutschland abzeichneten, der Demokratie aber gleichzeitig eine schwere Hypothek aufgebürdet wurde. Nachdem das Deutsche Reich am 9. November 1918 im Innern zusammenbrach und Kaiser Wilhelm ins holländische Exil gehen musste, wurde zwei Tage später in einem Eisenbahnwaggon in der Nähe von Compiègne nördlich von Paris ein bedingungsloser Waffenstillstand unterzeichnet. Damit fand ein Krieg sein Ende, der mehr Todesopfer als alle seine Vorgänger gefordert hatte – nicht nur aufgrund seiner Länge, sondern auch wegen der neuartigen Waffen, die verheerend wirkten. Zehn Millionen Menschen hatten insgesamt ihr Leben lassen müssen, unter den fast zwei Millionen toten Deutschen waren auch viele Zivilisten, die bei Luftangriffen umgekommen oder schlichtweg verhungert waren. In Deutschland gab es kaum eine Familie, die nicht mindestens einen Kriegstoten zu beklagen hatte. Über vier Millionen Soldaten waren verwundet, viele davon blieben ein Leben lang physisch oder psychisch versehrt.

Das Ergebnis des Krieges fiel ebenso monumental aus, wie es der Krieg selbst gewesen war: Nichts schien wie zuvor. Europa hatte seine unbedingte Führungsrolle in der Welt verloren und war wirtschaftlich weit zurückgeworfen worden. Das bürgerliche Zeitalter war unwiderruflich zu Ende, und über den verwüsteten Schlachtfeldern dämmerte das Zeitalter des Totalitarismus. Großbritannien konnte sein Empire zwar noch einmal zusammenhalten, aber Österreich-Ungarn, das den Krieg gegen Serbien nicht zuletzt als Unternehmen zur eigenen Existenzsicherung begonnen hatte, ging unter, ebenso das einstmals mächtige, uralte türkische Reich der Osmanen. In Russland fegte die Revolution den Zaren vom Thron und etablierte das erste kommunistische Regime. Und Deutschland? Auch hier nahmen die Monarchien ihren Abschied – außer dem Kaiser dankten nacheinander alle deutschen Fürsten ab; nach nicht einmal einem halben Jahrhundert zerfiel das Deutsche Kaiserreich.

Die Katastrophe des Ersten Weltkriegs wirkte lange nach: Nicht nur blieb das Klima in Europa nachhaltig vergiftet und lag die Wirtschaft des Kontinents für lange Zeit am Boden; in Deutschland wuchs ob der Misere des Landes und der wirtschaftlichen Nöte, mit denen immer mehr Familien Bekanntschaft machten, die Sehnsucht nach den vermeintlich »guten alten Zeiten« oder einer starken politischen Führung, die sie dorthin zurückführte. All das waren keine guten Voraussetzungen für die Demokratie, die zum ersten Mal in Deutschland eingeführt wurde, für die sogenannte Weimarer Republik: Sie besaß für viele Zeitgenossen von Anfang an den Ruch des Schwächlichen, der vom schmählichen Untergang haften geblieben war.

DEM KRIEG UND DEM HUNGER
EIN ENDE MACHEN
1918 – DIE DEUTSCHE NOVEMBERREVOLUTION

Der 9. November wird gerne als deutscher Schicksalstag gehandelt – weil es in der deutschen Geschichte mehrere Tage dieses Datums gab, an dem Zeitungsjungen oder TV-Reporter Überstunden machen mussten, um eine Zeitungs-Extraausgabe oder Sondersendung nach der nächsten an den Mann zu bringen. Der 9. November 1918 brachte das Ende der Monarchie und den Beginn der Republik – er gilt deshalb als bedeutender Wendepunkt der deutschen Geschichte. Fraglich ist dagegen, ob die deutsche Revolution 1918/19 insgesamt als erfolgreich vollbrachter historischer Umsturz durchgehen kann, auch wenn sie mehr Menschen mobilisierte, als das in Deutschland bislang der Fall gewesen war.

Während sich vor dem ersehnten Waffenstillstand die Verhandlungen mit den Alliierten hinzogen und die deutsche Armeeführung weiterhin Stärke demonstrierte, brach der Durchhaltewillen der Menschen angesichts der hoffnungslosen Lage im Herbst 1918 endgültig zusammen. Auslöser der Revolution waren Kriegsmüdigkeit, die Angst vor einem weiteren Hungerwinter sowie Schock und Wut angesichts der plötzlichen Erkenntnis, dass der Krieg nicht mehr zu gewinnen war, wo die Regierung doch bis zuletzt das Gegenteil glauben machen wollte. Zudem schien ein »ehrenvoller Friede« nach den hoffnungsvoll klingenden Vorstellungen des US-Präsidenten Wilson mit dem

Kaiser nicht möglich. Hinter der spontanen Erhebung standen weder russische Fernsteuerung noch – zunächst – ein klares politisches Programm.

Das Signal zur Revolution ging von meuternden Matrosen der Reichsflotte aus, die sich am 28. Oktober weigerten auszulaufen, um nicht als letztes, vollends unnützes Aufgebot des längst verlorenen Krieges noch ihr Leben zu lassen. Wenige Tage später fiel im Kieler Matrosenaufstand die Stadt dem Arbeiter- und Soldatenrat in die Hände. Rasch breitete sich der Novemberaufstand über Deutschland aus, erfasste erst die Hafenstädte Lübeck, Hamburg und Cuxhaven, sodann weitere Großstädte – allerorts wurden Arbeiter- und Soldatenräte ins Leben gerufen, die die Macht übernahmen. In Magdeburg beispielsweise marschierten am frühen Morgen des 8. November Soldatenverbände ein und brachten die Stadt ohne nennenswerte Gegenwehr in ihre Hand. Vor dem Dom wurde eine Volksversammlung abgehalten und ein Arbeiter- und Soldatenrat gewählt, der dann die Kontrolle über die Stadt ausübte. Ähnlich verlief die Revolution vielerorts in Deutschland – von Schiffen und Bahnhöfen, Kasernen und Rathäusern wehten alsbald rote Fahnen, und die deutschen Fürsten purzelten nacheinander von ihren Thronen. Als Erster musste König Ludwig III. von Bayern am 7. November bei Nacht und Nebel heimlich im Automobil aus München fliehen. Vorangegangen war – unabhängig von den Ereignissen in Norddeutschland – eine Massenkundgebung auf der Theresienwiese am ersten Jahrestag der russischen Revolution, nach der sich die Mehrzahl der Soldaten auf die Seite der Aufständischen geschlagen hatte. Kurt Eisner rief die »demokratische und soziale Republik« aus und bildete eine Revolutionsregierung. In kleineren Städten und Gemeinden übernahmen die Räte die Macht allerdings erst nach dem 9. November.

In Berlin war schon am Morgen des 9. November – ein Samstag, der damals noch regulärer Arbeitstag war – ein Generalstreik angelaufen, und vor den Kasernen und Fabriken sowie in den Straßen der Reichshauptstadt formierten sich riesige Menschenansammlungen; in der Luft lagen große Veränderungen. Immer noch weigerte sich allerdings der deutsche Kaiser, der sich schon Ende Oktober aus dem unruhigen Berlin ins Große Hauptquartier in Spa geflüchtet hatte, abzudanken und gab sich weiter der Illusion hin, die deutsche Armee würde zumindest seine preußische Krone sichern. Noch bevor er sich schließlich ins Unvermeidliche fügte und den Zug ins holländische Exil nahm, hatte sein letzter Kanzler Max von Baden bereits am Vormittag des 9. November den Thronverzicht der Hohenzollern verkündet und die Macht in die Hände der Sozialdemokraten gelegt, der Mehrheitspartei des Reichstages. Der SPD-Vorsitzende Friedrich Ebert wurde erster Kanzler der ersten deutschen, der Weimarer Republik.

Auch im Reichstag, den Kaiser Wilhelm II. – noch in der Blüte seiner Macht und Herrlichkeit – zur Zeit der Einweihung 1894 als »Reichsaffenhaus« bezeichnet hatte, herrschte an diesem 9. November emsiges Treiben. Nicht nur gesetzte Herren Abgeordnete wie sonst prägten das Bild, hinzugekommen waren einfach gekleidete Arbeiter und Soldaten. Das deutsche Parlament, das bisher zwar wortgewaltig, aber eher zahnlos gewesen war, hatte in den letzten Kriegsjahren an Einfluss gewonnen. Im Speisesaal des Reichstags saß Philipp Scheidemann, SPD-Mitglied und Staatssekretär, mit seinem Parteivorsitzenden und frisch ernannten Reichskanzler Friedrich Ebert bei einer kriegsbedingt dünnen Suppe zusammen, als ihm Mitteilung gemacht wurde, der Abgeordnete der Unabhängigen Sozialdemokraten (USPD) und Mitglied der Spartakusgruppe Karl Liebknecht sei im Begriff, am Schloss die sozialistische Republik auszurufen. Scheidemann eilte sogleich an ein Fenster des Parlaments, hielt eine kurze Ansprache und schloss mit den Worten: »Das Alte und Morsche, die Monarchie ist zusammengebrochen. Es lebe das Neue! Es lebe die Deutsche Republik!« Liebknecht rief gleichwohl zwei Stunden später vom Balkon des Schlosses die »freie sozialistische Republik« aus, weshalb über dreißig Jahre später die DDR-Regierung bei der Sprengung des Schlosses desjenige Portal verschonte, das den Balkon trägt. Diese Vorkommnisse in den letzten Tagen von Kaisertum und Krieg spiegeln das Dilemma dieser Revolution wider, dessen Auswirkungen über Jahrzehnte nachwirkten. Wie viele andere verwies Scheidemann später in seinen Memoiren auf eine Gefahr, die in Wahrheit zu diesem Zeitpunkt gar nicht bestand, weil im November 1918 mehrheitlich gar keine Radikalisierung erfolgt war: »Die bolschewistische Welle, die an diesem Tage unser Vaterland bedrohte, war gebrochen! Die Deutsche Republik war in den Köpfen und Herzen der Massen lebendig geworden.«

Der Umsturz war also vollzogen, und die Sozialdemokraten bemühten sich zunächst erfolgreich, den revolutionären Drang in die geregelten Bahnen des Parlamentarismus zu lenken. Dazu gehörten ein möglichst früher Termin zur Wahl einer verfassunggebenden Versammlung und damit ein baldiges Ende der revolutionären Verhältnisse, denn die SPD wollte eine behutsame Staatsreform statt einer entfesselten Revolution. Noch am 9. November hatte sich als vorläufige Reichsregierung der Rat der Volksbeauftragten gebildet, der sich zusammen mit den Arbeiter- und Soldatenräten aus ganz Deutschland bei einem Reichskongress noch vor Weihnachten für baldige allgemeine Wahlen aussprach. Eine breite Mehrheit wollte keinen radikalen Bruch und völligen Neubeginn, wie ihn die extreme Linke forderte, sondern Kontinuität: also Kooperation mit den Unternehmern, die nicht enteignet, mit den Bürokraten, die nicht ausgewechselt, und mit den Militärs, die nicht entmachtet werden sollten. Immerhin galt es, acht Millionen Soldaten ohne Turbulenzen zu demobilisieren und zu integrieren sowie die prekäre Versorgungslage zu verbessern. Die Zusammenarbeit mit den alten Eliten barg also Vor-, aber auch Nachteile. Nach heutiger Einschätzung ging sie über das Notwendige weit hinaus und verhinderte dadurch einen Demokratisierungs- und Modernisierungsschub, der der jungen Demokratie zugute gekommen wäre. Außerdem führte die personelle Kontinuität in Militär, Wirtschaft und Verwaltung dazu, dass es der Weimarer Republik gerade dort künftig am nötigen Rückhalt fehlen würde.

Wurde also die Revolution von 1918/19 auf halbem Wege abgewürgt durch diese antirevolutionäre Kontinuitätspolitik, die die SPD als führende Kraft alsbald verfolgte? Eine eindeutige Mehrheit im Volk für einen radikaleren Umsturz der politischen Verhältnisse im Sinne der späteren Spartakisten gab es nicht. Die SPD konnte also mit einigem Recht behaupten, dem Mehrheitswillen nachzukommen – und gleichzeitig die eigene Macht dauerhaft sichern. Friedrich Ebert verstand sich als Konkursverwalter der Monarchie und wollte schon deshalb so rasch wie möglich klare Verhältnisse für einen Neubeginn – mithilfe von klaren Wahlergebnissen. Der sehnlichste Wunsch der Deutschen, nämlich die Beendigung des Krieges lieber heute als morgen, war zudem am einfachsten zu bewerkstelligen, wenn in Deutschland kein innenpolitisches Chaos ausbrach. Eine Revolution nach russischem Vorbild hätte das Eingreifen der Alliierten provoziert und einen Friedensschluss erschwert; ein Umsturz der Wirtschafts- und Eigentumsverhältnisse hätte die Hungerkrise noch verschärft. Aber auch hier gilt: Der Spielraum der SPD, was mögliche Reaktionen der Siegermächte betraf, war gar nicht so gering – jedenfalls so lange nicht, wie Deutschland nicht mit

Sowjetrussland paktierte oder einen Umsturz nach russischem Vorbild zuließ. Eine Fortsetzung der Rätearbeit auch nach den Wahlen zur Nationalversammlung sowie mutigere Einschnitte in die politischen, wirtschaftlichen und gesellschaftlichen Verhältnisse wären durchaus durchführbar und für die Entwicklung einer demokratischen Kultur förderlich gewesen.

Aber die SPD blieb zaghaft und halbherzig. Ob die Furcht vor einem Bürgerkrieg begründet war oder nicht – er schien nach vier Kriegsjahren die schlimmste Perspektive. Die radikale Linke wollte hingegen die Revolution fortsetzen, um ein Rätesystem nach sowjetischem Vorbild auch in Deutschland zu etablieren. Sie versuchte, den Wahltermin hinauszuzögern, weil sie durch eine längere revolutionäre Phase Tatsachen schaffen und in ein neues Regierungssystem hinüberzuretten beabsichtigte, und verließ schon bald im Streit mit der SPD den Rat der Volksbeauftragten und verlagerte ihre Arbeit auf die Straße. Die Auseinandersetzungen gingen im Januar 1919 in einen offenen Kampf über: Rechte Freikorps und linke Spartakisten lieferten sich erbitterte, blutige Schlachten unter anderem um das Berliner Zeitungsviertel, also um die Macht über die Medien. Die SPD setzte Armeeeinheiten ein, um die Kämpfe zu beenden und den Widerstand der Spartakisten zu brechen, die ihrerseits den Sturz der Übergangsregierung auf ihre roten Fahnen geschrieben hatten. Für die baldige Normalisierung der politischen Verhältnisse paktierte die SPD mit den alten Kräften des Militärs: Zum traurigen Höhepunkt dieses »Bruderkampfes« geriet der Mord an den KPD-Größen Liebknecht und Luxemburg durch Freikorpsoffiziere Mitte Januar.

Wenige Tage später fanden die Wahlen statt, bei denen erstmals in Deutschland auch Frauen ihre Stimme abgeben durften. Das Wahlergebnis gab dem Kurs der SPD zunächst recht, denn sie errang eine klare Mehrheit. Ebert wurde zum Reichspräsidenten, sein Parteifreund Scheidemann zum Kanzler gewählt. Die Kämpfe gingen jedoch weiter, ob in Berlin, im Ruhrgebiet, wo es um die Besitzverhältnisse im Bergbau ging, oder in München, wo die Räterepublik ausgerufen wurde. Während die Münchner Räterepublik aber keine tragfähige Basis besaß, entwickelten sich die Arbeiterproteste im Ruhrgebiet zu einer Massenbewegung. Daher machte die Regierung hier und da Zugeständnisse, wich aber nicht grundsätzlich von ihrer Politiklinie ab, sondern ließ den neuen Reichswehrminister Noske vielmehr mit harter Hand gegen alle Aufständischen und Putschisten einschreiten. Dieses Vorgehen bedeutete eine schwere Hypothek für die neue Republik, aber auch für die Sozialdemokraten als Partei.

Die Weimarer Republik wurde nach der Stadt benannt, in der die Nationalversammlung im Februar 1919 ihre Arbeit aufnahm, sie verdankt ihren Namen also eigentlich einer Flucht – der Flucht vor den noch immer anhaltenden Kämpfen in Berlin ins beschauliche Weimar, wo die Lage ruhig war. Andererseits stand es einem neuen Deutschland nicht gerade schlecht an, in der hochkultivierten Stadt der deutschen Klassik seine demokratischen politischen Grundlagen zu erhalten. Die Weimarer Verfassung, die bereits am 11. August 1919 in Kraft trat, schuf eine demokratische Staatsform, in der das Parlament die zentrale politische Macht bildete. Die Regierungsgewalt ging nicht mehr vom Kaiser aus, dem der Reichskanzler allein verantwortlich gewesen war. Allerdings erhielt das Parlament im Reichspräsidenten einen mächtigen Gegenpart, der weitgehende Befugnisse besaß und seinerseits nicht kontrolliert wurde – er bestimmte die Regierung, konnte das Parlament auflösen und in Ausnahmesituationen Notgesetze erlassen; ihm kam außerdem die militärische Obergewalt zu. Das hat dem direkt gewählten Reichsprä sidenten der Weimarer Republik das nicht ganz unberechtigte Etikett »Ersatzkaiser« eingebracht. Gleichzeitig war die Weimarer Verfassung hochdemokratisch – der Tribut an die Rätebewegung waren ausgeprägte plebiszitäre Elemente von Volksentscheid und Volksbegehren. Das größte Problem war aber nicht die Verfassung selbst, sondern der mangelnde Rückhalt der Demokratie – bei den altneuen Eliten ebenso wie beim Wahlvolk selbst. Zusammen mit den schwierigen äußeren Bedingungen, unter denen die erste parlamentarische Demokratie auf deutschem Boden startete, bedeutete dies von Anfang an eine große Belastung und begünstigte ihr vorzeitiges Ende knapp vierzehn Jahre später.

EIN VERGIFTETER FRIEDEN
1919 – DER VERSAILLER VERTRAG

Nicht einmal ein halbes Jahrhundert, nachdem im Spiegelsaal von Versailles – für Deutschland triumphal, für Frankreich demütigend – das Deutsche Reich ausgerufen worden war, kehrten sich am selben Ort die Verhältnisse um. Nach dem Ende des Ersten Weltkriegs wurde am 28. Juni 1919, auf den Tag genau fünf Jahre nach dem Attentat auf den österreichischen Thronfolger in Sarajevo, in Versailles der Friedensvertrag zwischen Deutschland und den Entente-Mächten Frankreich, Russland und Großbritannien unterzeichnet. Die Bevollmächtigten der Siegermächte saßen an einem Tisch in Hufeisenform, als die deutsche Delegation – der Außen- und der Kolonialminister – hereingebracht wurde. Man führte sie an einen Tisch, an dem sie unterschreiben mussten, was ohne ihre Beteiligung ausgehandelt worden war – im Blick fünf mit Bedacht platzierte französische Soldaten, die den Krieg nur mit schwersten Entstellungen überlebt hatten.

Die überaus harten Bedingungen des Vertrages waren Mitte April übergeben worden, und nur noch in kleinen Details wurden Änderungswünsche berücksichtigt. Wegen der heiklen Frage, ob Deutschland überhaupt unterschreiben sollte, war in Berlin bereits eine Regierung zurückgetreten. Dabei gab es für die Deutschen gar keine wirkliche Wahlfreiheit, weil die Alternative nur noch schlimmer gewesen wäre: Besetzung ganz Deutschlands und anschließend doch noch unterschreiben. Also unterzeichnete, unter Protest, die neue SPD-Regierung – und nicht etwa die primär Verantwortlichen für das Desaster, die ihre Führungspositionen hatten räumen müssen. Dieser berüchtigte und höchst unheilvolle Versailler Vertrag ist einer der sogenannten Pariser Vorortverträge, mit denen der Erste Weltkrieg völkerrechtlich seinen Abschluss fand.

Der Waffenstillstand vom 11. November 1918 wäre einer bedingungslosen Kapitulation gleichgekommen, hätte die deutsche Regierung nicht davon ausgehen dürfen, dass die Friedensverhandlungen auf Grundlage der berühmten »Vierzehn Punkte« des US-Präsidenten Wilson stattfinden würden. Als jedoch im folgenden Januar die Pariser Friedenskonferenz der 27 Siegerstaaten zusammentrat, an deren Verhandlungen weder die neue bolschewistische Regierung Russlands noch die Verlierer des Krieges teilnehmen durften, wurden Wilsons liberale Vorstellungen von einem partnerschaftlichen, transparenten Abkommen, das dem Völkerrecht entsprechen, Nationalitätengrenzen berücksichtigen und einen dauerhaften Frieden sichern sollte, nur teilweise umgesetzt.

Federführend beim Entwurf der Friedensordnung für Europa war der sogenannte »Rat der Vier«, der aus den Staats- und Regierungschefs von Großbritannien, Frankreich, Italien und den USA bestand – wie beim Wiener Kongress sollten die Großen das meiste im kleinen Kreis regeln. Das taten sie dann auch – beispielsweise bei den vielen neu zu ziehenden Grenzen, die sich keineswegs immer an den Völkern, sondern auch an strategischen und wirtschaftlichen Interessen orientierten. Bezüglich Deutschland waren die Positionen der Großen höchst unterschiedlich: Während England verhindern wollte, dass Deutschland allzu rasch wieder eine wirtschaftliche Konkurrenz des Empire würde, gleichzeitig aber im Sinne des früheren Gleichgewichts gegen eine übergroße Schwächung Deutschlands zugunsten Frankreichs oder des bolschewistischen Russlands war, ging es Frankreich im eigenen Sicherheitsinteresse darum sicherzustellen, dass Deutschland seinem westlichen Nachbarn nicht noch einmal gefährlich werden konnte. In Frankreich war gar eine Aufsplitterung Deutschlands diskutiert worden. Der französische Premierminister Clemençeau verlangte die Rheingrenze für sein Land, außerdem Sicherheitsgarantien der USA und Großbritanniens für den Fall eines künftigen deutschen Angriffs, wollte Deutschland die alleinige Kriegsschuld aufbürden und forderte massive Reparationen. Dem US-Präsidenten Wilson ging es eher darum, mithilfe eines Völkerbundes – die Vorläuferorganisation der Vereinten Nationen – eine tragfähige Friedensordnung aufzubauen, bei der künftig die Suche nach Konfliktlösungen in einem institutionellen, rechtlich abgesicherten Rahmen im Sinne der Völkerverständigung stattfand. Dieser Völkerbund wurde mit den Pariser Vorortverträgen geschaffen, Deutschland wurde jedoch erst 1926 aufgenommen.

Das Ergebnis der Friedenskonferenz war also ein Kompromiss. Frankreich konnte sich in wirtschaftlichen Fragen weitgehend durchsetzen, nicht aber in seinen territorialen Forderungen. Andererseits konnten die gemäßigten Angelsachsen ihre Position ebenfalls nicht voll einbringen, mochten sie auch zu Recht die Auswirkungen des Friedens befürchten, weil der Welt insgesamt bei vergifteter Atmosphäre und wirtschaftlicher Schwäche in Europa Schaden drohte. Was bedeutete es, wenn mit Deutschland dem für Europa wichtigsten Zulieferer und Abnehmer von Waren verwehrt wurde, wirtschaftlich wieder auf die Beine zu kommen? Vielen Beobachtern war längst klar, dass sich eine solche Friedensordnung eines Tages bitter rächen würde. Das Verhandlungsergebnis der Pariser Vorortverträge blieb außerdem insgesamt unvollständig, weil der US-Senat dem Vertragswerk seine Zustimmung versagte, die USA sich fürs Erste aus Europa zurückzogen und nicht einmal dem Völkerbund beitraten, den sie doch selbst gefordert hatten. Frankreich erhielt daher nicht die erhofften Schutzgarantien und reagierte daraufhin in den kommenden Jahre umso unerbittlicher mit einem rein machtpolitisch orientierten Kurs gegenüber Deutschland.

Die Regelungen des Versailler Vertrages in ihren 440 Einzelartikeln waren für Deutschland erdrückend. Frankreich erhielt Elsass-Lothringen zurück, das es seinerseits 1871 hatte abgeben müssen, Eupen-Malmedy im belgisch-deutschen Grenzgebiet wurde Belgien angegliedert, die linksrheinischen Gebiete wurden unter alliierte Besatzung gestellt. Danzig wurde zur »Freien Stadt« unter Verwaltung des Völkerbundes, der die ehemals deutschen Kolonien ebenso übernahm wie das heutige Saarland, über dessen staatlichen Verbleib nach fünfzehn Jahren ein Volksentscheid Klarheit schaffen sollte. Dänemark bekam den überwiegenden Teil von Nordschleswig; die preußischen Provinzen Posen und Westpreußen fielen an Polen, das endlich wieder unabhängig wurde. Dadurch war Ostpreußen vom Rest Deutschlands abgeschnitten, außerdem verlor es das Memelgebiet. In Schlesien wurde das Hultschiner Ländchen der neu gegründeten Tschechoslowakei zugesprochen. Außerdem sollten in Oberschlesien, Masuren und Nordschleswig Volksabstimmungen durchgeführt werden – und dem aus den deutschsprachigen Resten des Habsburgerreiches gebildeten Staat Österreich wurde verboten, sich mit Deutschland zu vereinigen.

Insgesamt verlor das Deutsche Reich mehr als sieben Millionen, also 10 Prozent seiner Einwohner; die territorialen Verluste beliefen sich auf 13 Prozent. Aber auch die volkswirtschaftlichen Regelungen waren einschneidend: Nicht nur waren die verlorenen Gebiete wirtschaftliche und landwirtschaftliche

Zentren, auch die großen deutschen Flüsse kamen unter internationale Aufsicht. Deutschland verlor einen Großteil seiner Loks und Eisenbahnwaggons, musste einen erheblichen Teil seiner Kohleförderung abführen, ebenso seine Handelsflotte und jede zweite Milchkuh.

Militärisch sollte Deutschland so geschwächt werden, dass nur noch Grenzsicherung möglich war sowie ein Vorgehen gegen Aufständische, falls es zu einer Revolution kommen sollte. Also wurde die Wehrpflicht abgeschafft, das stehende Heer auf 100 000 Mann begrenzt, schwere und Angriffswaffen sowie die Luftwaffe verboten, die Marine verkleinert. Hinzu kam entlang des Rheins eine breite entmilitarisierte Zone.

Des Weiteren wurden Deutschland aufgrund der postulierten Alleinschuld am Krieg, die im Vertrag ausdrücklich festgeschrieben wurde, massive Reparationszahlungen auferlegt. Die Entnahmen bei den Wirtschaftsleistungen allein waren aber schon so umfassend, dass das Geld für die weiteren Reparationsleistungen vorerst schwerlich erwirtschaftet werden konnte. Regelungen über die Verfolgung von Kriegsverbrechern, allen voran Kaiser Wilhelm II., dessen Exilland, die Niederlande, seine Auslieferung ohnehin verweigerte, wurden dagegen nicht umgesetzt. Verankert war im Vertrag außerdem, dass seine Bestimmungen überarbeitet werden konnten, was aber vorerst am Widerstand Frankreichs scheiterte.

In der Reparationsfrage blieben die Alliierten zunächst uneins, weshalb die Höhe der zu leistenden Zahlungen erst 1921 festgelegt wurde: 226 Milliarden Goldmark, zahlbar über einen Zeitraum von 42 Jahren. Als die deutsche Regierung diese Forderungen als unerfüllbar zurückwies, wurden Teile des Ruhrgebietes besetzt und der Berliner Regierung ultimativ ein Zahlungsplan über nunmehr 132 Milliarden Goldmark unterbreitet.

Da andernfalls das gesamte Ruhrgebiet besetzt worden wäre, fügte sich die Reichsregierung und leitete die sogenannte Erfüllungspolitik ein, um den guten Willen Deutschlands zu beweisen und das Verhältnis zu den Alliierten zu entspannen. Der Politik blieb nur dieser eine Weg, und ihre Hoffnung bestand darin, die Westmächte würden zu der Erkenntnis gelangen, dass die Last zu groß war und unweigerlich zum wirtschaftlichen Zusammenbruch Deutschlands führen musste – mit dem Ergebnis völliger Instabilität und Zahlungsunfähigkeit.

Insbesondere Frankreich aber blieb auch weiterhin bei seiner harten Haltung, bis die Inflation in Deutschland 1923 ihren Höhepunkt erreichte und französische und belgische Truppen aufgrund von Rückständen bei den Reparationsleistungen das Ruhrgebiet besetzten. Internationale Kritik und das Eingreifen der USA ermöglichten schließlich, dass nach der erfolgreichen Währungsreform die Höhe der Reparationen neu verhandelt wurde. Im Dawes-Plan von 1924 wurden Raten vereinbart, die wirtschaftlich gerade noch tragbar waren, fünf Jahre später wurde im Young-Plan eine endgültige Summe von 122 Milliarden Reichsmark bestimmt, die über 59 Jahre geleistet werden sollten. Die Weltwirtschaftskrise ließ aber auch diese Planung umgehend zu Makulatur werden, sodass angesichts der verheerenden wirtschaftlichen Lage in Deutschland die Alliierten 1932 auf weitere Reparationen verzichteten. Nach dreizehn Jahren nationalistischer Agitation und innenpolitischer Hetze in Sachen Versailles war das politische Klima jedoch längst nachhaltig vergiftet und radikalisiert.

Bei aller Schuld und Verantwortung, die Deutschland mit dem Ersten Weltkrieg auf sich geladen hatte, bedeutete der Versailler Vertrag eine Hypothek für die junge Republik, wie sie schwerer kaum hätte ausfallen können. Die emotionale Gemengelage der deutschen Öffentlichkeit nährte sich aus ausnahmslos negativen Zutaten: ein verlorener Krieg, wo doch fast bis zuletzt die Regierungspropaganda höchst wirkungsvoll vorgegeben hatte, der Sieg sei gewiss – mithin ein ebenso unerwarteter wie traumatischer Schock; uneingeschränkte Kriegsschuld, was dieselbe Propaganda über Jahre völlig anders vermittelt hatte; ein wirtschaftlich daniederliegendes Land, das nach entbehrungsreichen Jahren auch im Frieden kaum wieder auf die Beine fand; eine zerbrochene Ordnung, die eine neue Staatsform hinterlassen hatte, mit der sich viele nicht anfreunden wollten; soziale Verelendung breiter Schichten, die zuvor ein gutes Auskommen gehabt hatten; zerstobene Großmachtträume, die urplötzlich in die Realität von Kriegsschuld, Diktatfrieden, wirtschaftlicher Schwäche und feindseligen Nachbarn übergingen; dazu die Erinnerung an das noch gar nicht so ferne, aber unwiderruflich verlorene Kaisertum, an das man sich eher als starke, selbstbewusste Epoche erinnerte als an die Katastrophe, in die der Kaiser und seine Regierung das Land gesteuert hatten; und schließlich ein Friedensvertrag, den man nicht einmal hatte mitverhandeln dürfen und der in seiner Demütigung und Tragweite zum Inbegriff der Misere Deutschlands am Beginn seiner ersten demokratischen Zeit wurde. Natürlich fiel es in dieser Situation leichter, diese Misere allein den Friedensbedingungen anzulasten und damit zu übergehen, welche Mitschuld auf Deutschland lastete.

Diese Hypothek wirkte lange nach. Sie war sowohl das reine Gift für eine junge Demokratie, die Zeit zum Reifen braucht, als auch einer der fruchtbarsten Nährböden für den Aufstieg des Nationalsozialismus in Deutschland. Zwar sahen sich alle politischen Kräfte der Weimarer Republik als erbitterte Gegner des Systems von Versailles und strengten seine Revision an – der Regierung jedoch kam es zu, mit den Realitäten zu arbeiten, während weiter rechts die Feinde der Demokratie unverhohlen und weitgehend folgenlos gegen den »Schmachfrieden« hetzen und politisch davon immens profitieren konnten. Da die wirtschaftliche Lage schwierig blieb, blieb auch der Versailler Vertrag Dauerthema, weil Ersteres durch Letzteres bedingt schien. Die Zahlungserleichterungen und schließlich der Verzicht auf weitere Reparationen kamen innenpolitisch zu spät, denn von ihnen profitierte erst die Reichsregierung unter Adolf Hitler.

VON DER MISERE IN DIE KATASTROPHE
1933 – ADOLF HITLER WIRD REICHSKANZLER

»Berlin ist heute Nacht in einer reinen Faschingsstimmung. SA und SS-Trupps sowie uniformierter Stahlhelm durchzieht die Strassen, auf den Bürgersteigen stauen sich die Zuschauer.« Dies schrieb der Chronist Harry Graf Kessler spät am 30. Januar 1933 in sein Tagebuch – und meinte den Begriff Fasching angesichts der Uniformaufläufe und Naziparaden in ganz Deutschland wohl eher abfällig.

Am Vormittag nämlich war Adolf Hitler mit seinem Kabinett vom Reichspräsidenten Hindenburg vereidigt worden und sah seinen jahrelangen Drang zur Macht endlich von Erfolg gekrönt. Die Ernennung selbst verlief ausgesprochen geschäftsmäßig, Höhepunkt des Tages jedoch war der abendliche Berliner Fackelzug von SA, »Stahlhelm« und dem »Bund der Frontsoldaten« durch das Brandenburger Tor ins damalige Regierungsviertel der benachbarten Wilhelmstraße. Dort nahm Hitler vom Fenster der alten Reichskanzlei aus die Huldigungen seiner jubelnden Anhänger entgegen. Der Rundfunk übertrug das Spektakel, womit die Parteipropaganda des Joseph Goebbels lückenlos in die Regierungspropaganda der Nazis überging. Goebbels jubelte in die Mikrofone: »Das ist wirklich die Erfüllung unseres geheimsten Wunsches, das ist die Krönung unserer Arbeit. Man kann mit Fug und Recht sagen: Deutschland ist im Erwachen!« Seinem Tagebuch vertraute der spätere Propagandaminister tags darauf an, er fühle sich »wie im Märchen«.

173

Ein Sturm der Entrüstung erhob sich nicht, als Hitler in die Reichskanzlei einzog. Verbreitet gab es stille Wut und Verzweiflung, aber auch ein massenhaftes Überlaufen der Intelligenz zur neuen »Bewegung«. Wer zweifelte, gab sich vielleicht der damals noch nicht völlig unberechtigten Hoffnung hin, der »Spuk« werde ein schnelles Ende finden. Andere verließen das Land; nur wenige beschlossen, das neue Regime erbittert zu bekämpfen.

Nach stürmischen und krisenhaften Anfangszeiten mit der Inflation von 1923 als Tiefpunkt hatte sich die Weimarer Republik infolge der Währungsreform und eines wirtschaftlichen Aufschwungs sowie mithilfe der Erleichterungen bei den Reparationen seit dem Dawes-Plan zunächst einigermaßen konsolidiert. Die Jahre zwischen 1924 und 1929 sind es denn auch, die das Image des Jahrzehnts als »Goldene Zwanziger« geprägt haben. Fünf Jahre ohne politische Dauerkrisen reichten jedoch nicht, um den jungen Staat wirtschaftlich und politisch nachhaltig zu stärken, und als am 25. Oktober 1929 mit dem »Schwarzen Freitag« die Weltwirtschaftskrise hereinbrach, traf sie Deutschland besonders hart, zumal die wirtschaftliche Erholung zum großen Teil auf amerikanischen Krediten beruhte. Die Folge war der Zusammenbruch der deutschen Wirtschaft und ein rasanter Anstieg der Arbeitslosigkeit: von gut einer Million 1929 auf dramatische sechs Millionen im Januar 1933.

Besonders stark betroffen waren die »kleinen Leute«, von den Bauern über den unteren Mittelstand bis zu den niederen Beamten. Das ohnehin begrenzte Vertrauen in die Politik von Weimar schwand weiter dahin. In dem aggressiven und zunehmend nationalistischen politischen Klima des Landes war eine weitere Radikalisierung die Folge, von der Kommunisten und Nationalsozialisten profitierten, denn die politischen Extreme von Rechts und Links erhielten immer mehr Zulauf. Gleichzeitig regierten ab 1930 Minderheitskabinette überwiegend gegen das Parlament – mit Zustimmung des Reichspräsidenten, der die jeweiligen Regierungen mit Notverordnungen unterstützte. Das parlamentarische System scheiterte also schon Jahre vor Hitlers »Machtergreifung«, zumal die Parteien ihrer parlamentarischen Verantwortung nicht mehr gerecht wurden.

Auch das gemäßigte, weil vom Parlament tolerierte Präsidialkabinett des Kanzlers Brüning, das sich auf die weitreichenden Befugnisse des Reichspräsidenten stützte, musste 1932 aufgeben. Brüning hatte seine Politik darauf ausgerichtet, durch einen zahlungsunfähigen Staat die Alliierten zur Einstellung der Reparationsforderungen zu zwingen – allerdings um den Preis, dass die Lage vieler Menschen sich zunächst weiter verschlechterte, weil die positiven Auswirkungen der Rosskur auf sich warten ließen. Auf ihn folgten die kurzlebigen Regierungen der Kanzler von Papen und von Schleicher, die mit Billigung Hindenburgs autoritär regierten. Den Kanzlern dieses autoritären Präsidialsystems gelang es allerdings nicht, in der gebotenen Schnelligkeit der sich ausweitenden Wirtschafts- und Staatskrise entgegenzuwirken.

Die NSDAP Adolf Hitlers, noch wenige Jahre zuvor eine von vielen Splitterparteien, war inzwischen als autoritäre Führerpartei ganz auf ihren Vorsitzenden zugeschnitten und in ihrer Organisation und Schlagkraft bei wachsender, zumeist treu ergebener Gefolgschaft bestens vorbereitet, sich in der Dauerstaatskrise zu profilieren. Nach innen funktionierte der spätere Führerkult des nationalsozialistischen Deutschland bereits bestens. Daneben stand der Partei mit der SA eine schlagkräftige Truppe von mehreren Hunderttausend Mann fürs Grobe zur Verfügung, die landesweit politische Gegner drangsalierte und einschüchterte, deren Versammlungen störte oder sich Straßenkämpfe mit den

Kommunisten lieferte, die hinterher sogleich propagandistisch ausgeschlachtet wurden.

Mit den Wahlen vom September 1930, bei denen nur die extremen Lager zulegten, stieg die NSDAP zur einflussreichen Massenorganisation auf, weil sie die Krise der Republik geschickt auszunutzen wusste. Hitlers Partei erhielt regen Zulauf, nicht zuletzt von jungen Leuten und bisher politisch Abstinenten. Von Anfang an war die politische Kultur der Weimarer Republik durch radikale und aggressive Töne geprägt, an die man sich längst ebenso gewöhnt hatte wie an die steigende Gewaltbereitschaft bei den politischen Extremen. Das führte – im Verbund mit dem Gefühl tiefer Demütigung durch den verlorenen Krieg und die Bedingungen des Versailler Vertrages – dazu, dass immer mehr Menschen nur noch eine autoritäre, revanchistische und nationalistische, demokratiefeindliche und rassistische Partei wie die NSDAP als geeignet ansahen, die Misere des Landes innen- wie außenpolitisch wirksam anzugehen. Die Konsequenz der Abkehr von der Demokratie waren Wahlergebnisse, die denjenigen Parteien eine absolute Parlamentsmehrheit verschafften, die den Parlamentarismus erklärtermaßen abschaffen wollten: KPD und NSDAP. Vor allem der charismatische, begnadete Redner Hitler präsentierte sich als Lichtgestalt, als Führungspersönlichkeit, nach der lauter und lauter gerufen wurde.

Die bürgerlichen Rechtsparteien unterschätzten auf fatal überhebliche Weise Hitler, der es verstand, die labile politische Situation, die radikalisierte öffentliche Meinung, den greisen Reichspräsidenten Hindenburg und die deutsche Rechte zu instrumentalisieren. Auf der Straße und in den Versammlungssälen ließ die NSDAP ihre Anhänger die blutige Konfrontation mit den Kommunisten suchen, beschwor die »jüdisch-bolschewistische Gefahr« und den »Schandvertrag« von Versailles und sorgte so dafür, dass im Volk die Sehnsucht nach einer starken Führung wuchs, wie sie Hitler versprach; gleichzeitig kämpfte sie bei den Wirtschaftsführern mit einer »Charmeoffensive« um deren Unterstützung. Trotzdem mussten die Nazis Niederlagen hinnehmen, die den Griff nach der Macht erschwerten – zum einen Stimmenverluste bei den Reichstagswahlen vom November 1932, zum anderen die beharrliche Weigerung des Reichspräsidenten Hindenburg, Hitler zum Reichskanzler zu machen.

Die Taktik der Rechten bestand darin, Hitler und seine Massenbasis für ihre Zwecke zu nutzen, ohne die NSDAP wirklich an die Macht gelangen zu lassen. Doch der Versuch der Regierung von Schleicher, die NSDAP zu spalten und dadurch ihren Einfluss zu brechen, scheiterte. Auch ließ sich Hitler nicht als Juniorpartner in einer Rechtsregierung gewinnen. Schließlich kam ihm eine Intrige des ehemaligen Kanzlers Franz von Papen gegen seinen Nachfolger Kurt von Schleicher zupass: Um mithilfe der NSDAP wieder an die Macht zu gelangen, wollte von Papen vorübergehend einen Reichskanzler Hitler und zwei NSDAP-Minister, vermeintlich gezähmt von acht deutschnationalen oder parteilosen konservativen Ministern, in Kauf nehmen. So kam es, dass Reichspräsident Hindenburg, durch von Papen und seinen Beraterkreis dazu bewegt, den »böhmischen Gefreiten«, wie er ihn bislang abfällig tituliert hatte, am 30. Januar doch zum Reichskanzler ernannte.

Hitlers Aufstieg zum Reichskanzler erfolgte nicht völlig ohne Alternativen. Die linken Parteien schieden hierfür aber aus, da sie in ihrem Bruderkampf verstrickt waren. Die KPD sah wie Stalin in den Sozialdemokraten den größeren Gegner; die SPD war einerseits von den rechten Reichstagsparteien und Hindenburg ausgebootet worden, andererseits nicht willens oder in der Lage, weiter nach links zu rücken. Auf der Seite der bürgerlich-konservativen Rechten sah man angesichts der desolaten Lage des Parlamentarismus – an dem alle Parteien schuldhaften Anteil hatten – zu einem autoritären Regierungsstil bis hin zu einem rechtsgerichteten Verfassungsputsch keine Alternative. Und schließlich hatte die seit fünfzehn Jahren vehement beschworene »bolschewistische Gefahr« dazu geführt, dass die NSDAP weithin als das kleinere Übel galt.

Die Entscheidungsträger der Weimarer Endzeit sahen Hitler als akzeptable Lösung des Moments an – immerhin war er der Chef der stärksten Partei, wenn auch ohne tragfähige parlamentarische Mehrheit. Sie trauten ihm allerdings nicht zu, dass er die Krise zur Zerschlagung von Demokratie und Parlamentarismus und zum Aufbau einer Einparteien-Diktatur nutzen würde.

Auf die sogenannte Machtergreifung, die als legaler Vorgang gar kein Griff nach der Macht war, folgte die sogenannte nationale Erhebung, in der das ganze Land gleichgeschaltet und die nationalsozialistische Diktatur errichtet wurde. Zunächst war Hitler als Reichskanzler mit seinen beiden NSDAP-Ministern Frick und Göring im sogenannten Kabinett der nationalen Konzentration noch in der Minderheit. Außerdem fehlte ihm der Zugriff auf die Länder, allen voran Preußen als weitaus größtes. Aber es dauerte nicht einmal einen Monat, bis ihm der Brand des Reichstages derart zu Hilfe kam, dass sogleich die Kunde umging, die Nazis hätten das Feuer in Berlin selbst gelegt oder zumindest legen lassen. Der Brand bot nicht nur die willkommene Gelegenheit zur verschärften Verfolgung der Kommunisten, der zahlenstärksten, entschlossensten und gefährlichsten Gegner des neuen Regimes und umgehend bezichtigten Brandstifter. Stunden nach dem Brand erging außerdem eine präsidiale Notverordnung »zum Schutz von Volk und Staat«, die faktisch den Ausnahmezustand über das Land verhängte und die Grundrechte außer Kraft setzte.

In diesem entscheidenden Moment versagten die rechten Regierungspartner Hitlers, die ihn ja eigentlich hatten bändigen wollen, vollends und ermöglichten den Nationalsozialisten, ihre Diktatur zu errichten. Aus taktischen Gründen geschah dies allerdings weiterhin unter dem Schein der Legalität, weshalb weder die KPD sogleich verboten noch die für den 5. März angesetzten Reichstagswahlen abgesagt wurden. Bei diesen wie bei den preußischen Landtagswahlen verfehlte die NSDAP allerdings trotz beispiellosen Einsatzes der Propaganda das Ziel der absoluten Mehrheit und war abermals auf Koalitionspartner angewiesen.

Also beschloss Hitler nun die völlige Ausschaltung des Parlaments, wofür er aber eben dieses noch einmal brauchte: Er legte den Abgeordneten das sogenannte Ermächtigungsgesetz vor, »zur Behebung der Not von Volk und Staat«. Während die zwar gewählten, aber bereits verfolgten KPD-Abgeordneten ihre Plätze im Reichstag gar nicht mehr einnehmen konnten und wenigstens die SPD geschlossen gegen das Gesetz stimmte, verhalfen die übrigen Abgeordneten der NSDAP zur notwendigen Zweidrittelmehrheit. Sie waren der Hoffnung verfallen, der Reichspräsident, dessen Rechte unangetastet blieben, werde als höchste Verfassungsinstanz die Sache schon nicht aus dem Ruder laufen lassen: Das war ein wenig zu viel erwartet von dem inzwischen höchst hinfälligen und von zweifelhaften Ratgebern umgebenen 85-jährigen Generalfeldmarschall Hindenburg.

Hitler machte sich die gewohnte Praxis der Notverordnungspolitik für seine »Gleichschaltung« zunutze, der die gesamte Landschaft einer lebendigen Demokratie zum Opfer fiel: Presse, Vereine und Verbände, Parteienwesen und Gewerkschaften wurden gleich- oder ausgeschaltet, politische Gegner rücksichtslos verfolgt und in Gefängnisse, Folterkeller und Konzentrationslager verbracht, das lebendige Kulturleben und eine kritische Öffentlichkeit abgeschafft. Die Gleichschaltung kam einer umfassenden und höchst wirkungsvollen Säuberungsaktion gleich, die treue Nazis in die wichtigen Positionen brachte. Die Propagandamaschinerie der Nazis lieferte die schrille Begleitmusik dazu und unterstrich gleichzeitig den totalen Anspruch der nationalsozialistischen Herrschaft, beispielsweise im Kulturwesen mit der Bücherverbrennung im Mai 1933, bei der in ganz Deutschland die Werke »undeutschen Geistes« in die Flammen geworfen wurden.

Der Straßenkampf und die Gewaltagitation von SA und SS gingen zunächst in eine unkontrollierte Terrorwelle über, die die Parteiführung 1934 in »geordneten« Staatsterror und eine Willkürherrschaft der Diktatur überführte, die die Regelungen des Ermächtigungsgesetzes ausnutzte. Schon seit fast einem Jahr gab es keine der lebenswichtigen Institutionen einer Demokratie mehr, »Nichtarier« und unliebsame Beamte waren aus der Staatsverwaltung entfernt, Deutschland mittels der Entmachtung der Länder zentralisiert. Fest im Sattel saß die Diktatur, nachdem Hitler im Sommer 1934 auch das Amt des verstorbenen Reichspräsidenten Hindenburg übernommen hatte. Hitler selbst sah den Kampf des Nationalsozialismus um die Macht in Deutschland damit als abgeschlossen an: Als nunmehr »Führer und Reichskanzler« und militärischer Oberbefehlshaber, dem sich die Armee längst beflissen angedient hatte, hatte er innenpolitisch in kürzester Zeit eine riesige diktatorische Machtfülle angehäuft, die er voll auszuschöpfen gedachte.

Die Nationalsozialisten kamen also auf ganz legalem Weg an die Macht, und wer wollte, konnte auch wissen, wohin die NSDAP steuerte, denn die aggressive nationalistische und expansionistische Politik, die Konfrontation mit dem Ausland, die Zerschlagung der Demokratie zugunsten eines autoritären Führerstaates namens »Drittes Reich«, die vermeintliche Überlegenheit der »Herrenrasse« sowie Rassenhass und Antisemitismus waren seit Jahren programmatischer Bestandteil der Politik Hitlers. Zum Teil traf diese Politik auf die Zustimmung der Wähler, zum Teil unterschätzte man Hitlers Zielstrebigkeit. Manche hielten ihn für eine politische Eintagsfliege, andere begrüßten ihn als »Führer«, der mit starker Hand den schwachen Staat auf Vordermann zu bringen versprach. Mahnende Stimmen vom 30. Januar 1933, dass der neue Reichskanzler Deutschland geradewegs in die Katastrophe steuern werde, verhallten weitgehend ungehört. Sie sollten trotzdem recht behalten.

ENTRECHTUNG, VERFOLGUNG, VERNICHTUNG
1938 – DIE REICHSPOGROMNACHT

»Ich möchte kein Jude in Deutschland sein«, äußerte Reichsinnenminister und Reichstagspräsident, preußischer Ministerpräsident, Reichsluftfahrtminister und Generalfeldmarschall Hermann Göring mit eiskaltem Zynismus am 12. November 1938, wenige Tage nachdem die Novemberpogrome die deutschen Juden in Angst und Schrecken versetzt und viele das Leben gekostet hatten. Die gesteuerten Ausschreitungen des Herbstes 1938 waren nicht die ersten antisemitischen Maßnahmen seit 1933, aber sie nahmen besonders große Ausmaße an und stellen in der Geschichte der nationalsozialistischen Judenverfolgung einen Wendepunkt dar. Wie in früheren Fällen wurde bei einem geeigneten Anlass zunächst die Propagandamaschine in Gang gesetzt und dann die Dramaturgie des Pogroms abgespult.

Der Antisemitismus ist weder eine deutsche noch eine Erfindung der Nazis, sondern – als Antijudaismus – eine alte Erscheinung christlicher Gesellschaften, die im Laufe der Neuzeit säkularisiert und in ein pseudowissenschaftliches Gewand gekleidet wurde. Nach jahrhundertelanger Diskriminierung und Verfolgung unterschiedlichen Ausmaßes hatten die deutschen Juden ihre gesellschaftliche, politische und wirtschaftliche Stellung seit dem 19. Jahrhundert verbessern können und waren in der Weimarer Republik in hohem Maß assimiliert, was antisemitischen Vorurteilen aber keineswegs den Boden entzog. In vielen

Parteien der Weimarer Republik waren diese zwar vorhanden, zu einem maßgeblichen Teil ihres Programms aber machte sie die NSDAP. Als Befindlichkeit stießen Hitlers antijüdische Ressentiments auf Widerhall bei vielen Deutschen, während sie seiner Judenpolitik überwiegend eher indifferent, aber eben auch mit stillschweigender Duldung begegneten. Am weitesten verbreitet war ein wirtschaftlich motivierter Antisemitismus, der sich vor allem im Gefolge der Weltwirtschaftskrise und ihrer fatalen Auswirkungen vorzüglich schüren ließ.

Hitlers Judenpolitik war trotzdem keineswegs von Anfang an zielstrebig angelegt. Aus dem anfänglich demagogischen Instrument des Judenhasses, der das »Finanzjudentum« und den Bolschewismus einer Weltverschwörung bezichtigte, und dem persönlichen, wahnhaften Antisemitismus Adolf Hitlers, der bereits in seinem Hauptwerk *Mein Kampf* den Juden den Gastod an den Hals gewünscht hatte, wurde in mehreren Phasen eine perverse Strategie entwickelt, die schließlich im Mord an rund sechs Millionen Juden aus ganz Europa endete, ohne dass dies bei allem Rassismus und aller Menschenverachtung ein anfänglich konkret ins Auge gefasstes Ziel gewesen wäre.

Vier Phasen durchlief die NS-Politik gegen die jüdische Bevölkerung, und jede Phase wurde von vorgeblich spontaner Artikulierung der »gesunden Volksseele« eingeleitet und dadurch »legitimiert«.

Die erste Phase der nationalsozialistischen Judenpolitik war seit 1933 von Diffamierung, Boykottaufrufen und rechtlicher Diskriminierung gekennzeichnet. Schon wenige Monate nach der Machtübernahme rief die NSDAP für den 1. April 1933 zum Boykott jüdischer Geschäfte auf, der allerdings nur sehr verhalten befolgt wurde. Ein paar Tage später folgte das »Gesetz zur Wiederherstellung des Berufsbeamtentums«, mit dem alle jüdischen Beamten aus dem Staatsdienst entfernt wurden – nach dem Protest Hindenburgs waren lediglich Frontsoldaten des Ersten Weltkriegs beziehungsweise deren Angehörige davon ausgenommen. Gleichzeitig durften Juden keine Rechtsanwälte mehr werden, und bald darauf wurde das Berufsverbot auf weitere Akademikerberufe sowie auf Kultur und Presse ausgeweitet. Die Verdrängung aus der Gesellschaft hatte begonnen.

Im Frühjahr 1935 kam es abermals zu inszenierten Boykotten jüdischer Geschäfte, die den Anlass für verschärfte gesetzliche Maßnahmen boten. Nun begann die zweite Phase, die für die deutschen Juden vor allem ihre Entrechtung bedeutete. Durch die berüchtigten Nürnberger Gesetze vom Herbst 1935 wurden die deutschen Juden auch staatsrechtlich zu Bürgern zweiter Klasse, Ehen zwischen Juden und nichtjüdischen Deutschen wurden verboten. 1938, noch vor den Novemberpogromen, trat als weitere Maßnahme die sogenannte »Arisierung der Wirtschaft« hinzu, mit der die Juden vollends aus dem Wirtschaftsleben verdrängt werden sollten. Außerdem wurden die verbindlich zu führenden Zwangsvornamen Sara für Frauen und Israel für Männer in die Ausweispapiere eingetragen.

Im November 1938 diente als Vorwand für die dritte Phase der Judenverfolgung das Attentat eines polnischen Juden auf einen deutschen Diplomaten in der Pariser Botschaft. Es handelte sich um die Verzweiflungstat eines jungen Mannes, der von Ausweisung bedroht auf ein Visum für Palästina wartete und kurz zuvor von der Deportation seiner Eltern erfahren hatte. Er verschaffte sich Einlass in die deutsche Botschaft und schoss einen Legationsrat nieder, der zwei Tage darauf an den Folgen des Attentats starb.

Die Parteizeitung *Völkischer Beobachter* bereitete durch einen

Hetzartikel am 8. November den Pogrom vor, am selben Abend fanden Protestveranstaltungen der NSDAP-Ortsgruppen gegen die »jüdische Weltverschwörung« statt. Die deutschen Juden hatten sich trotz erster örtlicher Ausschreitungen in Nordhessen tags zuvor nicht wappnen können, da sie schon Monate zuvor ihre Radiogeräte hatten abliefern müssen und Propagandaminister Goebbels auch die letzten verbliebenen jüdischen Tageszeitungen verboten hatte.

Die Täter der Pogrome waren hingegen umso besser vorbereitet, denn das Inszenieren angeblicher spontaner Volkswut gegen die jüdische Bevölkerung beherrschten die Nazis inzwischen vortrefflich. Aber erst als der Tod des Diplomaten gemeldet wurde, löste Goebbels die eigentlichen Ausschreitungen aus, deren Ablauf offenbar eingehend vorbereitet war: Hauptziel waren die Synagogen, Zehntausende vor allem wohlhabende Juden sollten verhaftet werden. Männer von SA und SS wurden für die Maßnahmen herangezogen, die sie in Zivil ausführten – gegen Synagogen und jüdische Gemeindeeinrichtungen, Altersheime und Krankenhäuser, Wohnungen und Geschäfte. Sie waren auch dafür verantwortlich, dass bei den Ausschreitungen in Einkaufsstraßen die nichtjüdischen Geschäfte unversehrt blieben, dafür wurden Polizei und Feuerwehr hinzugezogen. In dieser Nacht gingen Schaufensterscheiben zu Bruch, wurden Läden geplündert, Synagogen verwüstet und angesteckt – allein der Sachschaden betrug mehrere Hundert Millionen Reichsmark. Die Nazis schreckten nicht einmal davor zurück, die heiligen Thorarollen der Gotteshäuser zu zerreißen und die Friedhofsruhe zu stören. In Potsdam musste der Rabbiner die Nazihorden persönlich in die Synagoge führen und ohnmächtig zusehen, wie dort alles kurz und klein geschlagen wurde. In Köln zogen Krawallkommandos durch die Stadt, drangen in jüdische Häuser ein und

185

warfen vor den Augen vieler Schaulustiger die Einrichtung auf die Straße. In Leipzig wurden jüdische Einwohner körperlich gedemütigt. Nicht viel besser erging es den Juden der kleinen Städte und Gemeinden. Deutschlandweit wurden am 9. und 10. November 1938 rund einhundert jüdische Bürger ermordet, mehrere Zehntausend Männer festgenommen und in die KZ Dachau, Buchenwald und Sachsenhausen eingeliefert. 267 Synagogen gingen in Flammen auf, 7500 Geschäfte und Wohnhäuser von Juden in ganz Deutschland fielen dem Vandalismus zum Opfer.

Die Novemberpogrome 1938 markieren den Übergang von der Verfolgung zur Vernichtung der rechtlichen, sozialen und wirtschaftlichen Existenz der deutschen Juden. Im *Völkischen Beobachter* schrieb Propagandachef Goebbels wenige Tage nach dem Pogrom: »Das Judentum hat also in Paris auf das deutsche Volk geschossen. Die deutsche Regierung wird darauf legal, aber hart antworten.« Wie bei früheren Pogromen dienten die Novemberausschreitungen der Einführung neuer Verordnungen: Abgesehen von Görings an Zynismus schwerlich zu überbietender Forderung, die deutschen Juden für die Schäden der »Reichskristallnacht«, wie die NS-Bezeichnung der Novemberpogrome lautete, mit einer Bußstrafe von 1 Milliarde Reichsmark in Haftung zu nehmen, wurden die letzten jüdischen Firmen enteignet, Grundbesitz und Vermögen eingezogen. Das Wirtschafts- und Arbeitsleben der Juden wurde so weit eingeschränkt, dass ihnen nur noch die Ausübung einfachster Tätigkeiten blieb, die zudem erheblich schlechter bezahlt wurden. Notwendige Folgen waren wirtschaftlicher Ruin und Verelendung, nicht nur mit der Absicht der umfassenden Demütigung, sondern vorerst auch, um die Auswanderung zu forcieren.

Gleichzeitig wurde das soziale Leben in jeder Hinsicht eingeschränkt, die jüdische Bevölkerung aus dem Alltagsbild der Städte weitgehend verdrängt: Juden durften ganze Straßenzüge nicht mehr betreten, ihre Kinder mussten die Schulen verlassen, der Besuch von Schwimmbädern und anderen Sporteinrichtungen, von Bibliotheken und Museen, Theatern und Kinos wurde verboten. Autofahren war nunmehr »arischen Volksgenossen« vorbehalten, selbst das Halten von Brieftauben wurde untersagt. Im Laufe des Krieges kamen weitere Schikanemaßnahmen hinzu, vom Verbot der Haustierhaltung über jenes, Telefonzellen zu benutzen, bis hin zum Zwang, einen Judenstern zu tragen, der seit September 1941 galt.

Noch vor Beginn des Zweiten Weltkrieges überschritt das Konzept der NS-Judenpolitik die letzte Grenze: die der physischen Vernichtung, die Hitler in seiner Rede zum sechsten Jahrestag der »Machtergreifung« am 30. Januar 1939 vor dem Deutschen Reichstag ankündigte. Noch einmal wurde zwar die jüdische Auswanderung gesteigert, mit der dem NS-Staat pseudorechtlich legitimiert immense Vermögenswerte zufielen – insgesamt konnte die Hälfte der deutschen Juden bis zum Verbot der Auswanderung 1941 ihr Leben retten. Je mehr europäische Juden den Deutschen jedoch im Zuge ihrer Eroberungspolitik in die Hände fielen, desto größer wurde der Maßstab, indem die NS-Führer nunmehr die industriell organisierte Vernichtung eines Volkes in Angriff nahmen, das zweitausend Jahre europäischer Geschichte mitgeprägt hat.

Als erstes Land wurde Polen erobert, das den europaweit größten jüdischen Bevölkerungsanteil aufwies und zum Hauptschauplatz des Völkermords wurde. Reinhard Heydrich, der Leiter des neu eingerichteten Reichssicherheitshauptamtes, zu dem Sicherheitspolizei und Sicherheitsdienst zusammengeschlossen worden waren, und Adolf Eichmann, Leiter des »Judenreferates«, übernahmen unter Führung des Reichsführer-SS Heinrich Himmler die monströse Aufgabe, den Terror auf die jüdische Bevölkerung in den besetzten Ländern auszudehnen und die Vernichtung der europäischen Juden zu organisieren. Zunächst wurden in polnischen Städten Ghettos aufgebaut, in denen die Juden unter menschenunwürdigen Bedingungen zusammengepfercht wurden, später auch im Baltikum und Russland. Als der deutsche Vormarsch ins Stocken kam, der Krieg gegen die Sowjetunion zum Desaster geriet und die USA Deutschland den Krieg erklärten, wurde die industrielle Massenvernichtung des europäischen Judentums eingeleitet, der am Ende rund sechs Millionen Menschen zum Opfer gefallen waren. Deckwort des längst im Gange befindlichen Völkermordes war die »Endlösung der Judenfrage«, deren Planung 1941 Gestalt annahm und deren Ausführung in der berüchtigten Berliner Wannseekonferenz im Januar 1942 detailliert besprochen wurde. Die Naziführung sprach von einer Gesamtzahl von elf Millionen zu vernichtender Juden.

Auch wenn längst nicht mehr zu übersehen war, dass ein Teil der Bevölkerung deportiert wurde, dass Güterzüge voller Menschen nach Osten rollten und man realistischerweise davon ausgehen musste, dass sie dort ermordet werden würden, blieb die Bevölkerung überwiegend apathisch, teilweise zustimmend, jedenfalls untätig, selbst seitens der Kirchen. Nicht anders verhielt sich das westliche Ausland, das die zuverlässigen Informationen über die Vernichtungslager in Polen nicht glauben konnte oder wollte. Auf die Titelseite der renommierten und einflussreichen *New York Times* beispielsweise schafften es zwar Nachrichten über die Verfolgung von Katholiken in Nazideutschland – Berichte über die millionenfache Ermordung der europäischen Juden jedoch wurden auf hintere Seiten verbannt.

Bereits 1941 wurden in Russland in wenigen Monaten fast eine

Million Juden durch Sonderkommandos von Sicherheitsdienst und SS erschossen, während gleichzeitig die Vernichtungslager aufgebaut wurden: In Chelmno, Belzec bei Lublin, Sobibór, Majdanek, Treblinka, Auschwitz/Birkenau wurden Menschen mit Autoabgasen und bald mit dem Blausäuregas Zyklon B ermordet – insgesamt rund drei Millionen. Als der Terror der Nationalsozialisten 1945 zu Ende ging, hatte bei sechs Millionen Toten nur ein kleiner Teil der jüdischen Bevölkerung Europas überlebt – ein grausamer Völkermord ohne Beispiel war in riesigem Maßstab mit monströser Raffinesse ausgeführt worden.

DER KLEINE ÜBERFALL
VOR DEM GANZ GROSSEN
1939 – BEGINN DES ZWEITEN WELTKRIEGS

Beim zweiten Anlauf kommen die sechs oder sieben bewaffneten Männer zum Einsatz: Plangemäß um acht Uhr abends am 30. August 1939, sechs Tage nach dem kurzfristig abgebrochenen ersten Mal, überfallen sie den kleinen Radiosender Gleiwitz in Oberschlesien, nicht weit von der polnischen Grenze. Die lange geplante Aktion wurde am Nachmittag mit dem Codewort »Großmutter gestorben« ausgelöst. Die Mitarbeiter der Radiostation werden in Schach gehalten, während die Eindringlinge die laufende Sendung unterbrechen und eine polnische Stellungnahme absetzen, die mit den Worten beginnt: »Achtung! Hier ist Gleiwitz. Der Sender befindet sich in polnischer Hand.« Eine Viertelstunde dauerte die Aktion, dann verschwinden die Männer wieder, wobei sie einen erschossenen Mann zurücklassen. Um vier Uhr am nächsten Morgen überfällt unweit eine ähnliche Gruppe, in polnische Uniformen gekleidet, das Zollhaus Hochlinden, wird aber von Männern in deutschen Grenzuniformen festgenommen – erneut bleiben tote Männer in polnischen Uniformen zurück. Am Abend darauf, abermals um acht Uhr, wird das grenznahe Forsthaus Pitschen von polnisch grölenden, bewaffneten Männern überfallen und verwüstet. Die deutsche Regierung unter Adolf Hitler nimmt mit Verweis auf weitere Grenzverletzungen und Provokationen durch Polen der letzten Zeit die Vorfälle zum Vorwand, der deutschen Wehrmacht den Überfall des Nachbarlandes zu befehlen und damit den Zweiten Weltkrieg zu entfesseln.

Die Erschütterungen durch die Weltwirtschaftskrise hatten in den Dreißigerjahren zu einem global rauen Klima geführt, das Nationalismus und ideologische Konfrontationen begünstigte. Während in Europa Frankreich – schon aus innenpolitisch bedingter Schwäche – und Großbritannien vor allem auf Ausgleich bedacht waren und zwischenstaatlichen Konflikten möglichst aus dem Weg gingen, hatten sich die USA von Europa abgewandt. Diplomatische Schmuddelkinder waren Japan, Italien und Deutschland, die ihrem Geltungsdrang nachgaben: Das faschistische Italien wollte seine koloniale Herrschaft in Nordafrika ausdehnen, Japan zielte auf Eroberungen in China ab. Das Deutsche Reich unter Adolf Hitler hatte es auf die Ordnung von Versailles und die Vorherrschaft auf dem europäischen Kontinent abgesehen – es ging um den militärischen Großmachtstatus, Territorialgewinne auf Kosten der mitteleuropäischen Staaten sowie langfristig um Grenzverschiebungen weit nach Osten.

1931 überfiel Japan die chinesische Mandschurei, woraufhin die internationale Gemeinschaft in Form des Völkerbundes protestierte – aber eben nicht mehr. Ebenso tatenlos sah die Welt zu, als der »Duce« Mussolini 1935 gegen Äthiopien in den Krieg zog. 1936 schließlich sah sich das republikanische Spanien von den Westmächten alleingelassen, als der Putsch General Francos gegen die gewählte Linksregierung zum erbitterten Bürgerkrieg wurde und Italien und Deutschland Franco unverhohlen unterstützten. Mit jeder dieser Entwicklungen erhielt der Anspruch einer friedlichen Weltordnung einen neuen Riss, und für skrupellose Männer wie Hitler sank die Hemmschwelle, selbst expansionistisch tätig zu werden.

Wie schon 1914 bildete auch 1939 ein vergleichsweise nebensächlicher Vorfall den Auftakt für einen katastrophalen Weltkrieg, der alles bisher Gewohnte in den Schatten stellen, nahezu den ganzen Erdball überziehen und das Gesicht des 20. Jahrhunderts prägen sollte: Kein anderes Jahrhundert kann mit vergleichbaren Grausamkeiten aufwarten. Ebenfalls wie 1914 waren dem Kriegsbeginn krisenhafte Jahre vorangegangen, in denen die Gewaltbereitschaft politisch und gesellschaftlich, national wie international immer weiter gestiegen war. Abermals hatte man den Krieg kommen sehen, auf den im wissenden Rückblick die Dinge geradezu unvermeidlich hinzusteuern schienen. Und wie zu Beginn des Jahrhunderts löste ein Land den Krieg aus, das zum Kreis jener Staaten gehörte, die sich in der politischen Weltordnung unterrepräsentiert sahen.

Aber diesmal fiel kein Thronfolger einem extremistischen Attentat zum Opfer, und für Deutschland trat auch kein Bündnisfall ein. Diesmal war der auslösende Vorfall kaltblütig fingiert worden, im Auftrage Hitlers ausgeführt von der SS, unter Federführung des Chefs des Sicherheitsdienstes Reinhard Heydrich. Die beteiligten Männer stammten von der SS-Fechtschule Bernau bei Berlin und waren schon seit Wochen vor Ort für ihre Mission ausgebildet worden. Die als »Beweismittel« benutzten Toten der Aktionen waren KZ-Häftlinge und ein Mann aus der Nähe von Gleiwitz, der als Anführer fungieren sollte. Sie wurden erschossen, damit Bilder der Toten die Glaubwürdigkeit der »polnischen Provokation« vor den Augen der Welt belegen konnten.

Angesichts der Ankündigungen Englands und Frankreichs, ein militärisches Vorgehen gegen Polen nicht widerstandslos hinzunehmen, wollte Hitler einen Verteidigungsfall fingieren. Seit seinem Machtantritt hatte Deutschland außenpolitisch taktiert, die Konfliktscheu der Westmächte und ihre sehr weitgehenden Bemühungen um Friedenserhalt ausgenutzt und gleichzeitig insgeheim, aber zielstrebig den Krieg vorbereitet. Das Ziel war die Errichtung einer deutschen, rassistisch geprägten Oberherrschaft über den europäischen Kontinent – als minderwertig klassifizierte Völker sollten unterdrückt und ausgebeutet, einige gar ausgerottet werden.

Die Öffentlichkeit war durch zahllose Berichte in Zeitung, Radio und Wochenschau über ähnliche angebliche polnische Aktionen vorbereitet worden. Wenige Stunden nach dem letzten der drei Scheinprovokationen überfiel die Deutsche Wehrmacht am 1. September 1939 um 4.45 Uhr ohne Kriegserklärung Polen mit dem Beschuss der Westerplatte in der Danziger Bucht von der SMS Schleswig-Holstein aus, einem Schulschiff der Kriegsmarine auf Besuch in der Freien Stadt Danzig. 1,5 Millionen deutsche Soldaten machten sich auf den Weg über die Grenze nach Polen.

Die Vorbereitungen für einen Krieg liefen im Grunde seit 1933, auch wenn Hitler, den es persönlich, weltanschaulich und ideologisch zu diesem Krieg drängte, dem Ausland recht erfolgreich vorgaukelte, wie die Vorgängerregierungen nur auf die Revision des Versailler Vertrages hinzusteuern. Und eine solche hielt schließlich auch Großbritannien längst für unumgänglich. Aber noch im ersten Jahr der Hitlerregierung verließ Deutschland die Genfer Abrüstungskonferenz, trat aus dem Völkerbund aus, führte 1935 entgegen den Bestimmungen des Versailler Vertrages die allgemeine Wehrpflicht wieder ein und forcierte den Aufbau der Luftwaffe. Im Jahr darauf wurde die Achse Berlin-Rom ins Leben gerufen, in den kommenden Jahren ausgebaut und um Japan zum Dreimächtepakt erweitert – nachdem Hitlers Werben um seinen bevorzugten Partner Großbritannien vergeblich geblieben war. Im gleichen Jahr wurde das Rheinland remilitarisiert, das seit 1918 militärfreie Zone gewesen war, und die NS-Planwirtschaft auf massive Aufrüstung ausgerichtet – intern lautete die Vorgabe, 1940 wirtschaftlich und militärisch kriegsbereit zu sein.

1938 sah sich Hitler in der Lage, Nägel mit Köpfen zu machen: Den »Anschluss« Österreichs, im Versailler Vertrag ebenfalls ausdrücklich verboten, nahmen die Westalliierten hin, und im Münchner Abkommen erreichte Hitler die Abtretung des tschechoslowakischen Sudetenlandes an das Deutsche Reich – Großbritannien konnte sich immerhin zugute halten, damit den drohenden Krieg fürs Erste abgewendet zu haben. Ein halbes Jahr später war auch der Rest der Tschechoslowakei zerschlagen. Ganz offen hatte Hitler seinem in München gegebenen Versprechen, das Sudetenland sei seine letzte territoriale Forderung, zuwidergehandelt: Die jetzt souveräne Slowakei besaß ein Deutschland ergebenes Regime; die »Resttschechei« kam als »Protektorat Böhmen und Mähren« unter deutsche Herrschaft. Noch dazu erzwang Berlin die Rückgabe des litauischen Memellandes ans Reich.

Die angestrebte Machtbasis zur Entfesselung des Weltkrieges war mit den territorialen Arrondierungen und Hitlers Bündnispolitik nahezu erreicht, als im Sommer 1939 – die Wehrmacht bereitete den Krieg bereits unmittelbar vor – ausgerechnet die Protagonisten zweier verfeindeter Ideologien, Hitler und Stalin, einen Nichtangriffspakt schlossen, der in einem Geheimen Zusatzprotokoll die Aufteilung der deutschen und der sowjetischen Einflusssphären in Mitteleuropa regelte. Die Nachricht vom Bündnis verfehlte ihre Wirkung nicht – weder in den westlichen Hauptstädten noch bei Kommunisten und Faschisten weltweit, die argumentativ plötzlich in der Bredouille steckten. Mit dem Nichtangriffspakt kam Hitler einer Zusammenarbeit der Westmächte mit Stalin zuvor, erhielt freie Hand für ein Vorgehen gegen Polen und konnte überdies nach aller bisherigen Erfahrung davon ausgehen, dass der Westen Polen allenfalls mit diplomatischen Protestnoten unterstützen würde. Falls aber die Westmächte Polen doch zur Seite sprangen, war das Deutsche Reich durch den Nichtangriffspakt mit der UdSSR sowohl gegen den gefürchteten Zweifrontenkrieg gewappnet als auch im Falle einer Wirtschaftsblockade des Westens durch sowjetische Lebensmittel- und Rüstungslieferungen bestens abgesichert. Zunächst ging Hitlers Kalkül einigermaßen auf: England und Frankreich antworteten auf den deutschen Überfall Polens zwar mit der Kriegserklärung an das Deutsche Reich, griffen aber zunächst nicht ein.

Die Niederwerfung Polens war eine Frage von Wochen; Warschau fiel bereits Ende September – als technisch und taktisch überlegen erwies sich die Wehrmacht, als schwach die überraschte polnische Armee, die zudem völlig auf sich allein gestellt blieb. Zur Rohstoffversorgung und zur Sicherung der Ostseezugänge besetzte die Wehrmacht im Frühling 1940 Dänemark und Norwegen, bevor im Mai der Frankreichfeldzug begann. Entgegen früherer Zusicherungen, die Neutralität Belgiens, der Niederlande und Luxemburgs zu achten, dienten diese Länder als Durchmarschgebiet für die Offensive gegen Frankreich, das aufgrund militärischer und politischer Fehler nach nur 42 Tagen kapitulierte.

Die nächsten Kriegsschauplätze der ersten Jahreshälfte 1941 lagen in Nordafrika und auf dem Balkan, bevor Hitler am 22. Juni den folgenreichen Entschluss umsetzte, trotz Nichtangriffspakt, trotz der schieren Größe des Gegners und ohne objektive Notwendigkeit eines Präventivschlages die Sowjetunion anzugreifen. Drei Viertel des Heeres, mehr als drei Millionen Soldaten, wurden in Richtung Osten in Gang gesetzt. Mit einem Mal enthüllte sich die rein taktische Motivation zum Nichtangriffspakt, und der »Sendungskampf gegen den Bolschewismus« wurde wie schon vor dem Sommer 1939 propagandistisch beschworen.

Der Kraftakt gegen die riesige Sowjetunion stellte die bisherigen Feldzüge des Krieges in den Schatten. Wie der Überfall Polens stand der Russlandkrieg im Zeichen maßloser Grausamkeit, gegen die Zivilbevölkerung nicht weniger als gegen das Militär, und dort insbesondere die Führungsschicht, die gnadenlos und völkerrechtswidrig liquidiert wurde: Der Krieg diente immer auch der Vernichtung des »Bolschewismus«, der jüdischen Bevölkerung und der »minderwertigen« Slawen, auf die die beteiligten Soldaten eingeschworen wurden. Im Schatten der Front verübten Spezialkommandos Massenmorde, deren Opfer die Zahl von einer Million übersteigt; gleichzeitig trat die Verfolgung der europäischen Juden in ihre letzte Phase: die industriell organisierte, physische Vernichtung. In der osteuropäischen Zivilbevölkerung verhungerten Millionen Menschen, weil sich das Reich rücksichtslos aus den besetzten Gebieten versorgte.

Aber was ein triumphaler, von Stalin trotz aller Warnungen für unmöglich gehaltener »Blitzkrieg« hatte sein sollen, endete in Verkennung der Schwierigkeiten und in grenzenloser Selbstüberschätzung als desaströse Niederlage. Von Anfang an war klar, dass das Scheitern der Blitzkriegsstrategie, also die schnelle Niederwerfung des Gegners vor Wintereinbruch, fatale Folgen haben würde. Und so kam es auch, denn die Dinge entwickelten sich nicht im Sinne der deutschen Kriegführung. Ende 1941 beliefen sich die Verluste durch Gefallene, Vermisste und Verwundete bereits auf rund eine Million – noch bevor die Katastrophe von Stalingrad, wo im Winter 1942/43 250 000 Mann über zwei Monate lang eingekesselt waren, und die Panzerschlacht bei Kursk das Kriegsgeschehen endgültig wendeten. Allein im Kessel von Stalingrad starben 60 000 Soldaten, annähernd doppelt so viele überlebten die anschließende sowjetische Kriegsgefangenschaft nicht.

Gleichwohl war zu diesem Zeitpunkt die Machtausdehnung Deutschlands größer denn je: Nicht nur waren vom nunmehr »Großdeutschen Reich« Luxemburg, Elsass und Lothringen annektiert, Österreich, das Sudeten- und das Memelland ebenso angegliedert wie West- und Nordpolen. Die deutschen Eroberungen reichten außerdem vom Atlantik bis an den Don, vom Nordkap bis nach Kreta. Das deutsche Besatzungsregime war, in Abstufungen von Ost nach West, unerbittlich bis menschenverachtend brutal, die völkerrechtlichen Regeln für Krieg und Besatzung wurden mit Wehrmachtsstiefeln getreten, die Zivilbevölkerung wurde terrorisiert, wahllos ermordet und millionenfach zur Zwangsarbeit verschleppt.

Zur Niederlage im Osten trat der Kriegseintritt der USA, die zunächst im Pazifik gegen Japan kämpften, aber in Europa Großbritannien massiv unterstützten. Der in Europa längst verheerende Kontinentalkrieg war zum Weltkrieg geworden, an dem durch Kriegserklärungen inzwischen 38 Staaten beteiligt waren. Bald darauf errangen die Westalliierten sowohl im U-Boot-Krieg als auch im Luftkrieg die Oberhand – 1942 begannen die Großangriffe britischer und amerikanischer Bomberverbände auf deutsche Großstädte. Die erhoffte Demoralisierung der Zivilbevölkerung erfolgte daraus allerdings nicht, ganz im Gegenteil zeigte Goebbels' erneute Beschwörung des »totalen Krieges« Wirkung. Dafür aber fügten die alliierten Bomben der Rüstungswirtschaft wirksame Schäden zu – und zerstörten bis 1945 rund fünf Millionen Wohnungen. Auch in der Militärführung regte sich allenfalls Unmut, und erst 1944 kam es zu einer einzelnen, groß angelegten, aber erfolglosen Umsturzaktion, der »Operation Walküre« mit dem gescheiterten Hitler-Attentat vom 20. Juli durch Oberst Claus Graf Schenk von Stauffenberg.

Im Juni 1944 kamen die Westalliierten dem jahrelangen Drän-

gen Stalins nach, die bei Weitem am meisten beanspruchte Rote
Armee mit einer zweiten Front am Atlantik zu entlasten. Am
sogenannten D-Day, dem 6. Juni, landeten frühmorgens erste
alliierte Truppen in der Normandie. Ende Juli begann der Vormarsch von Westen, dem die Wehrmacht nicht mehr viel entgegenzusetzen hatte, während von Südfrankreich aus Franzosen
und Amerikaner Frankreich befreiten. Das deutsche Bündnissystem, essenziell für die kriegswichtige Rohstoffversorgung,
brach nach und nach zusammen. Ab dem Herbst 1944 fiel, dank
ihrer Überlegenheit an Material und Truppenstärke sowie der
uneingeschränkten Luftherrschaft, eine westdeutsche Stadt nach
der nächsten in die Hände der Westalliierten. Im Osten hatte die
Rote Armee bereits im Sommer die Heeresgruppe Mitte vernich-
tend geschlagen und stand Ende 1944 nordöstlich an der Grenze
zu Ostpreußen, östlich vor Warschau, südöstlich vor Budapest.

Anfang März 1945 überquerten die alliierten Verbände den
Rhein, am 25. April reichten sich verbündete GIs und Rotarmis-
ten auf der zerstörten Elbbrücke bei Torgau die Hand. Am selben Tag hatte die Rote Armee in ihrer Schlussoffensive Berlin
eingekesselt, das am 2. Mai kapitulierte – zwei Tage, nachdem
Hitler sich im Führerbunker das Leben genommen hatte. Hatten dem Großdeutschen Rundfunk zu Beginn des Krieges noch
ganze Ländernamen genügt, um den für Hitlerdeutschland triumphalen Kriegsverlauf zu dokumentieren, ging es am Ende in
den Frontmeldungen nur noch um letzte Straßenzüge der längst
weitgehend zerstörten Reichshauptstadt, die fanatisierte Hitler-
jungen und das letzte Aufgebot des Volkssturms wider alle Ver-
nunft weiter gegen die Sowjetsoldaten verteidigten.

Als am 7. und am 9. Mai 1945 in Reims und Berlin die bedin-
gungslose Kapitulation des Deutschen Reiches unterzeichnet
wurde, endete in Europa der Zweite Weltkrieg – im Pazifik gingen die Kämpfe noch mehrere Monate erbittert weiter. Deutsch-

land stand fortan unter der Militärgewalt der vier Siegermächte Sowjetunion, USA, Großbritannien und Frankreich; der Teilung in vier militärische Besatzungszonen folgte die Gründung zweier systemkonträrer deutscher Staaten – Deutsche Demokratische Republik und Bundesrepublik Deutschland.

Der Zweite Weltkrieg kostete ungefähr sechzig Millionen Menschen, von denen knapp eine Hälfte Zivilisten waren, das Leben, darunter sechs Millionen Juden aus ganz Europa. Die Kriegs- und Nachkriegszeit glich außerdem einer elenden Völkerwanderung, begleitet von unendlich viel Leid und Unrecht: an Zwangsdeportierten in der Sowjetunion, an von Deutschen und Russen zwangsumgesiedelten Polen, schließlich den Vertriebenen aus den deutschen Ostgebieten beziehungsweise den aufgrund der Westverschiebung Polens nachrückenden Polen aus dem sowjetisch gewordenen polnischen Osten. Aber der Krieg hinterließ nicht nur einen verwüsteten und tief gezeichneten Kontinent, sondern stürzte das Urheberland in seine wohl verheerendste Katastrophe: Völlig diskreditiert, verlor Deutschland ein Viertel seines Territoriums; zwölf Millionen Deutsche mussten fliehen oder wurden vertrieben.

75 Jahre nach der Gründung des ersten deutschen Nationalstaates beschlossen die Siegermächte, das Land wieder zu teilen, und es sollte 45 Jahre dauern, bis die staatliche Einheit wiederhergestellt wurde. Auch die wichtigste internationale Folge des Krieges betraf Deutschland unmittelbar: Die Weltordnung veränderte sich fundamental. Europa wurde zwar Hauptschauplatz, aber kein Hauptakteur des ideologischen Ringens im Kalten Krieg zwischen demokratischer und kommunistischer Welt. Die Demarkationslinie Eiserner Vorhang zwischen den Machtblöcken verlief mitten durch Europa und teilte Deutschland; die weltpolitisch maßgeblichen Entscheidungen der nächs-

ten Jahrzehnte jedoch wurden in Washington und in Moskau getroffen. Die aus eurozentristischer Sicht stammende Bezeichnung »Flügelmächte« für die Vereinigten Staaten und die Sowjetunion wurde damit hinfällig. Ein Friedensvertrag für Deutschland scheiterte an den Gegensätzen unter den Siegermächten: Auch wenn 1951 die Westmächte und 1955 die Sowjetunion den Kriegszustand für beendet erklärten – völkerrechtlich fand der Zweite Weltkrieg für Deutschland sein endgültiges Ende erst mit den internationalen Begleitverträgen im Rahmen der deutschen Einheit von 1990.

ZWISCHEN KRIEG UND FRIEDEN
1945 – DIE POTSDAMER KONFERENZ

Im August 1945 hatten die Deutschen drängendere Sorgen, als sich übermäßig für die Verhandlungen dreier Staatsmänner in der gediegenen Umgebung des Potsdamer Schlosses Cecilienhof zu interessieren. Auch Monate nach Kriegsende ging es angesichts eines zerstörten Landes, nur bedingt funktionierender Infrastruktur und miserabler Versorgungslage vornehmlich ums Überleben. Man wohnte beengt bis erbärmlich, war besorgt um ausbleibende Kriegsheimkehrer oder auf der Flucht aus der Heimat und mit unwilligen Einheimischen konfrontiert, die das wenige nicht teilen wollten. Und war trotz allem froh, davongekommen zu sein.

Und doch: Was die drei hohen Herren in dem schmucken Gebäude im englischen Landhausstil zu besprechen hatten, betraf die Deutschen unmittelbar. Denn vor allem verhandelten die Chefs der drei Siegermächte über die Zukunft Deutschlands, das als unangefochtener Verursacher des Krieges an den Gesprächen nicht beteiligt war. Während sich bereits der Ost-West-Konflikt abzeichnete, der die Nachkriegsordnung in Europa und der Welt für Jahrzehnte prägen sollte, traf das am 2. August 1945 verabschiedete Potsdamer Abkommen in den wichtigsten Fragen Regelungen für das besiegte Deutschland: Grundzüge der alliierten Verwaltung Deutschlands, Reparationen, Verfolgung von Kriegs- und Systemverbrechern, Grenzverlauf im Osten, Verbleib der deutschen Bevölkerung in abzugebenden Gebieten.

Auch wenn Dutzende Staaten mit Nazideutschland und den beiden anderen Achsenmächten Italien und Japan im Krieg lagen, hatten drei Mächte die Anti-Hitler-Koalition angeführt: Großbritannien, die Sowjetunion und die Vereinigten Staaten. Seitdem die USA Ende 1941 in den Krieg eingetreten waren, hatte es mehrere Zusammenkünfte auf höchster Ebene gegeben, bei denen nicht nur militärische Strategien auf der Tagesordnung standen, sondern auch das Schicksal Europas nach der Niederwerfung des Deutschen Reiches diskutiert und verhandelt wurde. Bereits im Sommer 1941 trafen sich der britische Premierminister Winston Churchill und sein amerikanischer Amtskollege Roosevelt und verabschiedeten in der »Atlantikcharta« Kriegsziele und Maßstäbe einer europäischen Neuordnung. »Endgültige Vernichtung der Nazityrannei« hieß es da glasklar, und nicht weniger eindeutig waren die vier moralisch-politischen Grundsätze zur Nachkriegsordnung: Den befreiten Staaten (was die Deutschen ausnahm) sollten keine Grenzverschiebungen gegen ihren Willen aufgezwungen werden, Großbritannien und die Vereinigten Staaten erhoben auch keinerlei territoriale Forderungen in eigener Sache. Die Völker sollten ihre Zukunft selbstbestimmt in die eigenen Hände nehmen, sich an einem freien Welthandel beteiligen und wirtschaftlich zusammenarbeiten dürfen. Diese Punkte sollten dem Aufbau einer friedlichen Welt dienen, in der alle Nationen Demokratie und wirtschaftlichen Wohlstand genießen konnten.

An der Erstellung dieser hehren Grundsätze war die Sowjetunion nicht beteiligt, deren enormes Gewicht im weiteren Kriegsverlauf zu diesem Zeitpunkt außerdem noch nicht absehbar war. Stalin schloss sich der »Atlantikcharta« trotzdem an, aber mit dem Verweis darauf, dass »die praktische Anwendung dieser Prinzipien notwendigerweise an die Umstände, Bedürfnisse und historischen Eigenarten der bestimmten Länder« anzupassen sei –

das sah übrigens Großbritannien im Hinblick auf seine Kolonien nicht viel anders. Ein weiteres britisch-amerikanisches Treffen in Casablanca im Januar 1943 legte vor allem fest, dass der Krieg gegen Deutschland und seine verbliebenen Verbündeten bis zur bedingungslosen Kapitulation geführt werde – worauf Goebbels mit seiner Beschwörung des »totalen Kriegs« antwortete und die deutsche Bevölkerung mit noch größerer Angst vor der Niederlage. Unter anderem damit erklärt sich die Resonanz der NS-Durchhalteparolen bis in die letzten Kriegstage.

Das erste Treffen der »Großen Drei« fand Ende 1943 in Teheran statt. Bei aller einigenden Entschlossenheit, dem Hitlerregime den Todesstoß zu versetzen, traten hier bereits die unterschiedlichen, mitunter gegensätzlichen Interessen klar hervor. Zwar erfüllte Roosevelt mit verbindlichen Zusagen endlich Stalins immer wieder geäußerte Forderung einer zweiten Kriegsfront im Westen, mit der die Rote Armee entlastet werden sollte: Beschlossen wurde die Landung in der Normandie, während Churchill sich mit dem Plan eines britisch-amerikanischen Angriffs auf dem Balkan, der den Eroberungen der Roten Armee Grenzen gesetzt hätte, nicht durchsetzen konnte. Ließ sich das noch als militärische Frage zu den Akten legen, erwiesen sich die unterschiedlichen Vorstellungen zur territorialen Nachkriegsordnung in Ostmitteleuropa als weitaus prekärer. Stalin bestand auf Grenzveränderungen zugunsten der Sowjetunion ausgerechnet auf der Grundlage des Nichtangriffspakts mit Hitler, forderte also unter anderem die Westverschiebung Polens und den Verbleib der baltischen Staaten in der UdSSR. Aufgrund des inzwischen unübersehbaren militärischen Gewichts der Roten Armee war schwerlich zu bestreiten, dass die Sowjetunion die prägende Großmacht in Osteuropa sein würde. Man einigte sich also bereits im Prinzip darauf, dass Polen für die Westverschiebung der

Sowjetunion mit Teilen Deutschlands entschädigt werden sollte. Im Falle Deutschlands war abgesehen von der Abtrennung östlicher Landesteile auch die Zerstückelung des verbleibenden Restes im Gespräch – nach zwei verheerenden Weltkriegen wollten die Siegermächte sicherstellen, dass von deutschem Boden kein Krieg mehr ausgehen konnte. Welche Gestalt das besiegte Deutschland erhalten würde, legte die Konferenz aber vorerst nicht fest.

Die zweite Konferenz der drei designierten Siegermächte fand über ein Jahr später im Februar 1945 im Badeort Jalta auf der Krim statt – das Kriegsgeschehen hatte sich inzwischen weiterentwickelt, die Faktenlage war eindeutiger. Die Rote Armee war westwärts weit vorangekommen, die Westalliierten standen dagegen noch am Rhein, und weil Roosevelt Stalins Unterstützung auf dem Kriegsschauplatz Pazifik dringend brauchte, war die sowjetische Verhandlungsposition ausgesprochen stark. Wie in solchen Fällen üblich, führte das zu Ergebnissen, die die kleineren Länder benachteiligten – allen voran die baltischen Staaten und Polen, dessen Londoner Exilregierung mehr oder weniger abserviert wurde. Stalin schuf militärisch abgesicherte vollendete Tatsachen, denen Churchill und Roosevelt wenig entgegenzusetzen hatten. Daneben lagen die wichtigsten Interessen der Westalliierten nicht in Osteuropa, sodass man sich im Sinne von Geben und Nehmen überwiegend gütlich einigte – und sich die Teilung Europas am Horizont abzuzeichnen begann.

Abgesehen vom weiterhin strittigen Verlauf der deutschen Ostgrenze waren sich die »Großen Drei« in der Hauptfrage der Behandlung Deutschlands prinzipiell einig: Entmilitarisierung, Aufteilung in Besatzungszonen und Reparationsleistungen. Dem kam zugute, dass Roosevelt, Stalin und Churchill respektvoll und ergebnisorientiert miteinander umgingen – und als Vertreter von Großmächten allesamt dazu neigten, die Sorgen der Kleinen, die ja nicht mit am Tisch saßen, nicht übermäßig ernst zu nehmen. Doch gleichzeitig galt bereits jetzt: Das alte Misstrauen zwischen demokratischer und kommunistischer Welt, das für die Zeit des gemeinsamen Kampfes gegen Hitler überwunden worden war, machte sich umso stärker wieder bemerkbar, je absehbarer das Kriegsende wurde. Die Regelung potenzieller Streitpunkte vertagte man auf die Zeit nach dem Krieg.

Für die erste Konferenz nach der deutschen Kapitulation war eigentlich Berlin als Veranstaltungsort vorgesehen, das aber aufgrund der Zerstörung keine geeigneten Räumlichkeiten bieten konnte – den amerikanischen Vorschlag, sich in Alaska zu treffen, hatte Stalin abgelehnt. Truman und Churchill besichtigten vor der Ankunft Stalins halb befriedigt, halb bestürzt die verheerenden Zerstörungen in der Reichshauptstadt. Am 17. Juli begannen in der Empfangshalle von Schloss Cecilienhof die Verhandlungen, an einem von den Sowjets eigens angefertigten runden Tisch. Das Schloss, in dem noch wenige Monate zuvor Mitglieder der Hohenzollern-Familie gewohnt hatten, war von der sowjetischen Besatzungsmacht als Gastgeber eilends renoviert und im Innenhof mit einem großen Sowjetstern aus roten Geranien aufgehübscht worden. Natürlich machten die Staatsmänner den Hauptteil der Arbeit nicht alleine, sondern wurden von umfassenden Vorbereitungen und Vorlagen ihrer Fachleute und der Außenminister unterstützt. Die drei sprachen meist nachmittags miteinander, woran sich abends der gesellige Teil anschloss. Man wohnte in unzerstörten Villen unweit der Berliner Stadtgrenze, da wo sie bald darauf zur scharf bewachten Systemgrenze werden sollte.

Jetzt, nach dem Ende des Krieges in Europa, ging den drei Staatsmännern die einigende Kriegsdisziplin der vorangegangenen

Treffen ab, da auch der Pazifikkrieg sich dem Ende zuneigte – in der Endphase der Konferenz traf die Nachricht vom Abwurf der Atombombe auf Hiroshima ein. Außerdem hatte sich die personelle Zusammensetzung verändert: Nach dem plötzlichen Tod Roosevelts war US-Vizepräsident Truman an seine Stelle getreten, der unerfahrener war und Stalin gegenüber skeptischer eingestellt als sein Vorgänger, aber auch forscher angesichts des vielversprechenden politischen Potenzials der Atombombe. Der britische Premier Winston Churchill musste die Konferenz vorzeitig verlassen, da er die Unterhauswahlen verloren hatte. An seine Stelle trat – mit deutlich weniger Format – der neue Labour-Premier Attlee. Frankreich war seit der Konferenz von Jalta zwar in den Kreis der Siegermächte aufgenommen, in Potsdam gleichwohl nicht vertreten, was im Nachhinein zu weiteren Schwierigkeiten führen sollte.

Die Stimmung war von Anfang an gereizt: Einerseits, weil Stalin im Widerspruch zur Atlantikcharta in den osteuropäischen Ländern seines Einflussraumes den Kommunismus etablierte, anstatt freie Wahlen zuzulassen, was Churchill ihm nach der Eröffnung der Konferenz sogleich vorwarf. Andererseits hatte sich während des Kapitulationsprozesses und des amerikanischen Rückzugs aus Mecklenburg, Thüringen und Sachsen zugunsten der Roten Armee erneut das tiefe Misstrauen Stalins gegenüber den westlichen Partnern gezeigt. In der Luft hing seit einer Äußerung Churchills im Mai 1945 außerdem der Begriff des »Eisernen Vorhangs« quer durch Europa. So wurde bei aller Arbeit an der Zukunft Deutschlands und Europas ein ganz anderes Thema immer offensichtlicher: Die Machtfrage, das Misstrauen und der Systemgegensatz zwischen Ost und West überschatteten alles andere.

Das war einer der Gründe, warum noch Ende Juli und nach einer längeren Pause aufgrund des Regierungswechsels in London die Zwischenbilanz der Konferenz höchst mager ausfiel. In den wichtigsten Fragen war noch keine Einigung erzielt worden, und mit wachsendem Zeitdruck flüchtete man sich in schwammig formulierte Kompromissformeln, deren Auslegung später zur ergiebigen Streitquelle wurde. Für die Deutschen hatte das Tauziehen zur Folge, dass die wichtigsten Schicksalsfragen nicht sachlich, sondern politisch entschieden wurden. Während eine Seite in einem Punkt nachgab, erreichte sie in einem anderen ihr Ziel – dabei gerieten nicht nur der Verlierer des Krieges, sondern auch die kleinen Länder Ostmitteleuropas zur Verhandlungsmasse der drei Weltmächte.

Bei der Entnazifizierung war man sich im Prinzip einig, auch wenn die Umsetzung höchst unterschiedlich gehandhabt werden würde: Den Deutschen sollte das Ausmaß der Schuld vor Augen geführt, Verantwortliche und Kriegsverbrecher sollten zur Verantwortung gezogen werden. Das wies zum Nürnberger Kriegsverbrecherprozess, der als erster dieser Art bis heute beispielgebend wirkt: Frankreich, Großbritannien, die USA und die Sowjetunion richteten in der Stadt der großen Naziparteitage einen Internationalen Militärgerichtshof ein, an dem zunächst 24 Hauptangeklagte Rechenschaft ablegen sollten. Verhandelt wurde schließlich die gesamte Bandbreite der Naziverbrechen – von der Euthanasie bis zum Terror gegen Regimegegner, vom Holocaust bis zur Zwangsarbeit und den Kriegsgräueln.

Höchst kontrovers war dagegen die Frage der deutschen Reparationen. Wie zuvor bestand Stalin, schon im Hinblick auf die riesigen Zerstörungen seines Landes durch Wehrmacht und Besatzung, weiterhin auf feste Summen, während die Amerikaner flexible Quotenlösungen wollten, um den Wiederaufbau Deutschlands nicht scheitern zu lassen, noch bevor er überhaupt begonnen hatte. Auf den amerikanischen Kompromissvorschlag, jede Besatzungsmacht möge nach eigenem Gutdünken die Reparationen überwiegend aus der eigenen Zone bestreiten, ließ sich Stalin schließlich ein, nachdem der Westen im Gegenzug die moskautreuen, nicht durch Wahlen legitimierten Regierungen, beispielsweise in Ungarn, Polen oder Rumänien, anerkannte sowie die Oder-Neiße-Linie als deutsch-polnische Grenze akzeptierte. Der endgültige Verlauf der deutschen Ostgrenze sollte aber erst in einem Friedensvertrag abschließend geregelt werden. Für die deutsche Bevölkerung der abzutrennenden Landesteile verfügte man die »geordnete Überführung« nach Deutschland, deren Abwicklung allerdings alles andere als geordnet verlaufen und von massiver Brutalität gekennzeichnet sein sollte – die Gräueltaten von Wehrmacht und Besatzung schlugen auf die Zivilbevölkerung unerbittlich zurück. Zum Zeitpunkt der Potsdamer Verhandlungen trat die Vertreibung der Deutschen östlich von Oder und Neiße in ihre organisierte Form.

Nachdem Deutschland bereits in vier Besatzungszonen aufgeteilt war, musste die künftige politische und wirtschaftliche Verwaltung geregelt werden. Der Übergang zur Besatzungsherrschaft war reibungslos erfolgt, weil die Absprachen und Planungen dafür bereits 1944 getroffen worden waren. Grundlage für die künftige territoriale Gestalt Deutschlands waren die Grenzen des Deutschen Reiches von 1937 – also ohne Österreich und die annektierten Gebiete wie Lothringen, das Memelland oder das Sudetenland.

Berlin als ehemalige Reichshauptstadt wurde in vier Sektoren aufgeteilt und gemeinsam verwaltet. Entgegen bisheriger Teilungspläne unterschiedlicher Art blieb es bei dem Anspruch, Deutschland gemeinsam mit Frankreich im Alliierten Kontrollrat einvernehmlich zu verwalten – ein Entschluss darüber, ob das Land danach dauerhaft geteilt werden sollte, wurde nicht getroffen. Insbesondere sollte die wirtschaftliche Einheit Deutschlands nicht infrage gestellt werden – aber dem stand die Lösung der Reparationsfrage von vornherein entgegen, denn die höchst verschiedenen Vorstellungen der Großen Drei bezüglich deutscher Reparationen mussten eine wirtschaftliche Spaltung befördern.

Im Grundsatz führten also die drei Staatsmänner zwar die Tradition der vorangegangenen Konferenzen fort und vermieden eine Spaltung, die angesichts der sowjetischen Vorgehensweise in Osteuropa, die nicht mit dem Ideal der politischen Selbstbestimmung vereinbar war, kaum verwunderlich gewesen wäre. Das Potsdamer Abkommen vom 2. August mit seinen Kompromissformeln und dem Minimalkonsens bereitete den völligen Bruch kurze Zeit später aber bereits vor. Die Konferenz von Potsdam war das letzte Treffen der drei Siegermächte des Zweiten Weltkriegs auf höchster Ebene. Bald bestimmte der Kalte Krieg den Umgang miteinander – vor allem bezüglich Deutschland, wo man sich schwerlich aus dem Weg gehen konnte.

IM FADENKREUZ DES KALTEN KRIEGES
1948/49 – DIE ERSTE BERLIN-KRISE

Vom Sommer 1948 bis zum Frühjahr 1949 konnte die Bevölkerung der Berliner Westsektoren mit Fug und Recht behaupten, im Brennpunkt der Weltpolitik zu stehen. Allerdings war diese Rolle alles andere als ein Vergnügen, denn Westberlin stand unter der Blockade der Sowjetunion, die alle Verbindungswege per Bahn, Schiff oder Auto unterbrochen hatte. Mit Wirkung vom 14. Juni 1948 gelangten keine Lebensmittel und andere Waren mehr in die Westsektoren, denn die Sowjetische Militäradministration in Deutschland versuchte auf dem Weg der Aushungerung, Westberlin in die Knie zu zwingen und die Gründung eines westdeutschen Staates zu verhindern. Vorangegangen waren Monate der Behinderungen des Verkehrs von und nach Westberlin, die stereotyp mit »technischen Schwierigkeiten« begründet wurden. Diese »Schwierigkeiten« führten schließlich zur völligen Abriegelung der Stadt. Die Lebensmittelvorräte reichten zwar für einen Monat, aber dann war guter Rat teuer, sollten die Sowjets nicht einlenken. Von den Minusgraden des Kalten Krieges war kein Ort so existenziell betroffen wie die Viermächtestadt Berlin.

Für die Deutschen konnte nach dem Ende des Krieges und dem Zusammenbruch des Deutschen Reiches von echtem Frieden keine Rede sein. Neben den Alltagssorgen in einem zerstörten Land bestimmte die Besatzung durch die Siegermächte das Leben, und das auf recht unterschiedliche Weise in den vier Besatzungszonen, die Sowjetunion, USA, Großbritannien und Frankreich eingerichtet hatten.

Aber die Waffenbrüder des Zweiten Weltkrieges hatten sich seit ihrem gemeinsamen Sieg über Hitlerdeutschland immer weiter entfremdet, bis der Bruderzwist sich fatal verfestigt hatte und man selbst am gemeinsamen Tisch der alliierten Institutionen einander zunehmend weniger zu sagen hatte. Die Entfremdung war, wie sich während der Potsdamer Konferenz bereits gezeigt hatte, eine gegenseitige und wuchs durch das ideologisch bedingte Misstrauen und durch Missverständnisse, die aus dem Weg zu räumen immer aussichtsloser wurde, je weniger man miteinander sprach. Die unmittelbar betroffenen Menschen in Europa konnten nur mal ohnmächtig, mal atemlos verfolgen, wie die beiden Weltmächte USA und UdSSR miteinander umgingen, denn von ihnen hing ab, ob der junge Frieden bewahrt werden konnte oder schon bald ein neuer Krieg ausbrechen würde.

Die Konfrontation begann mit unterschiedlichen Auslegungen der Ergebnisse der Konferenz von Jalta: Die USA beharrten auf dem sowjetischen Zugeständnis freier Wahlen in den Ländern, die mehr oder weniger von Moskau kontrolliert wurden; Stalin aber hatte dieses Zugeständnis als Gefälligkeit verstanden, auf die Roosevelt aus innenpolitischen Gründen angewiesen war. Er hatte nicht die Absicht, in seinem Machtbereich den sowjetischen Einfluss durch demokratische Wahlen aufs Spiel zu setzen. Im Gegenteil mussten sich die osteuropäischen Länder in den nächsten Jahren immer enger an Moskau orientieren.

Wo trotz Entfremdung auch künftig die Zusammenarbeit unumgänglich war, wirkten sich die Verstimmungen unmittelbar aus: bei der Verwaltung des besetzten Deutschland, wogegen die unterschiedlichen Vorstellungen über die Zukunft Deutschlands anfangs nebensächlich waren. Handfeste Probleme gab es vor allem bei der Frage der Reparationen. In Potsdam war vereinbart worden, dass zwar der Großteil der Reparationen aus der jeweils eigenen Besatzungszone zu decken war, dass aber ein Teil der russischen Ansprüche mit Waren aus den westdeutschen Industriegebieten bestritten werden sollte. In der eigenen Zone setzte Moskau seine Reparationsforderungen rigoros durch, stieß aber bald auf Widerstand bei den USA mit Forderungen für Lieferungen aus dem Westen. Die USA nämlich veränderten ihre Reparationspolitik: Sie wollten verhindern, dass die deutsche Wirtschaft derart ausgeblutet würde, dass sich das Land nicht mehr selbst ernähren und somit auf US-Finanzhilfen angewiesen sein würde. Im Hinblick auf das vom Krieg gezeichnete eigene Land kümmerte das Moskau wenig, vielmehr erhöhte man die Entnahmen aus ostdeutscher Produktion, demontierte Fabriken, ließ andere ausschließlich für sich arbeiten und druckte munter deutsches Geld, das zunehmend an Wert verlor.

Die USA reagierten, weil Washington und Moskau sich nicht einigen konnten, mit einem Kurswechsel: Sowjetische Reparationsforderungen mussten künftig ausschließlich aus der sowjetischen Zone bestritten werden, im Westen stattdessen stoppte man die Demontagen und versuchte, die westdeutschen Zonen wirtschaftlich auf eigene Füße zu stellen. Damit begann 1946 endgültig der Kalte Krieg, denn die UdSSR warf den Westmächten vor, das Potsdamer Abkommen zu verletzen – überging dabei aber großzügig, dass sie einvernehmliche Lösungen selbst torpedierte. Die wirtschaftlich entgegengesetzten Vorstellungen dominierten seither die jeweiligen Teile Deutschlands: Die Sowjetunion bestimmte das ostdeutsche Wirtschaftssystem nach Moskauer Vorbild; die USA gaben in Westdeutschland den Ton an – wobei sie davon profitierten, dass Frankreich und Großbritannien selbst am Tropf Washingtons hingen. Die Konsequenz daraus war die Vereinigung der britischen und amerikanischen Zone zur Bizone Ende 1946.

Im Jahr darauf verstärkte Washington seine Bemühungen für Europas wirtschaftliche Gesundung – nicht aus reinem Idealismus, sondern auch im Hinblick auf Absatzmärkte und in der Befürchtung, wirtschaftliche Schwäche könne politisch destabilisierend wirken. Im Frühsommer wurden die Pläne für den sogenannten »Marshall-Plan« bekannt, der alsbald erweitert wurde: Alle europäischen Länder, die Sowjetunion eingeschlossen, sollten von Hilfsmaßnahmen des Wiederaufbauprogramms profitieren. Allerdings lehnte Moskau nach ersten Verhandlungen die Teilnahme am Marshall-Plan ab, weil man über die Gelder unabhängig verfügen wollte, und bewegte mit massivem Druck auch die durchaus interessierten osteuropäischen Länder dazu, auf US-Hilfen zu verzichten. Gleichzeitig verstärkte die UdSSR ihren Einfluss auf die osteuropäischen Staaten, um diese innenpolitisch auf Moskauer Kurs zu bringen. Ganz ähnlich in der Sache, aber subtiler, werblich wirkungsvoller und letztlich erfolgreicher, weil einträglicher für die Partner, brachten die USA ihren Einflussbereich Westeuropa ebenfalls wirtschaftlich und politisch auf den eigenen Kurs von Marktwirtschaft, kapitalistischen Eigentumsverhältnissen und Freihandel. Auf beiden Seiten machten Propagandisten aus dem gegensätzlichen Kurs einen ideologischen Wettkampf: Washington sprach von Freiheit gegen Unterdrückung und erließ die Monroe-Doktrin zur Unterstützung des Freiheitswillens unterdrückter Völker. Moskau beschwor das historische Ringen zwischen Imperialismus und Sozialismus und sah seinen Schutz in einer rücksichtslosen Stalinisierung seines osteuropäischen Machtbereichs.

Eine weitere, entscheidende Verschärfung des Konflikts brachte die Londoner Konferenz der drei Westalliierten sowie Belgiens, Luxemburgs und der Niederlande 1948. Sie sollte den Weg für eine westdeutsche Regierung, Marshall-Hilfe für die Westzonen und eine neue deutsche Währung ebnen. Moskau, das andere Vorstellungen von einer Währungsreform hatte und weiterhin an der Einheit Deutschlands festhielt, reagierte mit dem Auszug aus dem Alliierten Kontrollrat und beklagte abermals den Bruch des Potsdamer Abkommens.

In Reaktion auf die trotzdem erfolgte Weichenstellung der Westalliierten für eine Währungsreform ausschließlich in den Westzonen und die Gründung eines westdeutschen Staates verhängte die Sowjetische Militäradministration eine Land- und Wasserblockade gegen die drei Berliner Sektoren, die aus dem Westen versorgt wurden. Diese erste Berlin-Krise beschwor kurzzeitig die Furcht vor einem neuen Krieg herauf, zumal die USA sechzig Atombomber nach England verlegten. Gleichzeitig mit der Bekanntgabe der erwähnten »technischen Schwierigkeiten« ließ Moskau den Westen wissen, dass diese Schwierigkeiten nicht mehr bestünden, sobald von der Bildung eines westdeutschen Staates Abstand genommen werde. Jedoch blieb der Versuch, die neue Währung und die sich abzeichnende westdeutsche Staatsgründung zu verhindern, nicht nur erfolglos – zudem verspielte sich in Westberlin, das die Briten und Amerikaner mit der berühmten Luftbrücke 462 Tage lang aus der Luft versorgten, Moskau damit die letzten Sympathien. Die Westalliierten hingegen gewannen die Herzen der Menschen, als sie innerhalb weniger Tage eine logistische Meisterleistung auf die Beine stellten, um Westberlin nicht aufgeben zu müssen. Bis zu 300 Maschinen, die London und Washington aus aller Welt nach Deutschland beorderten, wurden gleichzeitig aufgeboten, um in fast 280 000

Flügen insgesamt über 1,8 Millionen Tonnen Hilfsgüter einzufliegen. Darunter befand sich sogar in Einzelteilen ein ganzes Kraftwerk, in der Hauptsache aber wurden Kohlen und Lebensmittel geliefert.

Die Westalliierten ließen sich auch sonst von der Blockade nicht beirren, sondern führten nach ihren Vorstellungen trotz der Proteste aus Moskau am 21. Juni 1948 in den drei Westzonen eine Währungsreform durch. Die Noten waren schon seit Herbst 1947 in den USA gedruckt worden – da noch in der Annahme, sie würden in ganz Deutschland zum Einsatz kommen. Nun sollte die neue Währung, 500 Tonnen Geldscheine im Wert von 5,7 Milliarden D-Mark, wenigstens in den Westzonen die Konsolidierung der Wirtschaft auf den Weg bringen. Die Deutsche Mark löste die Reichsmark ab, die längst nichts mehr wert war, sondern ein Hindernis beim Wiederaufbau der Wirtschaft. Nun erhielt jeder Bürger ein Kopfgeld von 60 D-Mark.

Seit Kriegsende waren alternative Zahlungsmittel wie Zigaretten oder direkte Tauschgeschäfte längst wichtiger geworden als Bargeld, zumal Waren in Erwartung der Währungsreform gehortet wurden. Jetzt aber füllten sich über Nacht die lange Zeit leer gebliebenen Regale der Läden. Sogar der Volkswagen, für den Adolf Hitler die deutschen »Volksgenossen« jahrelang hatte ansparen lassen, war nun auf dem freien Markt zu kaufen – wenn man das Geld dazu hatte. Der westdeutsche Wirtschaftsaufschwung, der in der Realität bereits eingesetzt hatte, hielt in Form der neuen Währung auch psychologisch Einzug in die Köpfe der Menschen. Mehr als mit der noch folgenden Staatsgründung der Bundesrepublik oder der Verabschiedung des Grundgesetzes verband sich künftig für die westdeutsche Wiederaufbaugeneration mit der Einführung der D-Mark der Aufbruch in die Wohlstandszukunft. Die sowjetische Besatzungsmacht führte in ihrer Zone eilends eine eigene Währungsreform durch, die allerdings zum einen nicht radikal genug abwertete und zum anderen nicht mit einem so eindrucksvollen Warenangebot aufwarten konnte wie die der Westzonen.

Zum währungspolitischen Problem wurde natürlich die Viermächtestadt. Die ostdeutsche Währung wurde in der Sowjetischen Besatzungszone und Groß-Berlin eingeführt, während die Westalliierten zunächst nicht versuchten, die D-Mark auch in den Berliner Westsektoren auszugeben. Sie setzten noch auf die Einführung einer dritten, einer gemeinsamen Währung für die Viersektorenstadt, bis wenige Tage nach der westdeutschen Währungsreform die D-Mark auch nach Berlin kam – mit einem B zur »Bärenmark« gestempelt, wie der Berliner Volksmund sie alsbald taufte. Sie wurde in Ostberlin verboten, in den Westsektoren dagegen am 20. März 1949 zum alleinigen Zahlungsmittel.

Unterdessen ging die Berlin-Blockade weiter, und die Bewohner der Westsektoren horchten dankbar auf das ständige Brummen der »Rosinenbomber«, die zeitweise im 90-Sekunden-Takt auf den drei Westberliner Flughäfen und der Havel landeten, und nannten die westlichen Besatzungsmächte seither aus dramatischer Erfahrung »Schutzmächte«. Die Kinder spielten ebenfalls Luftbrücke und kannten die Standorte, über denen manche Luftbrückenpiloten noch vor der Landung Schokoladentafeln abwarfen. Gleichzeitig schwanden im Westen Deutschlands die Vorbehalte gegen eine Staatsgründung ohne Berlin und das Gebiet der Sowjetischen Besatzungszone – sowohl in der öffentlichen Meinung als auch unter Politikern –, mochte damit die Spaltung des Landes vorerst auch festgeschrieben werden. Die Ministerpräsidenten der neu gegründeten westdeutschen Länder zögerten nicht länger, sondern beschleunigten den Prozess zur Erarbeitung einer provisorischen Verfassung, um Wahlen zum ersten deutschen Bundestag zu ermöglichen. Die Sowjetunion hingegen musste das Scheitern der Berlin-Blockade hinnehmen und damit das Ziel aufgeben, einen westdeutschen Teilstaat zu verhindern. Die logische Konsequenz daraus war die Vorbereitung der zweiten deutschen Staatsgründung in Berlin kurz nach der Geburt der Bonner Republik.

DIE BEIDEN SÖHNE DES KALTEN KRIEGES
1949 – DOPPELTE STAATSGRÜNDUNG

Die erste der beiden Zeremonien verläuft eher schmucklos und
zurückhaltend, aber gleichwohl würdevoll. Weit im Westen
wird am 23. Mai 1949 das Grundgesetz für die Bundesrepublik
Deutschland unterzeichnet – ein bis zur Bildung eines deutschen
Gesamtstaats ausdrücklich als Provisorium gedachtes Verfassungswerk. Die feierliche Versammlung findet in der schlichten
Aula der Pädagogischen Akademie Bonn statt, und nachdem die
Ministerpräsidenten der westdeutschen Länder und die Präsi-
denten der bereits gewählten Landtage ihre Unterschrift unter
das Verfassungswerk gesetzt haben, proklamiert der Präsident
des Parlamentarischen Rates Konrad Adenauer die westdeutsche
Bundesrepublik. In neunmonatiger Arbeit haben die 65 Rats-
mitglieder, die von den bereits durch Wahlen legitimierten
westdeutschen Landtagen bestimmt wurden, in Bonn an dem
Gesetzeswerk gefeilt. Mit der Standortentscheidung für die Uni-
versitätsstadt am Rhein, die vergleichsweise wenig beschädigt
war, fiel ungewollt auch eine Vorentscheidung für die Hauptstadt des neuen Staates, die der erste Bundeskanzler Adenauer
bald darauf zuungunsten des Mitbewerbers Frankfurt am Main
ausnutzte. Auf die Proklamation der Verfassung folgte die Wahl
zum ersten Bundestag, der sich am 7. September konstituierte
und bald darauf Theodor Heuss zum Bundespräsidenten und
Konrad Adenauer zum Bundeskanzler wählte. Der westdeutsche
Teilstaat Bundesrepublik Deutschland war gegründet, seine Sou-

veränität blieb aber durch die oberste Kontrolle der Alliierten in vielen wichtigen Bereichen formell beschränkt. Er entwickelte sich nach dem Vorbild der westlichen Demokratien zu einer stabilen Parteiendemokratie, wenn auch der ideelle und personelle Bruch zur jüngeren Vergangenheit nicht so beherzt ausfiel, wie es wünschenswert gewesen wäre und wie ihn sich der zweite deutsche Staat kurz darauf auf seine Fahnen schrieb.

Denn wenige Wochen später vollzog sich Ähnliches in Berlin, wenn auch weniger nüchtern, sondern mit mehr Pomp: Im Festsaal der Deutschen Wirtschaftskommission, am heutigen Sitz des Finanzministeriums, trat der Volksrat zusammen, gebildet nach demokratisch nicht ganz makelloser Wahl, und bestätigte ebenfalls einen Verfassungsentwurf. Dann benannten sich die 330 Mitglieder in Provisorische Volkskammer um. Wenige Tage darauf wählten die Delegierten Wilhelm Pieck zum Staatspräsidenten und beriefen Otto Grotewohl zum Ministerpräsidenten der neuen Regierung. Der ostdeutsche Teilstaat Deutsche Demokratische Republik war gegründet – im glatten Widerspruch zum Viermächtestatus legte er Berlin als seine Hauptstadt fest –, aber auch ihm wurde die volle Souveränität einstweilen vorenthalten. Vier Tage später feierte die Jugendorganisation FDJ die neu geborene Republik auf eine Weise, die sogar der Besatzungsmacht Sowjetunion höchst zweifelhaft erschien: Zehntausende absolvierten einen Fackelzug auf der Prachtstraße Unter den Linden, die gleichwohl wenig prächtig damals noch weitgehend in Trümmern lag – und nicht nur Moskau fühlte sich unangenehm an die Fackelzüge der Nationalsozialisten erinnert.

Im Unterschied zur föderalen Bundesrepublik war die DDR zwar als Zentralstaat konzipiert, aber wie im Westen bestimmte die Verfassung das Parlament – die Volkskammer – als legislative

Gewalt, deren Zusammensetzung in allgemeinen, gleichen und geheimen Wahlen ermittelt werden sollte. Ebenso enthielt die erste DDR-Verfassung einen Grundrechtekatalog, der jedoch vom sogenannten Boykotthetze-Artikel beschränkt wurde. Er sollte sich als geeignetes Instrument erweisen, um gegen Oppositionelle vorzugehen. Auch die Parteienlandschaft blieb erhalten, was sich aber bald als Mogelpackung erwies, da die SED als »Staatspartei« einen Führungsanspruch erhob – den sie ideologisch reklamierte, aber aus einem demokratischen Auftrag nicht ableiten konnte. Denn bei den Wahlen, die in den kurzzeitig existierenden Ländern der sowjetischen Besatzungszone 1946 abgehalten worden waren, hatte die SED keine tragfähigen Mehrheiten erringen können. Das hielt die Partei aber nicht davon ab, sich die Macht zu sichern. Auf einer Vorstandssitzung der SED äußerte sich Vorstandsmitglied Gerhart Eisler, der Bruder des Komponisten der DDR-Staatshymne, ziemlich unverfroren: »... als Marxisten müssen wir wissen: Wenn wir eine Regierung gründen, geben wir sie niemals wieder auf, weder durch Wahlen noch andere Methoden.« Also wurden alle Parteien zur »Nationalen Front« zusammengeschlossen und stellten sich als Einheitsliste zur Wahl – was die Wahlen nach demokratischem Verständnis sinnlos machte, da die Wähler nicht aus einem Angebot auswählen konnten. Die Führung der SED vertraute im Übrigen darauf, dass sich die Überlegenheit des sozialistischen Weges erweisen und dann auch die Bevölkerung mit überwältigender Mehrheit den Kurs der Partei unterstützen würde. Bis dahin aber wollte man mit dem Rückhalt Moskaus die Macht ergreifen und sichern.

Mit dem Kalten Krieg war die SED 1948 zu einer marxistisch-leninistischen Partei stalinistischer Prägung geworden, die vorherige demokratische Grundsätze über Bord warf. Das entsprach den Erwartungen und Vorgaben der Besatzungsmacht, die weiterhin den politischen Ton angab. Konsequent wurden die Gegner der Stalinisierung aus der Partei ausgeschlossen und das Land bis 1953 nach dem Vorbild der stalinistischen Sowjetunion umgewandelt.

Die Bemühungen für einen deutschen Gesamtstaat durch Zusammenschluss aller vier Besatzungszonen inklusive der Viermächtestadt Berlin waren damit auf unabsehbare Zeit gescheitert. Der Kalte Krieg hatte die Atmosphäre zwischen Westalliierten und Sowjetunion dauerhaft vergiftet. Ein gesamtdeutsches politisches Ringen um den Weg, den das Land nehmen sollte, war somit ausgeschlossen. Wer Demokratie und Kapitalismus nach westlichem Vorbild als den richtigen Weg ansah, mochte die Bundesrepublik als seinen Staat ansehen. Wer Ideale und Prinzipien des Kommunismus umgesetzt sehen und einen radikaleren Bruch mit der Vergangenheit wollte, schaute wohlwollend auf das Geschehen im Osten und mochte hoffen, dass die Demokratie dort nicht vollends ins Hintertreffen geraten würde. Auch wenn es im Rückblick aus vielerlei Gründen auf der Hand liegt, dass der Weg des Westens schon damals erfolgversprechender war: Ende der Vierzigerjahre zeichneten sich die Entwicklungen keineswegs so eindeutig ab, wie es in der Rückschau wirkt. Und auf beiden Seiten gab es gute Argumente, um das jeweilige Staatsmodell für das der Zukunft zu halten.

So rasch sich die beiden deutschen Staaten voneinander entfernten, so sehr beschworen sie den deutschen Gesamtstaat als anzustrebendes Ziel und warfen sich gegenseitig vor, die Verwirklichung eben dieses Ziels zu verhindern. Bis in die Fünfzigerjahre hinein erwiderte Bonn Ostberliner Vorschläge für gesamtdeutsche Beratungen über einen Zusammenschluss beider Staaten stets mit der Forderung nach freien Wahlen in ganz

Deutschland, und zwar in Vorleistung zu solchen Gesprächen: Die DDR-Regierung war in den Augen Bonns mangels demokratischer Legitimation gar nicht berechtigt, im Namen ihres Volkes in Verhandlungen einzutreten. Ostberlin wies diese Forderung seinerseits stets zurück.

Von nun an sollten sich beide deutsche Staaten, obwohl stets aufeinander fixiert, politisch, wirtschaftlich und gesellschaftlich in entgegengesetzte Richtungen entwickeln. Schon seit Längerem standen alle Zeichen in der Deutschlandpolitik auf Vertiefung und Verfestigung der Teilung, die sich entlang der Grenze zwischen den westlichen Besatzungszonen und der östlichen herausgebildet hatte. Gleiches galt für Europa im Ganzen, wo sich die Kluft zwischen den Herrschaftssystemen in Ost und West stetig verbreiterte. Die Positionen blieben verhärtet, solange der Kalte Krieg das Weltgeschehen dominierte und der Systemwettstreit der beiden deutschen Staaten von dem der »Großen« bestimmt wurde. Die doppelte Staatsbildung im Nachkriegsdeutschland Ende der Vierzigerjahre vollzog sich nicht unabhängig, sondern vielmehr bestimmt vom Kalten Krieg, denn Deutschland war zum maßgeblichen Austragungsort des nichtmilitärischen Mächteringens der Weltmächte USA und UdSSR geworden.

Die beiden Staaten agitierten auf das Heftigste gegeneinander. Die Bundesrepublik bestand seit 1955 mit der Hallstein-Doktrin auf ihren völkerrechtlichen Alleinvertretungsanspruch in Sachen Deutschland. Damit verbunden war der Abbruch diplomatischer Beziehungen zu Ländern, die die DDR diplomatisch anerkannten – mit Ausnahme der UdSSR. Für einige Zeit erfolgreich, schwächte diese Politik nicht nur dauerhaft die weltpolitische Position der DDR, sie behinderte durch die Isolierung des sozialistischen deutschen Staates außerhalb des Ostblocks auch seine wirtschaftliche Entwicklung. Erst im Zuge der Entspannungspolitik unter Bundeskanzler Willy Brandt wurde die Hallstein-Doktrin aufgegeben.

In Zusammenhang mit dem Alleinvertretungsanspruch steht die Weigerung Bonns, eine DDR-Staatsbürgerschaft anzuerkennen, weil die Nation unteilbar sei. Dadurch besaß jeder DDR-Bürger, sofern er in den Westen gelangen konnte, Anspruch auf einen westdeutschen Pass – was vor der völligen Schließung der Fluchtwege nach Westen die Auswanderungsbewegung aus der DDR durchaus beförderte.

Für wie lange die Wege der beiden deutschen Staaten getrennt verlaufen würden, ließ sich damals unmöglich abschätzen. Die DDR bestand auf der vollständigen völkerrechtlichen Anerkennung durch Bonn, die sie erst im Zuge des KSZE-Prozesses 1975 erhielt. Gleichzeitig forderte sie die Anerkennung einer eigenen DDR-Staatsbürgerschaft, die die Bundesregierung ihr allerdings nicht gewährte, und propagierte schließlich sogar eine eigene DDR-Nationalität. Das Ideal eines deutschen Gesamtstaates verblasste entsprechend, und seit Anfang der Siebzigerjahre wurde der Text der DDR-Hymne »Auferstanden aus Ruinen« nicht mehr gesungen, weil die darin enthaltene Zeile »Deutschland, einig Vaterland« der Idee einer »sozialistischen Nation« widersprach.

Im Westen verkam das Bekenntnis zur deutschen Einheit mit zunehmender Gewöhnung immer mehr zum leeren Ritual, vor allem am Staatsfeiertag 17. Juni, dem »Tag der deutschen Einheit«, oder diente als mitunter durchsichtiges innenpolitisches Instrument. Andererseits begann die Bundesrepublik erst in den Achtzigerjahren damit, das Hauptstadtprovisorium Bonn für einen dauerhaften Hauptstadtbetrieb umzubauen. Als die ersten Gebäude bezogen werden konnten, näherte sich, wenngleich noch nicht offensichtlich, bereits das Ende der Teilung. Die zweite staatliche Einigung Deutschlands aber sollte abermals von der europäischen Politik im Ganzen abhängen.

WENN NUR NOCH PANZER
GEGEN DAS EIGENE VOLK HELFEN
1953 – AUFSTAND IN DER DDR

Als der Bauleiter am Montagmorgen pünktlich zu Schichtbeginn eintraf, musste er feststellen, dass die starken Worte vom Streik seiner Männer beim Betriebsausflug mit den Dampfern »Triumph« und »Seid bereit« der Weißen Flotte zwei Tage zuvor nicht der Bierseligkeit entsprungen, sondern bitterernst gemeint waren: An diesem 15. Juni 1953 war es um sieben Uhr früh auf der Baustelle des Berliner Krankenhauses Friedrichshain verdächtig ruhig. Es brauchte einige Überredungskunst, bis die Bauarbeiter wenigstens bis zu einer kurzfristig einberufenen Betriebsversammlung an ihre Arbeit gingen. Auf der wurde dann, bei mäßigender Beteiligung von Gewerkschafts- und Parteivertretern, eine Resolution an die DDR-Regierung verabschiedet, die die Rücknahme der Normenerhöhung verlangte – weil der sogenannte Neue Kurs der Regierung faktische Lohneinbußen bedeutete.

In der Umgegend des Krankenhauses wurde damals emsig gebaut, vor allem an der Stalin-, der heutigen Karl-Marx-Allee, wo nach sowjetischem Vorbild Arbeiterpaläste in den Himmel wuchsen. Entsprechend schnell konnte sich unter den zahlreichen Arbeitern der Aufruf zum Aufruhr verbreiten.

Anfang der Fünfzigerjahre steckte die DDR in der Klemme. Im Unterschied zu Westdeutschland vollzog sich der Wiederaufbau unter ungleich schwereren Bedingungen: Weder gab es Unterstützung durch den Marshall-Plan noch hilfreiche Impulse durch Einbindung in den Welthandel, vielmehr belasteten die enormen Reparationsleistungen für die Sowjetunion die Wirtschaft, die außerdem wichtige Zulieferer aus dem Westen verloren hatte. Zulasten anderer Wirtschaftszweige konzentrierte man sich auf den Aufbau der Schwerindustrie, was zu Versorgungsmängeln und zur Vernachlässigung der Konsumgüterproduktion führte – selbst Grundnahrungsmittel waren mitunter schwer zu bekommen. Aus ideologischen Gründen wurde überdies die Privatwirtschaft drangsaliert, obwohl sie mit 20 Prozent Produktionsanteil einstweilen unverzichtbar war.

Der ehrgeizige Parteichef Ulbricht wollte die DDR zu einem stalinistischen Musterstaat umformen, ohne dass dafür die Voraussetzungen gegeben waren. Hinzu kam der Aufbau einer eigenen Streitmacht, der immense Summen verschlang. Immerhin gewährte die Sowjetunion Kredite und Nachlässe bei den Reparationen, aber die Regierung sah sich trotzdem gezwungen, zunächst den Mittelstand zu belasten – mit Maßnahmen, die von verstärktem Druck auf Bauern, in Genossenschaften einzutreten, bis hin zu Steuererhöhungen für Selbstständige reichten. Dann aber traf es auch die Arbeiterschaft, bei der der Unmut rasch wuchs, verstand sich die Staatsführung doch als »Arbeiter- und Bauernregierung«. Der vollmundig angekündigte »Aufbau des Sozialismus« stellte sich für viele Menschen vor allem als verschärfte Mangelwirtschaft und verstärkte Gängelung dar. Angesichts der Versorgungslage verblassten andere soziale Errungenschaften, die im Westen noch keinesfalls selbstverständlich waren. Bei alldem war das Wirtschaftswunder des Westens stets präsent, sodass die Zahl der Flüchtlinge in den Westen sprunghaft anstieg. Der Ausbau der innerdeutschen Grenzanlagen half da wenig, solange in Berlin die Sektorengrenzen ungehindert passiert werden konnten.

Die verfehlte Wirtschaftspolitik führte Anfang 1953 zum Eingreifen Moskaus, das den Berliner Genossen konkrete Maßnahmen vorlegte, um die Lage zu verbessern. Im März war Stalin gestorben, und der liberalere Kurs in Moskau verunsicherte die stramm stalinistische Führungsriege in Ostberlin. Anfang Juni verkündete die DDR-Regierung einen »Neuen Kurs« und gestand Fehler ein, nahm bei den Zugeständnissen für die verschiedenen Berufsgruppen aber ausgerechnet die Arbeiter aus. Das musste zu Unmut führen – der »Neue Kurs« hinterließ aber auch insgesamt den Eindruck, die Ostberliner Regierung habe versagt. Das belegen nicht zuletzt die vielfältigen Gerüchte jener Tage, die sogar von Selbstmorden und der Flucht hochrangiger Regierungsmitglieder sprachen. In der Tat war es zu einem internen Machtkampf gekommen, bei dem kurzfristig die Auswechslung Ulbrichts möglich schien – und davon waren die Genossen so in Anspruch genommen, dass sie die grassierende Unzufriedenheit im Volk und die daraus resultierende Bedrohung nicht ernst genug nahmen. Anders ist kaum erklärlich, warum trotz diverser Streiks und Proteste über Monate das Misstrauen in die eigene Bevölkerung noch nicht so groß war, dass man sich um beunruhigende Stasi-Berichte über Volkes Stimmung übermäßig gekümmert hätte.

Am folgenden Morgen des 16. Juni formierte sich, vom Berliner Krankenhaus Friedrichshain ausgehend, ein Demonstrationszug, der an jeder Baustelle Zuwachs erhielt. Die Arbeiter zogen die Stalinallee entlang zum Alexanderplatz, von da über Unter den Linden und die Friedrichstraße bis zur Leipziger Straße, wo sich vor dem »Haus der Ministerien« rund zehntausend Menschen versammelten und mit ihrer Regierung zu sprechen verlangten. Jetzt lautete die Forderung nicht mehr nur nach Rücknahme der Normenerhöhung – wie in der entschärften Resolution vom

Tag zuvor –, jetzt hieß die Parole »Freie Wahlen!«, aber auch »Butter statt Kanonen!« oder »Runter mit den Preisen!«. Dass freie Wahlen zum Sturz der Regierung führen und eine deutsche Wiedervereinigung ermöglichen würden, lag auf der Hand – der SED drohte der Machtverlust, für die Sowjetunion stand ihr westlichster Vorposten auf dem Spiel.

Die kurzfristig beschlossene und hastig verkündete Rücknahme der Normenerhöhung griff nicht mehr. Vielmehr wurde sie als Signal verstanden, dass mit etwas mehr Protest die Regierung tatsächlich zu Fall zu bringen war. Am 17. Juni hatte der Aufstand fast die ganze DDR erfasst, in vielen Hundert Orten, auch auf dem Land, wurde gestreikt, demonstriert, protestiert – rund eine Million Menschen waren republikweit auf den Beinen.

In Berlin erreichten am Vormittag zahlreiche Demonstrationszüge aus den Betrieben das Haus der Ministerien, aus dem sich die Regierungsspitze aus Angst vor dem Volkszorn längst ins sowjetische Hauptquartier geflüchtet hatte. Vom Brandenburger Tor holten zwei Berliner die rote Fahne herunter. Um 11 Uhr wurde in ganz Berlin der S-Bahn-Verkehr eingestellt, um 13 Uhr verhängte der sowjetische Stadtkommandant den Ausnahmezustand. Gleichzeitig hatten sich im Lustgarten 50 000 Menschen zu einer Kundgebung versammelt, aber bald darauf rollten Panzer durch die Innenstadt und machten dem Protest nach und nach in der ganzen Stadt ein Ende. Die ersten Schüsse waren schon gegen Mittag am Potsdamer Platz gefallen, wenig später am Brandenburger Tor.

Die abendliche Ausgangssperre wurde weitgehend eingehalten, die unkoordinierte Revolte verlief sich. In den nächsten Tagen sorgten Sowjetsoldaten zusammen mit der Kasernierten Volkspolizei überall im Land für ein Ende der Proteste. Mindestens fünfzig Demonstranten kamen dabei ums Leben, genaue

Zahlen lassen sich nicht mehr ermitteln; aber auch in den Reihen der Volkspolizei gab es Tote. Der Sturz der Regierung war mithilfe der Schutzmacht UdSSR abgewendet worden.

Im Bezirk Halle, wo in den meisten Städten gestreikt wurde, hatten die Ereignisse die höchste Zahl an Toten gefordert – insgesamt elf Menschen wurden von der Volkspolizei erschossen, weitere zum Teil schwer verletzt. In der Bezirkshauptstadt hatten sich die morgendlichen Streikversammlungen in Betrieben zu Demonstrationen in Richtung Innenstadt entwickelt, auf denen es beispielsweise hieß: »Abzug der Besatzungstruppen« oder »Spitzbart, Bauch und Brille sind nicht des Volkes Wille« – gemeint war die Machtspitze der DDR, bestehend aus dem SED-Vorsitzenden Ulbricht, Staatspräsident Pieck und Ministerpräsident Grotewohl. Mit fast 150 000 Teilnehmern waren die Proteste in Halle die stärksten überhaupt, 33 staatliche Einrichtungen wurden gestürmt. Ein Teil des Zuges marschierte zum Thälmannplatz, ein anderer zum Gefängnis »Roter Ochse«, wo beim Versuch, Gefangene zu befreien, durch Schüsse aus Waffen von Volkspolizei und Roter Armee fünf Aufständische getötet wurden.

Trotz des Ausnahmezustandes, der Versammlungen untersagte, kamen Zehntausende zu einer Kundgebung, auf der dieselben politischen Forderungen ertönten wie an anderen Orten: Rücktritt der Regierung, Freilassung politischer Gefangener, freie Wahlen. Während die Proteste ansonsten eher unorganisiert verliefen, bildete sich in Halle ein Komitee, das den landesweiten Protest koordinieren wollte. Über 200 Kilometer weiter östlich, in Görlitz, wurde sogar – allerdings nur für Stunden – eine neue Stadtregierung eingesetzt. In der schlesischen Grenzstadt trat zu den üblichen Forderungen auch die nach einer Revision der Oder-Neiße-Grenze. Währenddessen fuhren russische Panzer auf, wovon sich die Versammelten zunächst aber nicht verscheuchen ließen. Erst nach der Kundgebung setzten die Panzer der Roten Armee gewaltsam den Ausnahmezustand durch.

Der DDR-Regierung blieb nur, konterrevolutionäre Kräfte für den Aufstand verantwortlich zu machen, gesteuert und unterstützt von westlichen Provokateuren, die dem Arbeitertraum DDR mit einem Putsch ein kapitalistisch-imperialistisches Ende machen wollten. Dabei hatte der Westen die DDR-Bevölkerung sogar zur Ruhe aufgefordert – zugleich hatte allerdings der Berliner Radiosender RIAS durchaus eine wichtige Rolle gespielt, weil seine umfassende Berichterstattung die DDR-Bevölkerung auf dem Laufenden hielt. Die verbreitete Hoffnung auf ein Eingreifen von Bonn oder Washington war jedoch von vornherein unbegründet, denn dort achtete man die Grenzen der sowjetischen Einflusszone, weil andernfalls der Kalte Krieg in eine militärische Auseinandersetzung mit internationalem Dominoeffekt auszuarten drohte. Bei einem Zusammenbruch im Osten hätte man die Früchte gern geerntet – auf die Geschehnisse aktiv Einfluss zu nehmen kam jedoch nicht infrage.

Die Proteste verstummten trotz des Ausnahmezustands und des Eingreifens der Besatzungsmacht nicht sofort, erst am 24. Juni meldete das Ministerium für Staatssicherheit, nun sei endgültig Ruhe eingekehrt. Eine Verhaftungswelle, die Tausende hinter Gitter brachte, hatte nach und nach zum Ende der Proteste geführt, weil immer mehr Wortführer einsaßen und die Angst umging, selbst verhaftet zu werden. Insgesamt 1500 meist drakonische Urteile wurden gefällt, zwei Aufständische hingerichtet.

Aber auch wenn die DDR-Regierung ideologisch unbeirrt ihren Weg ging, hatte sie doch einen Teil der Botschaft verstanden – denjenigen Teil, der ihre Autorität nicht grundsätzlich infrage stellte. Mithilfe der Sowjetunion, die ihre Reparationsforderungen einstellte und Kredite gewährte, wurde die Konsumgüterproduktion forciert und die allgemeine Versorgungslage verbessert. Auch die Löhne stiegen seither dauerhaft – allerdings schneller als die Produktivität und ohne ein ausreichendes Konsumangebot, das die zunehmende Kaufkraft hätte abschöpfen können: Der Rahmen des Möglichen war östlich der Elbe begrenzt. Und dem Problem, dass auf der anderen Seite der innerdeutschen Grenze Landsleute, gar Verwandte ein viel dynamischeres Wachstum mit all seinen Segnungen genießen konnten, stand die DDR auch weiterhin machtlos gegenüber. Dem Gefühl politischer Ohnmacht konnten die Maßnahmen ohnehin nicht abhelfen – ganz im Gegenteil, denn zusammen mit dem Zuckerbrot kam die Peitsche: Aus Stabilitätsgründen wurde der zuvor noch gefährdete Ulbricht nicht ausgewechselt, sondern die Partei gestärkt und der Überwachungsapparat verfeinert – politisch hatten die Aufständischen das Gegenteil dessen erreicht, was sie gefordert hatten.

Im Juli 1953 gab es trotzdem ein vergleichsweise kleines, aber dennoch beachtliches Nachbeben in Form einer zweiten Streikwelle, vor allem in Schkopau und Jena. Zwar hatten die Forderungen wohl aus Angst vor Repressalien weniger politischen als wirtschaftlichen Charakter und waren darauf gerichtet, verurteilte Aktivisten des 17. Juni freizubekommen. Aber trotzdem musste die Stasi intern anerkennend konstatieren: »Immer wieder ist zu bemerken, dass dort, wo reaktionäre Elemente in Versammlungen gegen die Regierung und ihre Maßnahmen auftreten, diese einen großen Teil der Belegschaften für ihre Ziele gewinnen.« Den Sicherheitsbehörden gelang es aber, die neue Protestwelle örtlich zu begrenzen, sodass sie sich nicht mehr landesweit ausbreitete, sondern vielmehr bald verebbte.

Die Bonner Republik machte, auf Drängen der SPD, den 17. Juni flugs zum »Tag der deutschen Einheit«, der bis 1990 den Status eines Nationalfeiertags besaß, allerdings nach und nach zu einem bloßen Lippenbekenntnis und willkommenen frühsommerlichen arbeitsfreien Tag verkam. Die CDU blickte längst in die entgegengesetzte Richtung: Die Westbindung war dringlicher und vielversprechender als das gleichwohl beschworene Ziel einer Wiedervereinigung, das die Sowjetunion aber ohnehin nicht zulassen wollte.

Ein Aufstand zur Einheit waren die Ereignisse des 17. Juni jedoch nicht, auch wenn der angestrebte Sturz der DDR-Regierung und freie Wahlen höchstwahrscheinlich zum Ende der deutschen Teilung geführt hätten. Das Ziel der Wiedervereinigung war damals aber ohnehin überwiegend unstrittig, ob in Bonn oder in Ostberlin, bei Westdeutschen oder bei Ostdeutschen – nicht allerdings der Weg dorthin und die Ausgestaltung dieser Einheit. Die Aufständischen von 1953 forderten bessere Lebensbedingungen und mehr politische Freiheit, nicht mehr und nicht weniger.

Auch die Erhebungen in Ungarn (1956), in der Tschechoslowakei (1968) und in Polen (1981) wurden niedergeschlagen. Erst als der Kalte Krieg zu Ende ging sowie Strahlkraft und Macht der UdSSR dahinschwanden, gerieten die Sessel der Macht ernsthaft ins Wanken. Im ostdeutschen Bewusstsein blieb der 17. Juni gleichwohl lebendig: ob als stolze Erzählung heldenhafter Leistungen oder im Ausdruck der Wut, es nicht geschafft zu haben – oder als Albtraum der Mächtigen, dergleichen könne sich wiederholen. Als 1989 in der DDR abermals massiver Unmut laut wurde, fragte Stasi-Chef Mielke ängstlich, ob da etwa ein neuer 17. Juni bevorstehe.

EXISTENZSICHERUNG MIT
STACHELDRAHT UND WAFFENGEWALT
1961 – DER BAU DER BERLINER MAUER

Wie ein geschmeidiges, gut geschmiertes Uhrwerk läuft die Operation ab. Im Ostberliner Polizeipräsidium am Alexanderplatz sitzt der spätere DDR-Staatsratsvorsitzende Erich Honecker, nachdem am Nachmittag des 12. August Staats- und Parteichef Walter Ulbricht die entsprechenden Befehle unterzeichnet hat. Mit Mühe konnte Ulbricht den Kreml nach Monaten endlich überzeugen, dass die Westsektoren Berlins abgeriegelt werden müssen, um dem dramatischen Ausbluten der DDR Einhalt zu gebieten. Größte Geheimhaltung lautet die Devise: Die Führung der Nationalen Volksarmee wird erst an diesem Abend informiert, was sie Stunden später zu tun hat. Selbst den Ministerpräsidenten Grotewohl und den Ostberliner Bürgermeister Ebert informiert Ulbricht erst spät an diesem Samstagabend des 12. August über den Verlauf der bevorstehenden Nacht. Auch die um Berlin stationierten sowjetischen Truppen werden kurzfristig in Alarmbereitschaft versetzt.

Nach der glimpflich ausgegangenen Berlin-Blockade und trotz der beiden Staatsgründungen blieb Berlin *der* Brennpunkt des Ost-West-Konflikts. Der Weltöffentlichkeit diente die ehemalige deutsche Reichshauptstadt als Barometer im Kalten Krieg, denn wenn sich die Weltmächte hier allzu sehr aneinander rieben, konnte es im Handumdrehen zur Eskalation kommen. Das war allerdings auch den vier Alliierten bewusst, die formell die

Stadt gemeinsam verwalteten – was sie tatsächlich aber fast nur noch in Sachen Flugüberwachung taten. Zwei amtliche Währungen kursierten in Berlin, ein Senat im Westen und ein Magistrat im Osten regierten, der Wiederaufbau vollzog sich ebenso getrennt wie das politische Leben. Die Sektorengrenzen aber blieben durchlässig, S- und U-Bahn verkehrten kreuz und quer durch die Viermächtestadt. Während sich die Deutschen in Suhl oder Aachen mit der Zweistaatlichkeit notgedrungen arrangierten, lebten die Berliner faktisch in beiden Systemen: Viele hatten Verwandte und Freunde im anderen Teil, arbeiteten im Westen und wohnten im Osten oder umgekehrt. Und selbst die abendliche Fahrt ins Kino bedeutete häufig einen Ausflug in die andere Welt in der eigenen Stadt.

Der S-Bahn-Verkehr ist es denn auch, der in der lauen Sommernacht zum 13. August 1961 die ersten Anzeichen liefert. Gegen zwei Uhr früh häufen sich die Meldungen, die S-Bahn-Linien zwischen Ost und West seien unterbrochen, die Züge hielten an den jeweils letzten Bahnhöfen vor der Sektorengrenze. Gleiches gilt auch für die U-Bahn, wo schon um Mitternacht völlig überraschend unter der Ost-West-Demarkationslinie am Potsdamer Platz die ersten Gleise demontiert werden. Als beunruhigend viele Militärfahrzeuge östlich der Sektorengrenze auftauchen, wird die Westberliner Polizei mitten in der Nacht in Alarmbereitschaft versetzt. Aber im Gange ist nicht der im Westen befürchtete Versuch, ganz Berlin der DDR einzuverleiben, sondern der Bau der Mauer. Rund 10 000 Einsatzkräfte riegeln Westberlin ab, in einem Kilometer Abstand gesichert von NVA und Staatssicherheit. Entlang der Sektorengrenze, im Schutz der nächtlichen Dunkelheit und spärlich beleuchtet von Lastwagenscheinwerfern, wird das Straßenpflaster aufgerissen und, zunächst improvisiert mit Stacheldrahtsperren zwischen Betonpfählen, die Grenze markiert, die seither streng bewacht, aber erst in den folgenden Wochen zur eigentlichen Berliner Mauer wird. Von den eben noch 81 Grenzübergangsstellen zwischen West- und Ostsektoren werden 69 sofort geschlossen, Tage später gibt es nur noch sieben Grenzübergänge.

Angesichts zahlreicher, oft spontaner Proteste in Ostberlin in den ersten Monaten nach dem Mauerbau kam es zu weit über 2 000 Verhaftungen, die zum Teil langjährige Haftstrafen nach sich zogen. In Westberlin war man aber kaum weniger entsetzt über die ausbleibende Reaktion der Westmächte: Selbst in Washington verhielt man sich ruhig.

Bei allem Muskelspiel des Kalten Krieges achteten die Regierungen in Moskau und Washington den Einflussbereich der jeweils anderen Weltmacht. Washington hatte sogar signalisiert, dass es einer besseren Sicherung der sowjetischen Sektorengrenzen nichts entgegensetzen werde. Also stimmte Moskau Ulbrichts Mauerbauplan zu, bestand aber darauf, dass DDR-Sicherheitskräfte auf keinen Fall Westberliner Gebiet betreten dürften. Washington dagegen nahm die Grenzsicherungsmaßnahmen nicht nur hin – ein erleichterter Kennedy äußerte gar im Weißen Haus vor Vertrauten, eine Mauer sei besser als Krieg. Solange Westberlin unangetastet und von der Bundesrepublik aus zugänglich blieb, sah Kennedy keinen Grund einzugreifen. Weder unterbrach der US-Präsident seinen Segeltörn noch der britische Premier Macmillan seine Jagd, und auch Frankreichs Präsident de Gaulle blieb an seinem Urlaubsort. Selbst Bundeskanzler Adenauer setzte in der Bundesrepublik zunächst seinen Kanzlerwahlkampf fort, während Berlins Regierender Bürgermeister Brandt – als SPD-Herausforderer Adenauers ebenfalls gerade auf Wahlkampftour in Westdeutschland – umgehend nach Berlin zurückkehrte. Folge der Ruhe in

den urlaubsverwaisten westlichen Hauptstädten waren wütende
Schlagzeilen Westberliner Zeitungen, die dem Westen Untätig-
keit vorwarfen. Als Bundeskanzler Adenauer erst volle neun Tage
nach dem Beginn des Mauerbaus in Berlin eintraf, schlug ihm
eisige Kälte entgegen.

Brandt erreichte bei den Kommandanten der Westalliierten
wenigstens symbolische Aktionen, die die zutiefst verunsicherte
Westberliner Bevölkerung beruhigen sollten. Diese Taktik der
USA verfing tatsächlich – ihren Höhepunkt bildete 1963 der
Berlin-Besuch Kennedys, der vor dem Schöneberger Rathaus
auf Deutsch einer begeisterten Menge zurief: »Ich bin ein Berliner!«

Tatsächlich war der Bau der Mauer für die Westmächte gleichzeitig Erleichterung und Entlastung. Denn die DDR-Regierung
hatte mit Billigung der sowjetischen Regierung unter Chruscht-
schow, der den lange gehegten Mauerträumen Ulbrichts zunächst die Forderung nach Reformen entgegengesetzt hatte,
eine Klärung herbeigeführt, so schmerzlich diese auch war. Die
Mauer zwischen den Ost- und Westsektoren bedeutete nämlich
auch, dass man östlicherseits davon Abstand genommen hatte,
ganz Berlin der DDR einzuverleiben und damit die Westalliierten herauszufordern. Der Mauerbau beruhigte also in Berlin
und international die Lage, die seit dem Chruschtschow-Ulti-
matum von 1958 abermals brisant geworden war. Damals hatte
der sowjetische Staatschef verlangt, West- und Ostberlin zu vereinigen und in der DDR aufgehen zu lassen. Die Ablehnung des
Ultimatums durch Washington binnen Monatsfrist schien akute
Kriegsgefahr zu bedeuten – diese zweite Berlinkrise drohte sich
international auszuweiten. Ganz direkt wurde die Konfrontation
der Supermächte im Juni 1961 in Wien beim ersten persönlichen
Treffen Chruschtschows mit dem US-Präsidenten John F. Ken-

nedy, der noch kein halbes Jahr im Amt war. Moskau forderte erneut, Berlin müsse »Freie Stadt« werden – das bedeutete Abzug der Alliierten und Übergabe der Westsektoren an die DDR. Plötzlich fiel im immer heftiger werdenden Wortwechsel der beiden Kontrahenten das Wort »Krieg«.

Eigentlich hatte sich Walter Ulbricht schon zwei Monate vor dem Mauerbau auf einer Pressekonferenz verraten. Einer westdeutschen Korrespondentin antwortete er: »Ich verstehe Ihre Frage so, dass es in Westdeutschland Menschen gibt, die wünschen, dass wir die Bauarbeiter der Stadt mobilisieren, um eine Mauer aufzurichten. Die Bauarbeiter unserer Hauptstadt beschäftigen sich hauptsächlich mit Wohnungsbau, und ihre Arbeitskraft wird dafür voll eingesetzt. Niemand hat die Absicht, eine Mauer zu errichten.« Zweimal ließ er das Wort Mauer fallen, obwohl danach niemand gefragt hatte – aber dass Ulbricht gegen jede Absicht seine eigenen Pläne entlarvt hatte, wird erst aus der wissenden Rückschau offensichtlich.

Denn die deutsche und die Weltöffentlichkeit bis hin zu den meisten ranghöchsten Politikern und zu den Geheimdiensten wurde vom Mauerbau völlig überrascht, wenn es auch kein Geheimnis war, dass die Flüchtlingzahlen aus der DDR bedrohlich angewachsen waren und die Ostberliner Regierung existenzsichernde Maßnahmen treffen musste. Seit der Staatsgründung hatten fast 2,7 Millionen vor allem junge Menschen der DDR den Rücken gekehrt, weil sie sich weiter westlich bessere Aussichten versprachen. Dem ostdeutschen Arbeitsmarkt bereitete das immer größere Schwierigkeiten, noch mehr aber der Staatsführung, der das Volk in Scharen davonlief. Die Sicherung der innerdeutschen Grenze seit 1952 war völlig unzureichend, solange das Schlupfloch Berlin nicht ebenfalls gestopft war.

In der Tat verschafften die geschlossenen Grenzen der DDR einige Erleichterung. Vor allem linderte man so das schwierige Arbeitskräfteproblem, gleichzeitig musste die Regierung nicht mehr bei jeder unpopulären Maßnahme fürchten, eine neue Fluchtwelle auszulösen. Prompt wurden in den nächsten Jahren Preise erhöht, die Lohnentwicklung gedrosselt sowie auf Produktionssteigerung hingewirkt. Die wirtschaftliche Modernisierung seit Mitte der Sechzigerjahre brachte beachtliche Erfolge: Im Laufe des Jahrzehnts stieg mit dem Angebot an Konsumgütern wie Pkws, Waschmaschinen oder Fernsehern der Lebensstandard beträchtlich – innerhalb des Warschauer Pakts nahm die DDR sogar den ersten Platz ein. Die Löhne stiegen wieder, und nach und nach wurde die Fünftagewoche eingeführt – die DDR wurde im Verhältnis zur Einwohnerzahl zur leistungsstärksten Wirtschaftskraft im Ostblock. Eine neue Reformfreudigkeit und der verbesserte Handlungsspielraum brachten ein innenpolitisches Tauwetter und ein Jahrzehnt, das als heiterstes der DDR-Geschichte angesehen wird – eindrucksvoll ablesbar an Kunst und Architektur, und die DDR schien tatsächlich »der Zukunft zugewandt«. Ihre Grenze fand diese Öffnung aber weiterhin im ideologischen Anspruch der Partei, die Geschicke des Staates uneingeschränkt zu bestimmen und ihre Bürger in diesem Sinne streng zu disziplinieren.

Berlin, Deutschland und die Welt gewöhnten sich auf rückblickend merkwürdig anmutende Weise an die Mauer. Wie mit dem Kalten Krieg und der deutschen Teilung arrangierte man sich notgedrungen auch mit der martialisch gesicherten Grenze quer durch die Stadt. Die DDR-Regierung gab alsbald die Sprachregelung des »antifaschistischen Schutzwalls« aus, der die Existenz der Ostrepublik gegen den imperialistischen Westen absichere. Die Bonner Regierung beschwor das Armutszeugnis, das sich Ostberlin mit der Gefängnismauer rund ums eigene Volk selbst ausgestellt habe.

Der Alltag blieb einstweilen schwierig. Nicht nur mussten zahlreiche Arbeitnehmer die Arbeitsstellen im jeweils anderen Teil der Stadt aufgeben, auch ganze Familien wurden unvermittelt und mitunter höchst dramatisch auseinandergerissen. Die Folge waren Fluchtversuche, solange die Grenzanlagen noch provisorisch waren. Weltberühmt wurde die Bernauer Straße zwischen den Bezirken Prenzlauer Berg und Mitte (Ost) und Wedding (West), wo der östliche Bürgersteig zum Westen, die angrenzenden Wohnhäuser jedoch zum Osten gehörten. Den zahlreichen Sprüngen aus dem Fenster machten die Grenztruppen zunächst damit ein Ende, dass die Fenster zugemauert wurden, später riss man ganze Häuserzüge kurzerhand ab. Noch berühmter wurde der erst 19-jährige DDR-Grenzsoldat Oberwachtmeister Conrad Schumann, der am Nachmittag des 15. August kurz entschlossen über den Stacheldraht sprang und fotografiert wurde, wie er im Sprung sein Gewehr abstreifte – das Foto ging um die Welt. Unendlich wütend reagierte die Westberliner Bevölkerung dagegen auf den ersten erschossenen Mauerflüchtling Peter Fechter, der ein Jahr später im Grenzstreifen des alliierten Grenzübergangs Checkpoint Charlie qualvoll verblutete, nachdem er von DDR-Grenzern angeschossen worden und niemand ihm zu Hilfe geeilt war. Auf Weisung der Armeeführung hatten die Grenzsoldaten der DDR die Flucht ihrer Landsleute notfalls mit Waffengewalt zu verhindern – das kostete seit dem Mauerbau allein in Berlin zahlreiche Menschen das Leben. Die genaue Zahl wird noch immer untersucht, 133 Todesfälle im Zusammenhang mit vereitelten Fluchtversuchen sind belegt.

Viel Fantasie wurde auf das Aushecken aussichtsreicher Fluchtpläne verwendet: Es gab Grenzdurchbrüche mit dem Auto oder das Abseilen über die Grenzsperren hinweg, es gab entführte

Ausflugsschiffe und in monatelanger Schwerstarbeit konspirativ gegrabene Tunnelsysteme unter den Grenzanlagen hindurch.

In den 28 Jahren ihrer Existenz wurden die Grenzanlagen immer wieder verbessert: Von westlicher Seite bestimmte schon bald nach dem 13. August 1961 eine zunächst 2 Meter hohe Betonwand das Bild, die zwar auf Ostberliner Gebiet stand, aber zugänglich war, während von Osten aus der Grenzstreifen mit Sperren, Zäunen und Kontrollwegen immer breiter und undurchdringlicher wurde. Die Betonwand von 3,60 Meter Höhe, die als Berliner Mauer in die Geschichte eingegangen ist, wurde als »Mauer der vierten Generation« erst seit 1975 nach und nach errichtet. Jeder Fluchtversuch diente den Grenztruppen als Anlass, die Sicherungsmaßnahmen zu verbessern, um ähnliche Pläne von vornherein zu vereiteln. Gleichzeitig wurde die Mauer wenigstens teildurchlässig: Beginnend mit dem Passierscheinabkommen von 1963, mit weiteren Erleichterungen im Zuge der Ostpolitik unter Willy Brandt, wurde es für Westberliner und Bundesbürger möglich, per Visum Besuche im Osten zu machen – in umgekehrter Richtung jedoch blieb die Mauer, außer für Rentner, für die meisten DDR-Bürger bis zum Herbst 1989 eine unüberwindliche Hürde.

WESTBINDUNG VOR WIEDERVEREINIGUNG
1963 – ADENAUERS WESTKURS
IN DER AUSSENPOLITK

Zu Beginn des 21. Jahrhunderts gehören zum politischen und
gesellschaftlichen Alltag der Bundesrepublik regelmäßige
deutsch-französische Regierungskonsultationen, die in einem
überaus freundschaftlichen und verbindlichen Klima stattfinden. Ebenso haben wir uns längst an enge Städtepartnerschaften
und einen lebhaften Jugendaustausch beider Länder gewöhnt,
bei dem Schüler, Studenten oder Au-pairs ihr Nachbarland in-
tensiv kennenlernen. Angesichts einer jahrhundertelangen Geschichte mit zahlreichen Kriegen, Grenzstreitereien und eisigen
diplomatischen Beziehungen, wechselseitig geprägt von tiefem
Misstrauen und Ressentiments, sind solche Alltäglichkeiten aber
keineswegs selbstverständlich. Ihre Wurzeln hat diese längst vertraute Beziehung in der Versöhnungspolitik des ersten deutschen
Bundeskanzlers Konrad Adenauer und mehrerer französischer
Staatspräsidenten, vor allem Charles de Gaulle. Nach Jahrhunderten schwieriger bis feindseliger Nachbarschaft ermöglichte
insbesondere die tiefe persönliche Verbundenheit zwischen
de Gaulle und Adenauer eine Neuausrichtung deutsch-franzö-
sischer Beziehungen, die beide Länder bis heute eng aneinander
bindet und der Europäischen Union immer wieder wegweisende
Impulse geliefert hat. Eine der wichtigsten Voraussetzungen für
die (damals noch rein west-) europäische Integration bedeutete
die Überwindung der grundlegenden historischen Hypothek:
der Feindschaft der beiden großen Länder im Herzen Europas,

Deutschland und Frankreich. Ihren Höhepunkt erfuhr diese Aussöhnung im Deutsch-Französischen Freundschaftsvertrag, dem sogenannten Élysée-Vertrag, den Charles de Gaulle und Konrad Adenauer 1963 im Pariser Élysée-Palast unterzeichneten.

Historisch gesehen bedeutet die Aussöhnung mit Frankreich – die Abkehr vom deutsch-französischen Gegensatz – für die Geschichte Europas eine ungemein wichtige Zäsur, weil ein bestimmender Negativfaktor im Herzen des Kontinents wegfiel und neue Perspektiven freigab. Sie ist außerdem Teil der allgemeinen Westorientierung der Bundesrepublik unter der Regierung Adenauer, also die Bindung an die Westalliierten und darunter insbesondere an die Vereinigten Staaten bis hin zum Eintritt in ein gemeinsames Militärbündnis. Sich entschlossen nach Westen zu wenden war für die neu gegründete Bundesrepublik jedoch alles andere als eine Selbstverständlichkeit und wurde vor allem im Hinblick auf die deutsche Teilung erbittert diskutiert. Aber so sehr die beiden deutschen Staaten aufeinander bezogen waren und beständig über die innerdeutsche Grenze schielten, so sehr blickten sie doch aus Prinzip in entgegengesetzte Richtungen. Während die DDR-Regierung, von Bundeskanzler Adenauer gerne als »Regime von Pankoff« verspottet, ideologisch gefestigt auf Moskaukurs war, lag es für den ersten Kanzler der Bundesrepublik nahe, sich über den Rhein gen Westen zu orientieren.

Konrad Adenauer, vormaliger Kölner Oberbürgermeister, der von 1949 bis 1963 Bundeskanzler war und selbst dann noch, mit 87 Jahren, sein Amt nur ungern aufgab, war zweifellos die dominierende politische Figur der jungen Bundesrepublik. Dabei war er eigentlich als Übergangskanzler gehandelt worden, als er zum ersten Mal gewählt wurde – damals immerhin schon

73 Jahre alt. Aber der großväterliche Patriarch verstand es über lange Zeit, sich souverän an der Macht zu halten. Unter dem Rheinländer nahm die Bonner Republik Gestalt an und machte ihre ersten, wegweisenden Schritte. Dazu gehörte vor allem der Kurs der sozialen Marktwirtschaft, eine Art »Kapitalismus mit menschlichem Antlitz«, der im Verbund mit anderen günstigen Umständen wie niedrigen Löhnen, Einbindung in den Welthandel und Marshall-Hilfen das sogenannte Wirtschaftswunder der Fünfzigerjahre ermöglichte. Innerhalb eines Jahrzehnts stieg das kriegszerstörte Land zu einer geachteten Wirtschaftsmacht mit Vollbeschäftigung auf, der Wohlstand wuchs unerwartet schnell, eindrucksvoll illustriert durch den VW Käfer als Wiederaufstiegssymbol und rasant steigende Pkw-Zulassungszahlen. Diese Erfolgsgeschichte war nicht nur finanziell segensreich – sie festigte auch die Demokratie. Während die Weimarer Republik, die erste deutsche Demokratie, beim Volk noch mit wirtschaftlicher Malaise und politischer Dauerkrise gleichgesetzt worden und entsprechend schlecht angesehen war, schienen nunmehr Demokratie und Wohlstand eine ungemein stabile Liebesheirat eingegangen zu sein, bei der sich beide Partner gegenseitig förderten.

Für Konrad Adenauer rangierte die Außenpolitik gleichwohl an erster Stelle. Einen eigenen Außenminister leistete man sich überhaupt erst seit 1955, und selbst dann musste Heinrich von Brentano vor allem Adenauer zuarbeiten. Eigentlich gab das Grundgesetz die Richtung vor, indem es die Wiedervereinigung als Staatsziel vorschrieb. Dem hatte sich folglich die Außenpolitik unterzuordnen, was aber zu erbittertem Streit insbesondere zwischen Adenauers Partei CDU und den Sozialdemokraten führte. Die SPD liebäugelte mit einem eigenständigen deutschen Weg zwischen den Machtblöcken USA und Sowjetunion, um damit die Einheit des Landes wiederherzustellen. Die CDU hielt der Opposition Realitätsblindheit vor angesichts der Weigerung Moskaus, der DDR freie Wahlen zuzugestehen. Umgekehrt lautete der Vorwurf an Adenauer, das Ziel der Wiedervereinigung Deutschlands bereits aufgegeben zu haben. Das war nicht völlig unbegründet, zumal Adenauer als Rheinländer zweifellos anders dachte, als ein Bundeskanzler schlesischer Herkunft es getan hätte.

Adenauer sah keine Alternative zu der Orientierung nach Westen, schon weil er den Kommunismus als expansiv und bedrohlich einschätzte. Einen eigenständigen Kurs im Verbund der westeuropäischen Länder, der den Halbkontinent mit einem neutralen Deutschland zu einer Art »dritten Macht« zwischen Moskau und Washington etablieren sollte, hielt er für illusorisch und realpolitisch unsinnig. Für ihn führte an den Vereinigten Staaten als dem bei Weitem mächtigsten Partner und letztlich bestimmenden Faktor der Politik der westlichen Welt kein Weg vorbei. Das mochte durch die Erkenntnis begünstigt sein, dass die Bundesrepublik ihr Ziel vollständiger Souveränität nur mit Zustimmung der USA erreichen konnte. Denn bis 1955 erweiterte sich zwar Schritt für Schritt der Handlungsspielraum der Bonner Regierung – die Bundesrepublik stand aber noch immer unter Vormundschaft der Alliierten Hohen Kommission.

Kursbestimmend für Adenauers Außenpolitik war also seine Überzeugung, die Zukunft der Bundesrepublik könne allein in einer engen Anbindung an den Westen liegen, woran er unbeirrt, hartnäckig und mit bemerkenswerter Altersvitalität arbeitete. Den Vorwurf seines sozialdemokratischen Gegenspielers Kurt Schumacher, der »Kanzler der Alliierten« zu sein, nahm er in Kauf. Sein Kurs blieb umstritten, gleichwohl ermöglichten die Wahlergebnisse Adenauer, an ihm festzuhalten. Und was das Verfassungsziel der Wiedervereinigung betraf – da bediente sich Adenauer der sogenannten Magnettheorie: Danach würde die Strahlkraft von Demokratie und Wohlstand den osteuropäischen Einflussbereich der UdSSR früher oder später nach Westen ziehen. Das rechtfertigte in seinen Augen den Vorrang der Westbindung vor der Wiedervereinigung. Ob Adenauer damit richtig lag, ist bis heute umstritten – auch die Tatsache, dass der Ostblock schließlich tatsächlich erodierte, gibt ihm nicht automatisch recht. Ob Europa als dritte Kraft oder ein wiedervereinigtes, neutrales Deutschland zwischen Ost und West im Konflikt der Großmächte aufgerieben worden wäre oder im Gegenteil dem Kalten Krieg etwas hätte entgegensetzen können, lässt sich schwer beurteilen. Ebenfalls fragwürdig ist die Bilanz des Adenauer-Kurses als »europäisch«, da sie auf der westeuropäischen Nachkriegsperspektive fußt: Denn es war eine *west*europäische Politik, die einen Großteil Europas einstweilen außer Acht ließ.

Bei allem innenpolitischen Widerstand selbst in der eigenen Partei verfolgte Adenauer, von seiner Mission zutiefst überzeugt, von Anfang an unbeirrt seinen Kurs. Der erste Schritt war das Petersberger Abkommen, das nur Monate nach Dienstantritt der ersten Bundesregierung abgeschlossen wurde. Die Demontagen der Westalliierten wurden damit zwar nicht sogleich gestoppt, wohl aber eingeschränkt und nach und nach eingestellt. Dann folgten 1951 der Beitritt zum neu gegründeten Europarat und die Montanunion, in der sich Frankreich, Italien, Deutschland und die Beneluxstaaten zusammentaten, um einen gemeinsamen zollfreien Markt für Kohle und Stahl zu schaffen. Diese Zusammenarbeit wurde zum Ausgangspunkt der westeuropäischen, zunächst wirtschaftlichen Integration der Nachkriegszeit. Im Jahr darauf sah der Deutschlandvertrag zwischen der Bundesrepub-

lik und den westlichen Besatzungsmächten das Ende der Besatzungsherrschaft in Westdeutschland und weitgehende Souveränität vor, seine Bestimmungen erhielten allerdings erst mit den
1955 in Kraft getretenen Pariser Verträgen Gültigkeit, in denen
die Bundesrepublik dem neu gegründeten Verteidigungsbündnis
NATO beitrat. Die damit verbundene »Wiederbewaffnung«, der
Aufbau der Bundeswehr, war schon seit Jahren höchst umstritten
und wurde im Parlament wie in der Bevölkerung kontrovers diskutiert. 1957 schließlich wurden die Römischen Verträge unterzeichnet, die zweite Voraussetzung des europäischen Einigungsprozesses und gemeinhin als Geburtsdatum der Europäischen
Union bezeichnet. Nach und nach schufen die Beitrittsländer
einen gemeinsamen Wirtschaftsraum – die Keimzelle der EU.

Die Deutschlandpolitik der Sowjetunion vom Chruschtschow-
Ultimatum 1958 bis hin zum Berliner Mauerbau 1961 schien
Adenauer in seinem Westkurs recht zu geben: Eine deutsche
Wiedervereinigung mit demokratischen Regeln westlicher Auffassung schien mit Moskau nicht zu machen. Integriert ins westliche System der NATO, auf dem Weg zu supranationaler Part-
nerschaft in Westeuropa und eingebunden in das US-dominierte
Welthandelssystem entwickelte sich die Bundesrepublik dafür zu
einem wirtschaftsstarken und international anerkannten Staat.
Begleitend dazu vertiefte sich jedoch die Teilung Deutschlands,
und je weiter sich die beiden deutschen Staaten auseinanderent-
wickelten, desto weiter entfernten sich auch die Deutschen links
und rechts von Elbe und Werra voneinander.

Die letzten Jahre von Adenauers langer Amtszeit waren eher von
Krisen und Machterosion geprägt. In ihrer ersten Karriere als
Journalistin zog die spätere Terroristin Ulrike Meinhof 1963 eine
negative Bilanz der »trüben« Ära: »Vierzehn Jahre Adenauer ha-

ben aus 55 Millionen Deutschen, Schreibern und Lesern, Politikern und Kommentatoren, Zuschauern und Produzenten an
Fernsehschirm und Leinwand ein Volk von Halbinformanden
und Halbinformierten gemacht, von denen die einen nur die
Hälfte dessen sagen, was sie wissen, von denen die anderen nur
die Hälfte dessen erfahren, was sie brauchen; belastet mit Vorurteilen, umgeben von Tabus, eingeschnürt in Illusionen (...) Sie
lebt an sich selbst und ihrer Geschichte vorbei, die Bundesrepublik, uninformiert, unaufgeklärt, desorientiert, unentschieden
zwischen Pril und Sunil, im Bilde über Alete-Kinderkost und Kü-
chenmaschinen, nicht über Nichtangriffspakt und Kernwaffen-
freie Zonen.« Das sprach denen aus der Seele, die die Frühzeit
der Bundesrepublik als obrigkeitsstaatliche Restauration wahr-
nahmen, denen die Demokratie nicht streitbar genug war und
die Alternativen zu uneingeschränkter Westbindung und kapita-
listischem Wirtschaftssystem ausmachten.

In diesen letzten Adenauer-Jahren arbeiteten Frankreich und die
Bundesrepublik trotz aufgekommener Misstöne zwischen Paris
und Washington – was der Bundesrepublik als engem Partner
beider Staaten mitunter Probleme bereitete – weiter an einer
nachhaltigen Versöhnung als Grundlage freundschaftlicher
Nachbarschaftspolitik im westeuropäischen Rahmen. Während
Frankreich der europäischen Integration insgesamt Steine in den
Weg legte, schritten Adenauer und de Gaulle bei der Aussöhnung ihrer Länder weiter voran.
   Im Herbst 1958 noch war auf einer sonntäglichen Fahrt in
den kleinen Ort Colombey-les-Deux-Églises dem Bundeskanzler
durchaus mulmig zumute gewesen. Ihm hatte das erste Treffen
mit Charles de Gaulle bevorgestanden, der vor Kurzem seine
zweite Amtszeit als französischer Präsident angetreten hatte.
Im Zweiten Weltkrieg Stimme des französischen Widerstands

gegen Hitler, zu Tode verurteilt vom deutschlandhörigen Vichy-
Regime, nach dem Krieg bemüht, der *Grande Nation* das verlorene Selbstbewusstsein wieder einzuflößen – all das sprach nicht
unbedingt für entspanntes Plaudern unter Kollegen. Die Vorzei-
chen waren trotzdem gut, denn bereits die Einladung ins Land-
haus de Gaulles war eine Ehrbezeugung für den Deutschen. Und
in der Tat verstanden sich die beiden Staatsmänner auf Anhieb
vortrefflich, womit sie eine glückliche Tradition freundschaftlicher Beziehungen zwischen Bundeskanzlern und Staatspräsidenten begründeten. Das rasch vertrauliche Vieraugengespräch
zwischen de Gaulle und Adenauer bereitete den Boden für eine
zukunftsweisende Aussöhnungspolitik zwischen beiden Staaten
nach Jahrhunderten kühler bis kriegerisch ausgetragener Gegensätze. Was nach dem Besuch in Lothringen an die Öffentlichkeit
ging, waren nicht nur warme Worte: »Wir glauben, dass die ver-
gangene Gegnerschaft ein für alle Mal überwunden sein muss
und dass Franzosen und Deutsche dazu berufen sind, in gutem
Einvernehmen zu leben und Seite an Seite zu arbeiten.«

1962 besuchten sich Staatspräsident und Bundeskanzler gegenseitig – mit unerhörten Begebnissen erheblicher Symbolkraft:
eine deutsch-französische Truppenparade auf einem Schlachtfeld der ehemals verfeindeten Länder in Frankreich einerseits,
auf Deutsch gehaltene Reden de Gaulles im Nachbarland andererseits. Was die beiden Staatsmänner eindrucksvoll vorexerzier-
ten, fiel den Franzosen und Deutschen anschließend erheblich
leichter: Vorurteile abzubauen und freundschaftliche Gefühle zu
entwickeln. Das überraschend positive Echo der gegenseitigen
Staatsbesuche, die de Gaulle im Hinblick auf die Deutschen als
klug choreografierte Charmeoffensive angelegt hatte, täuschte
für eine Weile darüber hinweg, dass Adenauer als Kanzler auf
Abruf – er sollte bald darauf zurücktreten – in der Bundesrepublik bereits zum politischen Auslaufmodell geworden war und

im Unterschied zu früher die politischen Zügel längst nicht mehr straff in Händen hielt.

Gleichwohl führten die beiden Staatsbesuche geradewegs zum Deutsch-Französischen Freundschaftsvertrag. Er begründete die bis heute engen gegenseitigen und regelmäßigen Konsultationen auf allen Ebenen des politischen Geschäfts – es blieb nicht nur bei jährlich zwei Treffen der Regierungschefs. Daneben wurde das Deutsch-Französische Jugendwerk ins Leben gerufen, die der offiziellen Versöhnung die persönliche zur Seite stellen sollte.

Die Unterzeichnung des Vertrages am 22. Januar im Pariser Élysée-Palast, dem Amtsitz des französischen Staatspräsidenten, stand noch kurz vorher auf der Kippe, weil de Gaulle nur eine Woche zuvor abermals und per Veto verhindert hatte, dass Großbritannien näher an Europa rückte – in Form eines Beitritts zur Europäischen Wirtschaftsgemeinschaft (EWG), der späteren EU. Aber Adenauer hielt trotz des Affronts gegen Großbritannien und die USA an dem fest, was er bald darauf als das Hauptwerk seiner vierzehnjährigen Kanzlerschaft bezeichnete. Auch der sonst stets distanzierte de Gaulle verlieh der ideellen Bedeutung des Vertragswerkes gefühlvoll Ausdruck, als er Adenauer umarmte und auf beide Wangen küsste. Dass der Vertrag wenig politische Substanz enthielt, lag daran, dass beide Länder seit der Gründung der Bundesrepublik die wichtigsten politischen Weichen bereits gestellt hatten. Aber erst der Élysée-Vertrag setzte einen Schlussstrich unter die jahrhundertelangen Probleme in der Beziehung der beiden Nachbarländer. Wie weitreichend sich das auf die europäische Politik auswirken würde, belegt nicht zuletzt die umgehend aufkommende, seither regelmäßig geäußerte und nicht immer ganz unbegründete Sorge, die Eintracht der beiden Nachbarn könne auf Kosten der anderen europäischen

Länder gehen. Bislang aber haben die positiven Auswirkungen der deutsch-französischen Aussöhnung bei Weitem überwogen, nicht nur für Städtepartnerschaften, sondern für die Geschicke Europas insgesamt.

EIN ZWEITES AUGE NACH OSTEN RICHTEN
1970 – BRANDTS KNIEFALL
IN WARSCHAU UND SEINE FOLGEN

Symbolische Gesten haben in Geschichte und Politik immer eine wichtige Rolle gespielt, das gilt für die Gegenwart kaum weniger als für Antike oder Mittelalter. Die wohl bekannteste symbolische Geste der deutschen Nachkriegsgeschichte ist Willy Brandts Kniefall von Warschau am 7. Dezember 1970. Völlig unerwartet beließ es der Bundeskanzler bei der Ehrbezeugung am Denkmal für den Aufstand im Warschauer Ghetto nicht dabei, bloß zuzusehen, wie im Namen der Bundesregierung ein Kranz niedergelegt wurde. Zwar trat er zunächst nur, wie Staatsmänner das für die Kameras im Allgemeinen tun, zum Kranz und strich die Schleife glatt. Dann jedoch sank Brandt zum Erstaunen polnischer wie deutscher Beobachter gleichermaßen auf die Knie und bekundete damit eindrucksvoll seinen Respekt: vor dem aussichtslosen Aufstand im jüdischen Ghetto gegen die deutsche Besatzungsmacht im Frühling 1943, aber auch vor dem polnischen Volk, das unter dem mächtigen Nachbarn im Westen wiederholt schwerstens gelitten hatte.

Brandts Warschau-Besuch wurde weltweit mit größter Aufmerksamkeit verfolgt – es war schließlich der erste eines westdeutschen Bundeskanzlers seit dem Zweiten Weltkrieg. Zudem hatten Polen und die Bundesrepublik bislang keine diplomatischen Beziehungen aufgenommen. International wurde Brandts Geste als Willensbekundung aufgefasst, über den Graben hinweg, den Deutschland mit dem Zweiten Weltkrieg aufgerissen hatte, die Hand zur Versöhnung auszustrecken. Der Entschluss Brandts zu dieser Geste fiel spontan, wie er später in seinen Lebenserinnerungen schrieb: »Am Abgrund der deutschen Geschichte und unter der Last der Millionen Ermordeten tat ich, was Menschen tun, wenn die Sprache versagt.«

Die Versöhnungsgeste fiel Brandt sicherlich leichter als anderen, da er in Sachen deutscher Vergangenheit persönlich unbelastet war. Im Rückblick und angesichts des Vertrauens, das Deutschland heute in der Welt genießt, ist die Tragweite dieser Geste schwer zu ermessen. Damals, im eben noch angespannten Kalten Krieg und nur ein knappes Vierteljahrhundert nach Kriegsende, rehabilitierte Brandt moralisch sein Land, das seine jüngere Vergangenheit noch nicht aufgearbeitet hatte und dessen während des »Dritten Reiches« begangene Verbrechen in der Welt unvergessen waren. Die Opposition jedoch diffamierte die Geste, gänzlich fehlgeleitet, als unpassenden Kniefall vor dem Kommunismus. Millionen Deutsche, die aus Gegenden stammten, die inzwischen polnisch waren, standen Brandts versöhnlicher Politik skeptisch bis ablehnend gegenüber, weil ihnen der Verlust der Heimat schwerer wog als die deutschen Gräuel, die ihn ausgelöst hatten.

Brandts Kniefall in Warschau war nur möglich im Kontext der Ost- und Deutschlandpolitik der neuen sozialliberalen Regierung in Bonn. Die Deutschlandpolitik beider deutscher Staaten, das Ideal einer Wiedervereinigung unter jeweils eigenen Vorstellungen anzustreben und den jeweils anderen Teil Deutschlands mal ideologisch zu bekämpfen, mal lautstark zu übergehen, hatte sich auf Dauer als Sackgasse erwiesen. Und das nicht nur im Verhältnis zueinander, sondern auch für die europäische Außenpolitik als Ganzes. Die Einsicht wuchs, dass sich die beiden deutschen Staaten ebenso irgendwie miteinander arrangie-

ren mussten, wie das die Supermächte USA und UdSSR inzwischen versuchten und seit geraumer Zeit von ihren kleinen
Brüdern forderten. Wenn also beide deutsche Staaten die Entspannung unterstützten, verschaffte ihnen das außenpolitischen
Respekt.

Denn die deutsche Frage stand nicht nur im Zentrum der
Innenpolitik östlich und westlich der Elbe, sondern warf auch
einen Schatten auf den Versuch, für ganz Europa eine segens-
reiche Entspannung einzuleiten. Mitte der Sechzigerjahre setzte
sich in der Politik der großen Koalition die Erkenntnis durch,
dass eine Wiedervereinigung ohnehin nur im europäischen Rahmen möglich sei, also mit den europäischen Partnern und nicht
gegen sie – und diese Partner waren offenkundig mit der deutschen Zweistaatlichkeit recht zufrieden. Eine weitere Erkenntnis
lautete, dass mit Prinzipien »kein Blumentopf mehr zu gewinnen
war«, schon gar nicht angesichts zunehmender Isolierung im
eigenen Lager. Also ging man pragmatisch dazu über, es zwar
beim Anspruch auf Wiedervereinigung zu belassen, dessen Ein-
lösung aber in eine unbestimmte Ferne zu verlegen.

Zwei Schlagworte aus zwei Politikerreden gingen dem neuen
Kurs in Bonn um Jahre voraus: zum einen die »Politik der kleinen Schritte«, zu der sich Willy Brandt, damals noch Regierender
Bürgermeister in Westberlin, von US-Präsident Kennedy ermutigt
sah. Zum anderen »Wandel durch Annäherung«, das Motto von
Brandts wichtigstem Berater Egon Bahr. Beide sprachen 1963 vor
der Evangelischen Akademie im bayrischen Tutzing, einem politischen Thinktank der alten Bundesrepublik, über eine von Grund
auf gewandelte Ostpolitik. Die Idee hinter den kleinen Schritten
war ein neuer, aktiver Pragmatismus: Statt wie bisher als Voraussetzung eines Miteinanders der deutschen Staaten die Änderung des
Status quo zu verlangen, sollte jetzt der Status quo hingenommen

werden, um ihn durch das Miteinander zu verändern. Eine offizielle Anerkennung der Zweistaatlichkeit kam zwar weiterhin nicht infrage, wohl aber eine realpolitische Akzeptanz der Verhältnisse.

Im gleichen Jahr erreichte die Westberliner Landesregierung unter Brandt an der Nahtstelle des Kalten Krieges eine unübersehbare Annäherung, die die arg gebeutelten Berliner begeistert aufnahmen: Anderthalb Jahre nach dem Mauerbau konnten Westberliner dank des Passierscheinabkommens erstmals wieder nach Ostberlin einreisen – fast 1,3 Millionen Menschen passierten in den Weihnachtsferien 1963/64 die Berliner Mauer, wobei es zu ergreifenden Wiedersehensszenen kam. Und dabei blieb es nicht, sondern es kam zu zahlreichen weiteren Vereinbarungen: vom Freikauf von Häftlingen über Transiterleichterungen im Westberlin-Verkehr bis zu Reisemöglichkeiten für DDR-Rentner. Das Tauwetter an der Mauer erwies sich zwar als krisenanfällig, aber ein Anfang war gemacht. Für eine nachhaltige Entspannung in größerem Maßstab, also zwischen BRD einerseits und den ostmitteleuropäischen Staaten sowie der DDR andererseits, konnte sich in Bonn die große Koalition aus CDU und SPD jedoch nicht durchringen.

Als 1969 die CDU in die Opposition gehen musste, vermochte die sozialliberale Regierung Brandt die Hemmnisse rasch zu überwinden. Ende der Sechzigerjahre hatten sich auch international die Perspektiven geweitet, das Bild des anderen schien einigermaßen entdämonisiert, die wirtschaftlichen Perspektiven verlockend – allerorts lag Entspannung in der Luft. Hinzu kamen aufseiten der Sowjetunion militärische Konflikte mit China, die einen Ausgleich mit dem Westen erstrebenswert erscheinen ließen. Selbst der von Warschauer-Pakt-Truppen niedergeschlagene Aufstand des Prager Frühlings beförderte die Entspannung eher noch, weil Moskau den Ostblock jetzt gesichert hatte und gleichzeitig hierin Anlass sah, das eigene Handeln durch Entspannungsbezeugungen abzumildern. Für die Bundesrepublik wiederum ließ sich Entspannung nur parallel bewerkstelligen, nämlich gleichzeitig an die DDR und einige andere wichtige Staaten des Warschauer Pakts gerichtet: Polen, Sowjetunion, Tschechoslowakei.

Voraussetzung für das Gelingen des deutschlandpolitischen Teils der neuen Ostpolitik war, dass für beide Regierungen, in Bonn und in Ostberlin, etwas dabei heraussprang. Entspannung, das Zauberwort der Sechzigerjahre, setzte außerdem voraus, dass die Partner der Entspannung einander akzeptierten und den Tatbestand der Gegnerschaft übergingen. Genau das fiel insbesondere der Bundesrepublik mit der DDR schwer: Man hatte sich an die Verteufelung des Kalten Kriegs gewöhnt, bezog daraus Selbstbewusstsein und politische Vorteile und wollte über die Beschneidungen der Freiheit der Ostdeutschen nicht einfach hinwegsehen. Bonn versprach sich aber von normalisierenden Schritten in der deutsch-deutschen Beziehung durch Öffnung die allmähliche Überwindung der Trennung – und letzten Endes der Teilung. Das wiederum fürchtete das mit sich selbst ringende Ostberlin wie der Teufel das Weihwasser, wollte aber gleichzeitig die Bonner Anerkennung der DDR schrittweise durch Normalisierung der Beziehungen erreichen.

Es gab eine ganze Reihe von Verträgen, mit denen deutlich verbesserte Beziehungen der Bundesrepublik zu osteuropäischen Ländern erreicht werden sollten: Als Erstes wurde im Sommer 1970, nach monatelangen Verhandlungen, der Moskauer Vertrag abgeschlossen, in dem die UdSSR als osteuropäische Territorialmacht die wichtigsten Prinzipien für die folgenden Verträge mit anderen Ostblockstaaten gleich mitregelte und der Bundesrepublik den Weg für Verhandlungen mit Warschau, Ostberlin und Prag ebnete. Er schloss gegenseitige Gebietsansprüche aus und erkannte die Unverletzbarkeit der europäischen Grenzen an – womit die Bonner Regierung zum ersten Mal die Gebietsveränderungen nach dem Zweiten Weltkrieg vertraglich akzeptierte. Die Frage der deutschen Einheit wurde allerdings ausgeklammert – die völkerrechtliche Anerkennung der DDR blieb für Bonn unverhandelbar. Aber immerhin wurde volle Gleichberechtigung daraus, und die Bundesrepublik willigte in den Beitritt beider deutschen Staaten zu den Vereinten Nationen ein.

Wenige Monate später folgte der Warschauer Vertrag, dessen Gespräche parallel mit dem Moskauer stattfanden. Die Vertragsverhandlungen waren von vornherein dadurch erleichtert, dass Bonn den Willen bekundet hatte, die Oder-Neiße-Grenze anzuerkennen. Vor allem gegenüber Polen waren verbindliche Schritte der Versöhnung bislang ausgeblieben, obwohl Warschau wiederholt auffordernde Zeichen ausgesendet hatte. Aber erst mit Bundeskanzler Brandt machte eine westdeutsche Regierung für die Teilung des Landes und den Verlust eines Viertels seines Territoriums nicht mehr Kalten Krieg und Ost-West-Gegensatz verantwortlich, sondern die tatsächliche Ursache: den Zweiten Weltkrieg, entfesselt vom verbrecherischen NS-Regime. Als Brandt die Oder-Neiße-Grenze Polen gegenüber als unverletzlich anerkannte, sagte er an die deutsche Öffentlichkeit gewandt, er habe nichts preisgegeben, was nicht längst verspielt gewesen sei – Bonn hatte zwei Jahrzehnte nach Gründung der Bundesrepublik als historische Tatsache und Folge des Krieges die Nachkriegsgrenzen akzeptiert.

Freilich gab es um den Wortlaut dieser Anerkennung zähes Ringen: Bonn verwies zu Recht auf den alliierten Vorbehalt, in einem Friedensvertrag über die Grenzen Deutschlands zu befinden, weigerte sich aber unklugerweise, sich im Vorgriff darauf gleichwohl auf die Oder-Neiße-Grenze endgültig festzulegen. Das war gleichwohl übertriebene Prinzipienreiterei aus innenpolitischer Wähler-Rücksichtnahme, denn die Alliierten sahen die polnische Westgrenze längst als verbindlich an, die DDR sowieso. Diese kleinmütigen Juristereien blieben eine Quelle für polnischerseits berechtigten Unmut, seitens deutscher Vertriebenenverbände für abstruse, weil politisch irreale Überlegungen. Heikel blieb daneben die Regelung der Ausreise von Deutschen, die noch in Polen lebten.

Im Jahr darauf schlossen die Alliierten das Viermächteabkommen über Berlin ab, das dem Westteil der Stadt erstmals so etwas wie dauerhafte Normalität in der Anomalität von Teilung und Insellage brachte und Berlinkrisen künftig verhinderte. Hinzu kamen bilaterale Abkommen zwischen BRD und DDR, die in den Grundlagenvertrag 1972 mündeten, in dem die beiden deutschen Staaten auf der Basis der Gleichberechtigung und der Unverletzbarkeit der innerdeutschen Grenze ihre Beziehungen regelten. BRD und DDR richteten in Bonn beziehungsweise Ostberlin »Ständige Vertretungen« ein, die formell keine Botschaften sein durften, und ermöglichten humanitäre Erleichterungen beispielsweise in Sachen Familienzusammenführung zwischen Ost und West. Sprachlich musste der Vertragstext die Gratwanderung vollziehen, zur völligen Zufriedenheit beider Vertragspartner mit ihren darin gegensätzlichen Ansichten die DDR gleichberechtigt als Staat zu behandeln, ohne sie völkerrechtlich anzuerkennen. Heikle Punkte wie Wiedervereinigung oder Oder-Neiße-Grenze wurden umgangen, indem man sie einfach hintanstellte.

Als letzter der Ostverträge wurde schließlich 1973 der Prager Vertrag unterzeichnet, vergleichsweise verspätet unter anderem wegen der Ereignisse des Prager Frühlings. Es hatte aber auch einiger Verhandlungsmühe bedurft, um eine einvernehmliche

Sprachregelung für das Münchner Abkommen von 1938 zu finden, das die Zerschlagung des tschechoslowakischen Staates eingeleitet hatte.

Die Außenpolitik Brandts führte in Richtung Osten fort, was Adenauer in Richtung Westen begonnen hatte: die Aussöhnung mit den Ländern, die der Zweite Weltkrieg besonders schwer getroffen hatte. Für seine Verdienste um die Entspannung in Europa erhielt Willy Brandt im Oktober 1971 den Friedensnobelpreis. Die Ostverträge machten den Weg frei für eine deutsche und europäische Außenpolitik, in der die ideologischen Gegensätze keine unüberwindbaren Hürden mehr darstellten. Erstmals seit dem Zweiten Weltkrieg konnte bald darauf eine Art verbindliches europäisches Dauergespräch geschaffen werden, das nicht an den Blockgrenzen haltmachte: die Konferenz für Sicherheit und Zusammenarbeit in Europa (KSZE). Im Sommer 1975 unterzeichneten nach zweieinhalbjähriger Verhandlung die 35 Staats- und Regierungschefs aller europäischer Staaten (außer Albaniens) und Nordamerikas die »Schlussakte von Helsinki« und regelten damit vielfältige Fragen, von wirtschaftlicher Zusammenarbeit bis zum Umweltschutz, von Familienzusammenführung bis zur Truppenbeobachtung. Eine höchst bemerkenswerte Errungenschaft, denn die KSZE regelte auch künftig das Zusammenleben auf einem geteilten Kontinent, der sich in wesentlichen Fragen spinnefeind war. Die Umsetzung war teilweise schwierig, die Erfolge begrenzt, aber der Anstoß enorm, nicht zuletzt als Ansporn für die osteuropäische Bürgerrechtsbewegung.

Die Hilfestellung der Brandtschen Ostpolitik für die deutsche Wiedervereinigung 1990 ist immer wieder betont worden. Gemeinsam mit Adenauers Politik der Westbindung und der westeuropäischen Integration schuf sie einen Rahmen europäischen

Miteinanders, der den nötigen europäischen Segen für die spätere Wiedervereinigung Deutschlands überhaupt erst ermöglichte. Deutschlandpolitisch brachte sie die Bundesrepublik und DDR einander näher – letztlich zuungunsten des ostdeutschen Staates, der langfristig gegen die Ausstrahlung des Westens, sei es in Form von verlockendem Kapitalismus, politischer oder Reisefreiheit, das Nachsehen hatte.

Die engere wirtschaftliche Zusammenarbeit zwischen Bundesrepublik und DDR schuf außerdem finanzielle Abhängigkeiten – Ostberlin war schon bald auf die Bonner D-Mark angewiesen. Dass die Systemfeinde enge Partner wurden, entzog der ideologischen Propaganda beider Seiten den Boden, sodass die Ostdeutschen nach Westen drängten, als der Ostblock mitsamt der DDR erodierte. Die Erleichterungen im Alltag schließlich, allen voran die Reisemöglichkeiten trotz streng bewachter Grenze, wirkten tatsächlich wie »Wandel durch Annäherung«, denn die Kontakte zwischen Ost- und Westdeutschen erleichterten – bei allen kommenden Problemen angesichts unterschiedlicher Entwicklungen beidseits der Grenze – die Vereinigung beträchtlich.

KEINE GELASSENHEIT GEGENÜBER KRITIKERN
1976 – DIE AUSBÜRGERUNG DES LIEDERMACHERS WOLF BIERMANN

Mitte November 1976 brach in einigen Gegenden der DDR kurzzeitig die Stromversorgung zusammen. Zu viele Haushalte hatten den Fernseher eingeschaltet, um im eigentlich verfemten Westfernsehen die ARD-Aufzeichnung eines Konzerts zu sehen, das einige Tage zuvor im fernen Köln stattgefunden hatte: jenes Konzert, das die Ausbürgerung des Liedermachers Wolf Biermann aus der DDR nach sich zog. Aufgrund eines langjährigen Berufs- und Auftrittsverbots war der Gitarrenklampfer und virtuose Dichter Biermann den meisten DDR-Bürgern gar kein Begriff, aber das staatlich verfügte Verbot, nach Hause zurückzukehren, schlug hohe Wellen beidseits der innerdeutschen Grenze. Also wollten viele wissen, was genau der ausgebürgerte Liedermacher eigentlich gesungen und gesagt hatte: So hatte der Staat ihm zumindest kurzzeitig diejenige Öffentlichkeit verschafft, die er ihm künftig vollends vorenthalten wollte.

Der gebürtige Hamburger Biermann war 1953 als Siebzehnjähriger in die DDR gekommen, hatte dort studiert, das Dichten und Komponieren begonnen und kurzzeitig am Theater gearbeitet, bevor er 1965 Berufsverbot erhielt. Seit 1964 trat er immer mal wieder im Westen auf. 1968 erschien in der Bundesrepublik seine Langspielplatte *Chausseestraße 131*, so benannt, weil sie unter ebendieser Adresse, in Biermanns Berliner Wohnung, unter eher konspirativen als professionellen Bedingungen aufgenommen worden war.

1976 schließlich gab er auf Einladung der westdeutschen Gewerkschaft IG Metall jenes denkwürdige Konzert in der Kölner Sporthalle. Zwar machte Biermann dort wie auch zuvor schon keinen Hehl daraus, dass er trotz allem die DDR der Bundesrepublik vorzog. Und doch ging seine Kritik an den bestehenden Verhältnissen im sozialistischen Deutschland dem Politbüro in Ostberlin zu weit. Biermann konnte noch seinen vierzigsten Geburtstag feiern, aber kurz darauf verhagelte eine offiziöse Meldung der DDR-Nachrichtenagentur ADN dem Barden die Stimmung: »Die zuständigen Behörden der DDR haben Wolf Biermann, der 1953 aus Hamburg in die DDR übersiedelte, das Recht auf weiteren Aufenthalt in der Deutschen Demokratischen Republik entzogen.« Man warf dem Liedermacher »feindseliges Verhalten« und »grobe Verletzung der staatsbürgerschaftlichen Pflichten« gegenüber der DDR vor. Daher habe er das Recht verwirkt, DDR-Bürger zu sein.

Die Vermutung kam auf, dass dieser Schritt bereits beschlossen war, bevor Biermann die DDR überhaupt verlassen hatte. Auftritts- und Publikationsverbote sowie als letzte Maßnahme die Ausbürgerung waren allerdings zweischneidige Angelegenheiten, denn die Gemaßregelten konnten im anderen deutschen Staat ihre Stimme erheben, die dann nicht selten östlich der Elbe umso vernehmbarer war. Der westdeutsche Nobelpreisträger Heinrich Böll nannte die Entscheidung der DDR-Regierung denn auch umgehend die größte kulturpolitische Dummheit in der Geschichte der DDR. Allerdings ging es schon bald keineswegs mehr um die Person oder den Künstler Biermann, sondern um den Umgang des ostdeutschen Staates mit seinen Künstlern insgesamt.

1971 war an der Führungsspitze der DDR Walter Ulbricht entmachtet und durch den bisherigen »Kronprinzen« Erich Honecker ersetzt worden. Die folgenden Jahre waren zunächst von positiven Entwicklungen gekennzeichnet: Der 8. Parteitag der SED versprach mehr sozialen Wohlstand und Wirtschaftswachstum, auf kulturellem Gebiet bahnte sich eine Liberalisierung an. In den kommenden Jahren erschienen Bücher, die zuvor nur im Westen hatten verlegt werden dürfen; Filme wie *Paul und Paula* kamen ebenso durch die Zensur wie Ulrich Plenzdorfs Theaterstück *Die neuen Leiden des jungen W.* und wurden sensationelle Publikumserfolge. Westliche Einflüsse der Jugendkultur in Form von langen Haaren bei Männern und »Nietenhosen«, wie man die Jeans nannte, wurden nicht mehr rundheraus verdammt. Die Einheit von Staat und Volk sollte die Einweihung des Berliner Palastes der Republik im April 1976 postulieren: gebaut aus Beton und Stahl, Glas und Asbest und errichtet am Standort des Hohenzollernschlosses, das kaum kriegsbeschädigt 1950 gesprengt worden war.

Im Bereich der Sozialpolitik wurden die Niedriglöhne angehoben, der Preisanstieg in vielen Bereichen gestoppt, die Kinderbetreuung verbessert und berufstätige Mütter auch sonst entlastet, das Angebot an Konsumgütern erweitert und, vor allem, der Wohnungsbau forciert: Bis 1990 sollte das Angebot an Wohnraum die Nachfrage decken, 3,5 Millionen neue Wohnungen sollten entstehen. Die Fortschritte dabei waren – wenngleich unter unübersehbarer Vernachlässigung des Altbaubestandes und ganzer historischer Stadtkerne – sehr beachtlich. Die gesellschaftspolitischen Maßnahmen sollten in der Bevölkerung eine ähnlich massive Unzufriedenheit, wie sie zu jener Zeit in anderen sozialistischen Ländern herrschte, nach Möglichkeit gar nicht erst aufkommen lassen. Die entscheidende Schwäche der sogenannten Einheit von Wirtschafts- und Sozialpolitik war allerdings, dass sie angesichts schlechter Wirtschaftsdaten, steigender Rohstoffpreise sowie hoher Verteidigungs- und Grenzsicherungskosten zum erheblichen Teil durch Kredite finanziert werden musste. Ulbricht hatte noch zur Leistungssteigerung aufgerufen, um den Lebensstandard erhöhen zu können; Honecker versprach sich umgekehrt von einem höheren Lebensstandard nachhaltige Impulse für mehr Leistung und damit bessere Wirtschaftsbilanzen, wofür der Staat aber in Vorleistung treten musste. Beide Strategien gingen langfristig nicht auf.

Künftig legte Honecker immer wieder sein Veto ein, wenn Experten bei wirtschaftlichen Problemen Abstriche bei der Konsumgüterproduktion und der Sozialpolitik forderten. Von Freiheiten für die Kulturschaffenden fiel ihm der Abschied dagegen erheblich leichter. Das kulturelle Tauwetter nach seinem Regierungsantritt währte nicht lange, und die Hoffnungen um eine liberalere DDR unter Honecker erfüllten sich nicht. Zwar hatte er, als endlich gleichberechtigter Partner der europäischen Staats- und Regierungschefs persönlich hoch befriedigt, 1975 die KSZE-Schlussakte von Helsinki unterzeichnet. Außenpolitisch und wirtschaftlich konnte sich die DDR davon erhebliche Vorteile versprechen. Diejenigen in der Schlussakte verankerten Bekenntnisse aber, die persönliche Freiheiten der Bevölkerung betrafen, wollte Honecker nur in homöopathischen Dosen zugestehen. Zwar bildeten sich seit der KSZE-Konferenz erste Oppositionsgruppen, die sich auf Meinungs- und Informationsfreiheit beriefen und die Zusagen von Helsinki einforderten, aber sie wurden massiv behindert. Handfest fiel außerdem die Neuausrichtung der ideologischen Jugenderziehung aus, die unter anderem mit dem Schulfach »Wehrunterricht« den »sozialistischen Menschen« hervorbringen sollte. In die Mitte der Siebzigerjahre fällt denn auch die Ausweitung der Tätigkeit der »Stasi«, des Ministeriums für Staatssicherheit, das die eigene Bevölkerung, der die Partei offenbar zutiefst misstraute, nunmehr flächendeckend zu überwachen ansetzte. Insbesondere die Kulturschaffenden ließ das Ministerium für Staatssicherheit nicht mehr aus den Augen.

Verfechter eines anderen sozialistischen Weges als dem der SED – wie der Philosoph Rudolf Bahro oder der Chemiker Robert Havemann, die Demokratie, Pluralismus und Meinungsvielfalt als durchaus vereinbar mit der kommunistischen Idee ansahen – wurden unerbittlich verfolgt. Bahro wurde 1978 aufgrund seines Buches *Die Alternative,* das er in Westdeutschland veröffentlicht hatte und in dem er eine Demokratisierung des DDR-Sozialismus forderte, wegen angeblichen Geheimnisverrats zu acht Jahren Haft verurteilt. Havemann, der während der NS-Zeit wie Honecker im Zuchthaus Brandenburg gesessen hatte, hatte schon seit Mitte der Sechzigerjahre Repressalien zu erdulden, die bis zu seinem Tod 1982 anhielten. Treffen konnte es aber auch weniger exponierte Menschen: Ebenfalls 1978 wurde ein Dresdner Friedhofsarbeiter zu über zwei Jahren Freiheitsstrafe verurteilt, weil er George Orwells Buch *1984* besessen und verliehen hatte.

Die Ausbürgerung Biermanns besiegelte höchst effektvoll das Ende des kulturellen Tauwetters. Ein weit verbreiteter Kommentar der DDR-Presse legte in den Tagen nach der Ausbürgerung noch ordentlich nach: Von Hetzkampagne und psychologischer Kriegführung gegen die DDR war da die Rede, und zur »Masse der antikommunistischen Krakeeler« gehöre eben Wolf Biermann. Allerdings sollte nun aber auch der Staatsführung ein heftiger Wind ins Gesicht wehen.

Denn in der Erwartung, über die Angelegenheit werde alsbald Gras wachsen, hatte man sich getäuscht. In prompter Reaktion auf die Ausbürgerung protestierten zunächst dreizehn namhafte DDR-Künstler gegen den Rauswurf. Unter anderen Christa Wolf, Volker Braun, Stephan Hermlin, Stefan Heym, Heiner Müller, Rolf Schneider, Jurek Becker und Günter de Bruyn schrieben: »Wolf Biermann war und ist ein unbequemer Dichter – das hat er mit vielen Dichtern der Vergangenheit gemein. Unser sozialistischer Staat, eingedenk des Wortes aus Marxens ›18. Brumaire‹, demzufolge die proletarische Revolution sich unablässig selbst kritisiert, müßte im Gegensatz zu anachronistischen Gesellschaftsformen eine solche Unbequemlichkeit gelassen nachdenkend ertragen können.« Sie baten darum, die Maßnahme zu überdenken. Stefan Heym schrieb damals in sein Tagebuch: »Jeder Schriftsteller, der das Salz auf seinem Stück Brot wert ist, wird sich auflehnen gegen diesen Beschluß, denn er muß sich selbst getroffen fühlen: heute Biermann, morgen er. Jede wirkliche Kritik würde verstummen müssen, jede realistische Darstellung unseres Lebens gestrichen werden aus Büchern und Stücken, das Ausbürgern würde sich einbürgern, wenn jetzt nicht gesprochen wird.«

In den folgenden Tagen und Wochen schlossen sich fast einhundert weitere Künstler aller Sparten der Solidaritätsbekundung an. Der offene Brief wurde nur in der Bundesrepublik, nicht aber in den Medien der DDR publiziert, auch wenn diese als Erste informiert worden waren – wohl aber druckten die Zeitungen der DDR Proteste gegen den Protest, in denen den Unterzeichnern auch der völlig unberechtigte Vorwurf gemacht wurde, ihre Solidaritätserklärung bewusst nur in den Westmedien veröffentlicht zu haben.

Diesen Protest wollte die SED nicht einfach hinnehmen, geschweige denn die Sache überdenken. Im Gegenteil, man reagierte mit subtiler Einflussnahme ebenso wie mit massivem Druck auf die unterzeichnenden Künstler, eine bitterernste Posse entspann sich. Unverhohlene Drohungen und schale Argumente richteten die Parteivertreter an die Künstler, die wiederum zerrissen waren zwischen dem Staat, den sie ja prinzipiell unterstützten, und seinen autoritären kulturpolitischen Maßnahmen, der ihre künstlerische Selbstachtung angriff. Die vielfältigen Disziplinierungsmaßnahmen erinnern höchst fatal an die Versuche der Inquisition im Mittelalter, die kirchliche Auffassung vom rechten Glauben rücksichtslos durchzusetzen.

Viele mussten in den kommenden Monaten und Jahren selbst das Land verlassen, darunter Manfred Krug, Katharina Thalbach, Eva-Maria und Nina Hagen sowie Jurek Becker. Dieser enorme kulturelle Aderlass durch die Ausreise unbequemer Künstler schien der Staatsführung akzeptabel, gar wünschenswert. Andere Künstler sahen sich Repressalien ausgesetzt und in ihrer Arbeit behindert, vor allem Westveröffentlichungen wurden nun noch schwieriger. Zu einem weiteren »Höhepunkt« dieses kulturpolitischen Kurses kam es 1979, als der Schriftstellerverband der DDR auf einen Schlag neun seiner Mitglieder ausschloss. Eine Strafrechtsreform erweiterte außerdem die Möglichkeiten des politischen Strafrechts, häufiger als zuvor kam es zu Verurteilungen wegen »landesverräterischer Verbindungsaufnahme«, »staatsfeindlicher Hetze« oder »Beeinträchtigung staatlicher oder gesellschaftlicher Tätigkeit«.

Die Partei sollte auch künftig immer recht haben und die DDR »Erbin alles Progressiven und Humanistischen in der Geschichte des deutschen Volkes« sein, wie Honecker es ausdrückte. Es war eine Sache, die ideologischen Gegnerkategorien Kapitalismus, Imperialismus, Faschismus erbittert zu bekämpfen, aber eine ganz andere, den Unfehlbarkeitsanspruch der Partei beim Bestimmen des richtigen sozialistischen Weges von den eigenen Leuten infrage gestellt zu sehen.

Viele Ostdeutsche verstehen bis heute diese Säuberungsaktionen unter Künstlern als den eigentlichen Anfang vom Ende der DDR. Nach ein paar Jahren der Hoffnung auf einen neuen Aufbruch im Rahmen des sozialistischen Staates hatte die Regierung entschieden, aus ihrer Ideologie eine uneinnehmbare Festung zu machen. Aus der DDR war dadurch, dass sie ausgerechnet diejenigen verjagt hatte, die die Gesellschaft lebendig erhalten konnten, ein kalt erstarrter Staat geworden, der erst jetzt der Vorstellung eines provinziellen blutarmen Landes ähnelte, die sich der Westen von der DDR machte. Im Inneren aber war ihre Legitimationsbasis abermals geschrumpft. Wie so viele andere autoritäre Staaten, Herrscher und Systeme zuvor und seither wollte man kritische Stimmen zum Schweigen bringen und schadete damit letztlich nur der eigenen Glaubwürdigkeit und damit Lebensfähigkeit. Kurz vor Weihnachten 1976 notierte Stefan Heym: »Wie viele Talente haben wir schon vergrault, wie lange können wir uns noch leisten, uns selber auszubluten, was ist das für eine Krankheit, bei der der Körper sein Lebendigstes abstößt?« Die Biermann-Ausbürgerung war eine Wegmarke in Richtung Untergang des sozialistischen deutschen Staates.

DIE »KAPITALISTISCHEN SCHWEINE« STÜRZEN
1977 – DER BLUTIGE TERROR
DER ROTE ARMEE FRAKTION

7. April 1977: In Karlsruhe wird Generalbundesanwalt Siegfried Buback ermordet, ebenso sein Fahrer; ein Begleiter wird lebensgefährlich verletzt.

28. April 1977: Im sogenannten Stammheim-Prozess in Stuttgart ergehen die Urteile: Die drei RAF-Mitglieder Andreas Baader, Gudrun Ensslin, Jan-Carl Raspe bekommen lebenslänglich für Mord und Mordversuch.

30. Juli 1977: In Oberursel bei Frankfurt/Main wird der Vorstandsvorsitzende der Dresdner Bank Jürgen Ponto ermordet.

25. August 1977: Ein Anschlag auf die Bundesanwaltschaft in Karlsruhe scheitert.

5. September 1977: In Köln wird der Vorsitzende des Bundesverbands der Deutschen Industrie und der Bundesvereinigung der Deutschen Arbeitgeberverbände Hanns Martin Schleyer entführt, dabei werden sein Fahrer und drei Polizisten erschossen.

13. Oktober 1977: Ein palästinensisches Terrorkommando kapert die Lufthansamaschine »Landshut« auf dem Flug Mallorca–Frankfurt/Main, um die Freilassung der RAF-Führung im Stuttgarter Hochsicherheitsgefängnis Stammheim zu erpressen.

18. Oktober 1977: Das GSG-9-Sonderkommando des Bundesgrenzschutzes befreit in der somalischen Hauptstadt Mogadischu die Geiseln. Später in der Nacht begehen die drei RAF-

Mitglieder Baader, Ensslin und Raspe Selbstmord; bei Irmgard Möller scheitert der Selbsttötungsversuch.

19. Oktober 1977: Die Leiche Hanns Martin Schleyers wird im Kofferraum eines Autos in Mulhouse im Elsass aufgefunden.

Wie kein anderes Jahr kennzeichnet 1977 mit seinem sogenannten deutschen Herbst die heikelste Bewährungsprobe der westdeutschen Demokratie nach 1945, die sich über Monate im faktischen Ausnahmezustand befand. Den einen galt die Bundesrepublik als faschistischer Polizeistaat, »kapitalistisches Schweinesystem« und »Sub-Zentrum des US-Imperialismus«, die anderen verstanden Taten und Worte der linksextremen Rote Armee Fraktion als terroristische Kriegserklärung an den Rechtsstaat und seine demokratisch legitimierten Institutionen. Der Rechtsstaat ging letztlich gestärkt aus den dramatischen Ereignissen hervor, auch wenn er mit Nachrichten- und Kontaktsperre für Öffentlichkeit beziehungsweise RAF-Gefangene dicht an die Grenzen seiner zulässigen Maßnahmen gegangen war.

Begonnen hatte es mit dem Widerstand der sogenannten 68er-Generation gegen den Vietnamkrieg, gegen die Notstandsgesetzgebung und eine insgesamt verknöcherte Gesellschaft, die über die düsteren Abgründe ihrer Vergangenheit hübsche Teppiche gebreitet hatte. Ein Fanal für die Radikalisierung von links waren Straßenschlachten bei Demonstrationen, beispielsweise anlässlich des Deutschlandbesuchs des Schahs von Persien 1967. Bei dessen Aufenthalt in Westberlin vermittelte das Aufgebot an Sicherheitskräften und ihr Verhalten nicht nur den Demonstranten das Bild eines Polizeistaats. Der Tod des Studenten Benno Ohnesorg durch die Kugel einer Polizistenwaffe löste Empörung aus – und Radikalisierung. Der linksgerichtete Widerstand wollte einen anderen Staat, der nicht mehr mit Diktaturen und der Supermacht USA gemeinsame Sache machte, sondern eine Abkehr vom Kapitalismus und einer als autoritär empfundenen Demokratie vollzog. Links wurde chic und hoffähig, Fundamentalkritik an der Bundesrepublik grassierte, die Notwendigkeit einer revolutionären Veränderung wurde beschworen. Enttäuscht waren zudem viele, die auf ein Ende der restaurativen Leitkultur der Adenauer-Ära gehofft hatten, dass die SPD plötzlich in der großen Koalition mit der CDU am Kabinettstisch saß.

Ein immer radikaler denkender und handelnder Teil dieser Protestbewegung wollte den Umsturz gewaltsam herbeiführen und ging vom Widerstand gegen das »System« zum Krieg gegen den eigenen Staat über, der in ihren Augen in einer direkten Kontinuitätslinie mit dem Nationalsozialismus stand. Erste Sprengstoffanschläge gab es 1967, dann folgte nach einem Brandanschlag auf das Kaufhaus Schneider in Frankfurt/Main die Verhaftung des Münchner Bohémiens Andreas Baader und der Pastorentochter Gudrun Ensslin von der Schwäbischen Alb. Die beiden kamen ins Gefängnis, konnten sich aber während einer vorübergehenden Freilassung 1969 absetzen. Nachdem Baader 1970 erneut verhaftet worden war, wurde er bald darauf in Westberlin mithilfe einer brillanten Journalistin befreit: Ulrike Meinhof, die sich der Gruppe anschloss. Man nannte sich fortan »Rote Armee Fraktion« und mauserte sich im Untergrund zur professionellen Terrororganisation. In den kommenden Jahren verübte die »Baader-Meinhof-Bande«, wie sie behördlicherseits genannt wurde, verschiedene Attentate, beispielsweise auf Einrichtungen der US-Armee in Deutschland oder auf den Hamburger Springer-Verlag. Man verstand sich im Leninschen Sinne als »Avantgarde der Revolution«, die mit ihren Taten das revolutionäre Bewusstsein der westdeutschen Öffentlichkeit befördern wollte, und ließ sich in Palästinenser-Camps militärisch schulen.

Während die Öffentlichkeit sich nur sehr begrenzt vom revolutionären Furor anstecken ließ, reagierte der Rechtsstaat auf die Bedrohung mit der Härte des Gesetzes: Baader, Meinhof und Ensslin wurden im Frühsommer 1972 erneut verhaftet. Aber auch wenn die Führung der ersten RAF-Generation künftig hinter Gittern saß, steuerte sie doch von dort ihre engere Gefolgschaft, die sich um ihre Befreiung zu kümmern versuchte. Zunächst jedoch wurde der RAF-Kommandoebene ein Prozess gemacht, der ohne Beispiel war. Eigens für die Verhandlungen wurde auf dem Gefängnisgelände ein neues Hochsicherheitsgebäude errichtet, bei dem man sogar gegen eine Befreiungsaktion aus der Luft – mit Hubschraubern – Vorkehrungen getroffen hatte. Druck auf Gericht und Regierung hatten schon zuvor Hungerstreiks erzeugen sollen, die den Angeklagten Holger Meins noch vor Prozessbeginn das Leben kosteten. Die Angeklagten nutzten das gerichtliche Forum zu Propagandazwecken, um sich als politische Häftlinge darzustellen, dabei eifrig assistiert von ihren Leuten draußen. Von Isolationshaft war die Rede, obwohl die Inhaftierten längst einen erheblichen Teil des Gefängnistages miteinander verbringen konnten, sogar ohne Geschlechtertrennung. Gleichwohl sahen sie sich selbst als Kriegsgefangene. Die Regierung verschärfte das Strafverfahrensrecht, das künftig zuließ, die Kontakte zwischen Angeklagten und Verteidigern einzuschränken und strenger zu überwachen, außerdem wurden mehrere Verteidiger als angebliche Sympathisanten vom Prozess ausgeschlossen. Diese Maßnahmen und eine erregte öffentliche Debatte in aufgeheizter Atmosphäre verschärften die politische Krise abermals. Das Urteil vom Frühjahr 1977 lautete auf dreimal lebenslänglich für Baader, Ensslin und Raspe; Ulrike Meinhof hatte sich nach massivem Mobbing innerhalb der RAF-Häftlingsgruppe inzwischen in ihrer Zelle das Leben genommen.

1975 schon war es der »Bewegung 2. Juni« gelungen, mit der Entführung des Westberliner Landesvorsitzenden der CDU Peter Lorenz erstmals eigene Leute aus dem Gefängnis freizupressen – das Beispiel sollte, so das Kalkül der Terroristen, Schule machen. Nach zahlreichen weiteren Anschlägen sowie den Morden an Buback und Ponto 1977 war beabsichtigt, mit der Entführung des Arbeitgeberpräsidenten Schleyer elf RAF-Häftlinge freizupressen, darunter Baader, Ensslin und Raspe; jeder der elf sollte mit 100 000 D-Mark ausgestattet ins sichere Ausland entlassen werden. Damit begannen die 44 dramatischen Tage des »deutschen Herbstes«, in denen tagtäglich die Meldungen zum RAF-Terror die Nachrichten beherrschten.

Der Staat sah sich massiv herausgefordert, und Bundeskanzler Helmut Schmidt kündigte an, die Möglichkeiten des Rechtsstaats bis aufs Äußerste auszureizen, um der Kriegserklärung entschiedene Antworten entgegenzusetzen. In den nächsten Wochen jagte in Bonn eine Krisensitzung die nächste, und in seltener Einmütigkeit vereinbarten Regierung und Opposition, die in den Entscheidungsprozess eingebunden wurde, dem Erpressungsversuch nicht nachzugeben, denn damit hätte der Rechtsstaat seine Prinzipien verraten, Terrormaßnahmen als erfolgversprechendes Druckmittel akzeptiert und Nachahmer geradezu ermutigt. Die Strategie sah vielmehr vor, Zeit zu gewinnen, in der der Aufenthaltsort Schleyers ausfindig gemacht und der Arbeitgeberpräsident befreit werden sollte.

Eine beispiellose Fahndungsmaschinerie wurde in Gang gesetzt, begleitet von Kontaktsperre der inhaftierten RAF-Häftlinge untereinander und selbst zu ihren Anwälten sowie von einer Nachrichtensperre für die Medien. Die Zeit der umfassenden Straßen- und Personenkontrollen brach an, die neue Methode der Rasterfahndung wurde entwickelt, ein riesiges Heer von

Ermittlern war fieberhaft auf der Suche nach Schleyer. Tragischerweise lag zwischenzeitlich eine konspirative Wohnung in der Nähe von Köln, in der Schleyer eine Zeit lang gefangen gehalten wurde, den Behörden aufgrund eines Hinweises zum Greifen nahe – ein Ermittler hatte dort sogar erfolglos geklingelt. Diese Information wurde allerdings aufgrund einer wahren Hinweisflut allzu schnell verworfen.

Mitte Oktober wollte sich die RAF nicht mehr hinhalten lassen. Eine palästinensische Terrorgruppe namens »Märtyrer Halimeh« kaperte auf der Urlaubsinsel Mallorca die Lufthansamaschine »Landshut« und entführte die 86 Passagiere und fünf Besatzungsmitglieder über mehrere Zwischenstationen nach Mogadischu. Der Pilot Jürgen Schumann wurde bald darauf von den Terroristen »standrechtlich« erschossen. Nach einem zermürbenden Nervenkrieg stürmte mit Genehmigung der somalischen Regierung am 18. Oktober kurz nach Mitternacht ein GSG-9-Kommando des Bundesgrenzschutzes das Flugzeug und befreite in einer Sieben-Minuten-Aktion die Geiseln. Drei der vier Terroristen kamen bei der Schießerei auf dem Flughafen von Mogadischu ums Leben, eine vierte Terroristin wurde schwer verletzt. Kurz darauf begingen in Stuttgart-Stammheim die RAF-Führungsleute, die trotz der Kontaktsperre rege miteinander kommuniziert und die Geschehnisse verfolgt hatten, Selbstmord – mit Waffen, die schon früher erstaunlich problemlos in die Haftanstalt geschmuggelt worden waren und in den Zellen hatten versteckt werden können. Knapp einen Tag später fand die Polizei nach einem Hinweis der Kidnapper den ermordeten Hanns Martin Schleyer im elsässischen Mulhouse, im Kofferraum eines grünen Audi verstaut. Er war mit drei Schüssen in den Hinterkopf ermordet worden. Seine Entführer hatten in einer Mitteilung an die linke französische Tageszeitung *Libération* die Adresse mitgeteilt.

Die Kommandoebene der ersten RAF-Generation war damit weitgehend ausgeschaltet, ihr Plan der gewaltsamen Häftlingsbefreiung am Widerstand des Staates gescheitert, sich erpressen zu lassen. Die Rote Armee Fraktion war damit aber noch nicht am Ende. Zunächst wurden leidlich erfolgreich Mythen gestrickt, die glauben machen sollten, die Stammheim-Häftlinge seien vom Staat ermordet worden; eine Version, die nach ihrer Genesung auch die beteiligte Irmgard Möller verbreitete. Die zweite RAF-Generation führte den ideologischen Kampf weiter und verübte weitere Anschläge, insbesondere auf Einrichtungen und Vertreter von Militär und Industrie. Zehn Mitglieder der RAF tauchten mithilfe der DDR-Staatssicherheit Anfang der Achtzigerjahre in Ostdeutschland unter und führten mit falscher Identität ein – von gelegentlichen paramilitärischen Übungskursen der Stasi in den ersten Jahren abgesehen – weitgehend normales Leben als DDR-Bürger, bis sie 1990 enttarnt und an die Bundesrepublik ausgeliefert wurden.

Einer der letzten Anschläge der RAF kostete 1991 Detlev Karsten Rohwedder, Chef der Treuhandgesellschaft, die nach der Wiedervereinigung die DDR-Wirtschaft abwickelte, das Leben. Am 20. April 1998 schließlich ging im Kölner Büro der Nachrichtenagentur Reuters die als authentisch eingestufte Mitteilung ein, die Rote Armee Fraktion habe sich selbst aufgelöst – nachdem der Terror der RAF insgesamt 34 Todesopfer und zahlreiche Verletzte seit ihrer Gründung 1970 gefordert hatte.

»WIR SIND DAS VOLK«
UND »VISAFREI BIS HAWAII«
1989 – DER FALL DER BERLINER MAUER

Als die Angehörigen der Grenztruppen, der Zollbehörden und der Passkontrolleinheiten der DDR-Staatssicherheit am 9. November 1989 an ihre Arbeitsstelle der Berliner Grenzübergangstelle Bornholmer Straße kamen, die zum Grenzregiment 35 des Grenzkommandos Mitte gehörte, konnten sie nicht ahnen, dass ihre Spätschicht ganz große Geschichte mitschreiben würde. Eher waren sie ratlos, weil sie zwar von den überraschenden Wendungen des Nachmittags wussten, aber keinerlei Anweisungen erhalten hatten, wie am neuralgischen Ort der Grenzübergangsstelle damit umzugehen war.

Nur wenige Stunden zuvor hatte das Zentralkomitee der SED eine neue Reiseregelung beschlossen: »Unverzüglich« und ohne größere Prüfung sollten die »zuständigen Abteilungen Paß- und Meldewesen der Volkspolizeikreisämter« künftig Visa für ständige Ausreisen erteilen – also für DDR-Bürger, die ihrem Staat endgültig den Rücken kehren wollten. Damit sollten die längst zum Massenexodus gewordenen Ausreisen über Drittländer direkt über die innerdeutsche Grenze abgewickelt werden. Die Frage der sonstigen Reisefreiheit war zurückgestellt worden, weil die finanzielle Seite noch nicht mit Bonn hatte geklärt werden können. Ostberlin fehlten die Mittel, die eigenen Bürger mit den notwendigen Devisen auszustatten.

Um 18 Uhr geriet eine internationale Pressekonferenz, live

im Fernsehen übertragen, zur Sensation: Nach längeren ermü-
denden Verlautbarungen ohne allzu großen Nachrichtenwert
zog nach einer knappen Stunde, Minuten vor Ende der Veranstaltung und auf Nachfrage eines italienischen Korrespondenten,
Parteipressesprecher Günter Schabowski einen Zettel aus seiner
Tasche. So hastig, als wolle er den Sensationsgehalt der Information überspielen, referierte er eine neue Reiseregelung. Die
markantesten Worte dabei waren: sofort, unverzüglich, ohne
Voraussetzungen. Dabei wirkte Schabowski kaum weniger ver-
wirrt als die anwesenden Journalisten aus aller Welt – er hatte
den Zettel zuvor nicht einmal gelesen.

Ab 19.03 Uhr ergingen von den Nachrichtenagenturen die Meldungen in die Welt. Die Frage, ob die Reiseerleichterungen sich
auf ständige Ausreisen ohne Wiederkehr oder auch auf vorü-
bergehende Privatreisen bezogen, wurde im Nu nebensächlich.
Ebenso die nach dem Verfahren: Viel zu spät an diesem Abend
wurde nachgereicht, dass trotz allem Anträge zu stellen waren
und ein Reisepass vorhanden sein musste. Die Kontrolle über
den Reiseverkehr und die Staatsgrenzen wollte die DDR-Regierung keineswegs aus der Hand geben. Rasch aber verdrängte das
Wort »Grenzöffnung« den differenzierten Gehalt der Neuregelung. Den Korrespondenten lag nämlich keine verbindliche
Presseerklärung vor – die verstaubte stattdessen, säuberlich mit
der Sperrfrist »10.11., 4.00 Uhr« versehen, auf dem Schreibtisch
des DDR-Regierungssprechers, den die Entwicklung völlig über-
rumpelt hatte, war doch bei der Pressekonferenz dieses Thema
eigentlich gar nicht vorgesehen gewesen.
    Die DDR-Nachrichtensendung *Aktuelle Kamera* verkündete
kurz nach 19.30 Uhr als zweite Meldung, ständige Ausreisen in
die Bundesrepublik seien nunmehr ohne Umwege direkt möglich und auch Kurztrips in den Westen würden ab sofort ohne

Vorlage bestimmter Gründe genehmigt. Um 20 Uhr machte im Westen die *Tagesschau* mit der Reiseneuregelung als Topmeldung auf: Die Schlagzeile lautete »DDR öffnet Grenze«.

Spätestens jetzt entwickelte sich der Abend anders als von der SED beabsichtigt, denn die liberale Reiseregelung für Privatreisen bestand ja nach wie vor auf Antragstellung und den Besitz eines Reisepasses – den die DDR-Bürger mehrheitlich noch gar nicht besaßen. Durch das langsame Mahlen der Behördenmühlen hätte die Regierung etwas Zeit gewonnen. Und was die Menschen betraf, die gleich ganz in den Westen übersiedeln wollten: Den politischen Druck aufgrund der Ausreisen über die Tschechoslowakei sollte eine Ventillösung direkt über die innerdeutsche Grenze reduzieren. Aber stattdessen verstärkte er sich jetzt erst recht, weil die Ostdeutschen den Wahrheitsgehalt der unpräzisen Nachrichtenmeldung von der »Maueröffnung« selbst überprüfen wollten. Diesem Druck in Form von Tausenden Menschen vor den Schlagbäumen hielt die martialisch gesicherte Staatsgrenze der DDR plötzlich nicht mehr stand.

An der Berliner Übergangsstelle Bornholmer Straße zwischen den Bezirken Prenzlauer Berg (Ost) und Wedding (West) verlangten immer mehr Menschen Durchlass. Die Volkspolizei schaffte es nicht mehr, die Leute auf den Gang zum Amt am nächsten Tag zu vertrösten. Stattdessen wuchs die Menschenmenge minütlich, der Pkw-Rückstau reichte bereits über einen Kilometer weit. Um 21.30 Uhr entschieden die Befehlshabenden der Grenzübergangsstelle, wenigstens einige besonders Hartnäckige in den Westen zu lassen – aber als endgültig Ausgereiste, deren Pässe ungültig gestempelt wurden.

Eine Stunde darauf meldeten die Fernsehnachrichten in Ost und West Gegensätzliches: Die *Aktuelle Kamera* betonte, dass die Reisen beantragt werden müssten, was ab dem nächsten Morgen bei den Meldestellen der Volkspolizei möglich sei. Die *Tagesthemen* der ARD dagegen berichteten: »Die Tore in der Mauer stehen weit offen«, was zu diesem Zeitpunkt noch gar nicht der Fall war, und interviewten jene wenigen Ostdeutschen, die bereits in den Westen gelangt waren. Denen war gar nicht klar, dass sie damit ausgebürgert waren, und bestätigten daher die voreilige Nachricht der offenen Grenze. Prompt schwoll der Run auf die Übergänge an, und eine gute Dreiviertelstunde später, gegen 23.30 Uhr, gaben die Kommandeure an der Bornholmer Straße den Grenzübergang ohne weitere Kontrollen ganz frei. Achtundzwanzig Jahre nach dem Bau der Mauer konnte der Verkehr zwischen Ost- und Westberlin plötzlich wieder ungehindert und unkontrolliert fließen – bis auf Weiteres jedenfalls und unter Einschränkung der Staus von Trabis und Wartburgs, die sich umgehend bildeten, und der Ost-West-Verbrüderungsszenen auf den Straßen Berlins. Rasch folgten die restlichen Grenzübergänge zwischen Ost- und Westberlin: Bereits um kurz nach Mitternacht waren alle innerstädtischen Schlagbäume oben.

Seit dem Beginn der Entspannungspolitik in den Sechzigerjahren hatte sich welt- wie deutschlandpolitisch viel getan. Vor allem die Sowjetunion, als Vormacht des Ostblocks in einer Schlüsselrolle, begann sich dramatisch zu wandeln, was im Westen allerdings lange ungläubig betrachtet und angezweifelt wurde. Und doch: 1980/81 blieb Moskau erstmals untätig, als es bei einem Bündnispartner innenpolitisch kriselte: in Polen, wo die freie Gewerkschaft Solidarność sich anschickte, das Machtmonopol der Kommunisten zu brechen. Ein militärisches Eingreifen wie noch 1968 im »Prager Frühling« verbot sich unter anderem außenpolitisch, weil es die Entspannungspolitik konterkariert hätte, die die Sowjetunion aber brauchte, um sich durch Abrüstungsabkommen wirtschaftliche Spielräume zu verschaffen.

Gleichzeitig sah man sich im Kreml eben wegen der Entspannung nicht mehr vom Westen bedroht, was dazu führte, dass unter dem Reformer Michail Gorbatschow seit Mitte der Achtzigerjahre die osteuropäischen Bündnispartner zunehmend sich selbst überlassen wurden. Plötzlich fühlten sich die kommunistischen Staaten allein gelassen mit dem wachsenden Unmut ihrer Völker. Polen und Ungarn entschieden sich für demokratische Reformen, die Führungsriege der DDR aber blieb verstockt bei ihren alten Rezepten.

Dabei war das Land schon aus wirtschaftlichen Gründen dringend reformbedürftig. Anfang der Achtzigerjahre hatten westdeutsche Milliardenkredite die DDR vor der Zahlungsunfähigkeit bewahrt, aber seit Mitte der Achtziger war die finanzielle Abhängigkeit vom Westen noch weiter gestiegen. Das Honeckersche Programm der innenpolitischen Befriedung mittels eines passablen Konsumangebots gelang immer weniger: Die Versorgungslage wurde schlechter, der Unmut stieg, die Wirtschaft zehrte von der Substanz – was keine Volkswirtschaft dauerhaft aushält. Das Politbüro war gewarnt worden: 1991 drohte das Land erneut zahlungsunfähig zu werden.

Gleichzeitig brachte die Annäherung an die Bundesrepublik ideologische Argumentationsnöte: So schlimm konnte der »imperialistische Feind« doch nicht sein, wenn man mit ihm Geschäfte machte und sogar, wie Honecker 1987, einen pompösen Staatsbesuch dorthin unternahm. Der Ost-West-Dialog ermöglichte immer mehr Reisen ins »kapitalistische Ausland« BRD, wo sich DDR-Bürger davon überzeugen konnten, dass es im Vorposten des US-Imperialismus nicht zuging wie im Raubtierkäfig – das Feindbild verschwamm zusehends. Mehr denn je verglichen die Ostdeutschen daher Lebenssituation und -standard mit der Bundesrepublik statt mit den »sozialistischen Bruderländern«. Die

DDR als Kind des Kalten Krieges geriet in Atemnot, je mehr dessen Bedingungen verschwanden. Sein größerer Bruder Bundesrepublik hingegen entwickelte sich weiterhin prächtig.

Die Atemnot des sozialistischen Deutschland führte zu steigenden Zahlen von Ausreiseanträgen und, als Ungarn in der berechtigten Hoffnung auf westliche Finanzhilfen den Eisernen Vorhang durchlässig machte, zu steigenden Flüchtlingszahlen. Im Sommer 1989 konnten Zehntausende DDR-Bürger, von denen viele in die bundesdeutsche Botschaft geflohen waren, in die Bundesrepublik ausreisen. Im September wurden zu Anlaufstellen ostdeutscher Ausreisewilliger auch die Botschaften in Warschau und insbesondere Prag, wo Ende September über zehntausend DDR-Bürger ausharrten.

Der Versuch der DDR-Regierung, mit gewohnt ideologischen und repressiven Mitteln gegenzusteuern, griff nicht mehr, ganz im Gegenteil: Immer mehr Menschen wollten das erstarrte Land mit reformunwilliger Führung so schnell wie möglich hinter sich lassen. Während Polen und Ungarn sich in atemberaubendem Tempo reformierten, schien sich in der DDR gar nichts zu bewegen – da schien es geboten, Schlupflöcher zur Flucht zu nutzen, bevor Ostberlin sie wieder stopfen würde. Interne Versuche, das Flüchtlingsproblem durch Freizügigkeitsregelungen zu lösen, scheiterten an der Unbeweglichkeit der SED-Führung. Stattdessen wurde am 3. Oktober tatsächlich die Grenze zur Tschechoslowakei geschlossen. Die Botschaftsflüchtlinge aus Warschau und Prag durften ausreisen – versehen mit bösen Vorwürfen der DDR-Zeitung *Neues Deutschland*, sie hätten sich selbst ausgegrenzt und man müsse ihnen keine Träne nachweinen. Dann waren fürs Erste alle Grenzen der DDR dicht – der Druck im Kessel stieg.

Mit dem Massenexodus aber hatte die bisher weitgehend isolierte Oppositionsbewegung unerwarteten Zulauf bekommen. Nach einer langen Phase als verschwindend kleine Splittergruppen kam ihnen plötzlich eine eindrucksvolle Demonstrationsbewegung zu Hilfe, der sich insbesondere in Leipzig von Woche zu Woche mehr Menschen anschlossen – und jetzt mehr Druck auf die ausreisegeschwächte Staatsführung ausüben konnte, wenn sie auf den Kundgebungen ihre Forderungen als Bedingung fürs Dableiben skandierte. Die Parteilosung lautete zunächst, die »Konterrevolutionäre« müssten auf allen Ebenen »isoliert« werden. So war man in der Bekämpfung oppositioneller Tendenzen jahrzehntelang gut gefahren. Aber diesmal war das Ausmaß für eine solche Vorgehensweise längst zu groß, zumal auch an der Parteibasis wegen der ausbleibenden Reformen der Unmut wuchs. Die Volkspolizei war ohne Unterstützung der Armee nicht in der Lage, gegen Demonstranten oder den Sturm auf die durchfahrenden Flüchtlingszüge aus Prag am Dresdner Hauptbahnhof und anderswo entlang der Fahrtstrecke wirksam vorzugehen.

Die 40-Jahr-Feier der DDR am 7. Oktober 1989 verlief nach außen hin leidlich reibungslos. Hinter den Kulissen aber entbrannte im SED-Poltibüro ein Machtkampf, der auch ein Richtungsstreit war: weitermachen wie bisher oder den Tatsachen ins Auge sehen? Honecker blieb unbelehrbar, offensichtlich unter Realitätsverlust leidend: Er machte Verrat, Sabotage und Konterrevolution für die prekäre Lage verantwortlich und bestritt, dass ein Großteil der Probleme hausgemacht war und sich über Jahre angestaut hatte.

Brandheiß wurde es im Vorfeld der Leipziger Demonstration vom 9. Oktober: Wer sich entschloss, im Anschluss an die Montagsgebete in mittlerweile zahlreichen Leipziger Kirchen zu demonstrieren, musste damit rechnen, dass Waffengewalt angewendet würde. Und trotzdem war der Zulauf enorm. Ein Übertragungswagen sendete Bilder von den vielen Zehntausend direkt ins Lagezentrum des Ostberliner Innenministeriums, wo die schiere Masse des Protestes offenbar so sehr beeindruckte, dass man davon absah, die Demonstration gewaltsam aufzulösen. Der Regierung waren aber auch deshalb die Hände gebunden, weil Gewalt und Härte gegen das eigene Volk das Einzige aufs Spiel gesetzt hätten, was den Staat noch retten konnte: neue Kredite aus Bonn. Die Sicherheitskräfte waren zwar angewiesen, sich selbst oder staatliche Einrichtungen zu verteidigen, sollte es zu Tätlichkeiten kommen. Aber die Teilnehmer der Kundgebungen übten sich in vorbildlicher Friedfertigkeit. Am 4. November schließlich fand auf dem Berliner Alexanderplatz die größte Demonstration in der Geschichte der DDR statt: Eine Million Menschen beteiligte sich an ihr, vom DDR-Fernsehen live übertragen, zahlreiche Prominente traten ans Mikrofon – SED-Reformer und Oppositionelle gleichermaßen.

Unterdessen hatte es eine kleine Gruppe zaghafter Reformer am 18. Oktober mit der Ablösung Erich Honeckers versucht. Unter dem Druck der Straße versprach die neue Parteiführung Reformen und Demokratisierung und wurde schließlich doch vom Tempo der Entwicklungen überrollt. Mit einem Gesetzentwurf für das prekärste Problem der Reisefreiheit tat man sich ungemein schwer, weil die Aufgabe der Quadratur des Kreises glich: Freizügigkeit gestatten, ohne den Exodus noch zu befördern.

Im Zusammenspiel versetzten die langfristigen und die kurzfristigen Krisenerscheinungen dem System DDR den Todesstoß. Der Massenexodus im Sommer 1989 und eine hilflose Staatsführung, die weder dem wachsenden Druck der Straße etwas entgegensetzen, noch die eigene Erstarrung überwinden kann, führten schließlich zum 9. November: Unbeholfen und unkoordiniert wird die Reform der Reisebestimmungen verkündet, und die Reaktionen der Medien und der Bevölkerung machen aus dem halbherzigen Vorhaben ein handfestes Ereignis: Sie drängen zur Mauer und erzwingen mit ihrer bloßen Präsenz und Entschlossenheit die Öffnung der Staatsgrenze und damit des ganzen Landes zum Westen. Der Staatsführung gelingt es nicht mehr, die Entwicklung aufzuhalten: Ausgerechnet in der kurzen Zeitspanne, in der die Ereignisse sich überstürzen, sitzen die Führungsleute der SED in einer Besprechung – ahnungslos, was sich draußen zusammenbraut. Für die Männer an den Grenzübergängen bedeutet das: Niemand in der Befehlskette entlastet die Entscheidungsträger vor Ort durch klare Anweisungen, sodass sie angesichts der wachsenden Menschenmengen selbst entscheiden müssen, ob sie ihre Landleute mit Waffengewalt hindern oder ob sie die Schlagbäume heben.

Ein Westberliner Professor, der tags darauf in seiner Vorlesung verkündete, Stunden zuvor sei die Epoche der Nachkriegsgeschichte zu Ende gegangen, sollte recht behalten: Der 9. November beendete eine historische Epoche und läutete eine neue ein, nicht nur der deutschen, sondern der Weltgeschichte, weil mit dem Fall der Mauer das Symbol für die Teilung Europas und der Welt hinfällig geworden war. Kein Wunder, dass Deutsche in Ost und West bis heute gerne austauschen, wie sie die Nachricht der Maueröffnung erreicht hat.

Dass die Tage des ostdeutschen Staates damit gezählt waren, vermuteten viele Beobachter sogleich, manche befriedigt, andere betrübt. Im Unterschied zu den anderen Ostblockländern, die auf sich allein gestellt waren, um ihr Land zu demokratisieren, umzugestalten und wirtschaftlich zu modernisieren, lag für die DDR-Bürger mit der Bundesrepublik ein mögliches Vorbild – und ein übermächtiger Partner – direkt vor der Haustür. Und schon bald stand für eine Mehrheit unzweifelhaft fest, dass eine reformierte Eigenstaatlichkeit keinesfalls so schnell und so erfolgreich gelingen könne, wie es eine Vereinigung mit dem anderen Deutschland zu tun versprach.

DER RASANTE WEG ZUR DEUTSCHEN EINHEIT
1990 – DAS ENDE DER STAATLICHEN TEILUNG

So eng die Ereignisse Mauerfall und Wiedervereinigung auch miteinander in Beziehung stehen – Letztere wäre ohne die Vorgänge des 9. November 1989 ja gar nicht möglich gewesen –, so grundverschieden sind sie gleichzeitig. Zu den revolutionären Ereignissen des Herbstes 1989 kam es spontan und unmittelbar, ausgehend von den Menschen; sie leiteten mit der Überwindung der Mauer einen Freudentaumel ein, um den die Welt Deutschland beneidete. Der 3. Oktober 1990 war dagegen ein eher nüchterner Staatsakt, der den Abschluss zwischenstaatlicher und internationaler Verhandlungen besiegelte. 16,3 Millionen Deutsche wachten an diesem Morgen in einem neuen Staat auf, während sich für ihre rund 62 Millionen Landsleute im Westen vergleichsweise wenig änderte.

Außer mit den Unterschriften unter die entsprechenden Verträge, in den Wochen davor unterzeichnet, vollzog sich die deutsche Wiedervereinigung symbolisch mit dem Aufziehen der »Flagge der Einheit« vor dem Berliner Reichstagsgebäude in einem damals noch weitgehend leeren Stück Berlin an der ehemaligen Mauer, aus dem Jahre später das Parlaments- und Regierungsviertel der neuen Berliner Republik werden sollte: Vierzehn Sportler hissten die 6 mal 10 Meter große, schwarz-rot-goldene Stoffbahn, die Freiheitsglocke läutete dazu, ein großes Feuerwerk tauchte den Nachthimmel in bunte Farben. Seither weht in Berlin diese größte offizielle Bundesflagge, seither richtet jedes

Jahr ein anderes der nunmehr sechzehn Bundesländer die Feiern zum »Tag der deutschen Einheit« aus. Ein Nationalfeiertag mit Straßenfesten und frohen Erinnerungen hat zwei staatstragende Feiertage abgelöst: in der DDR den rot beflaggten Paradentag zur Staatsgründung am 7. Oktober, in der alten Bundesrepublik den ungeliebten Halbtrauertag 17. Juni zur Erinnerung an den niedergeschlagenen DDR-Aufstand von 1953.

Den staatsrechtlichen Weg zum 3. Oktober 1990 beschritten Politiker und Heerscharen von emsig arbeitenden Beamten und nicht das Volk, er ist aber kaum weniger spannend als die Geschichte des 9. November. In atemberaubendem Tempo wurde vollzogen, was noch kurz zuvor kaum jemand für ernstlich umsetzbar gehalten hatte: Aus den beiden deutschen Staaten – Söhne des Kalten Krieges, der im Mauerfall sein symbolisches Ende gefunden hatte – wurde in nur knapp elf Monaten wieder ein deutscher Nationalstaat. Das zu bewerkstelligen war keine leichte Aufgabe, zumal bei aller Sympathie für die deutsche Freude über den Fall der Mauer Skepsis und Ablehnung einer deutschen Vereinigung im Ausland durchaus vernehmlich geäußert wurden. Aufgrund der Bündnisverhältnisse, des europäischen Einigungsprozesses, der noch bestehenden Ansprüche der Siegermächte des Zweiten Weltkriegs und zumal angesichts der jüngeren deutschen Geschichte konnte die deutsche Vereinigung nicht ohne internationale Beteiligung und Billigung vonstatten gehen. Aber während sich vierzig Jahre lang die Nachkriegsgrenzen und -trennungen als mehr oder weniger unüberwindbar erwiesen hatten, ging mit einem Mal alles unfassbar schnell.

Die Zeit drängte aber auch enorm. Die internationalen Bedingungen für einvernehmliche Lösungen waren günstig wie nie zuvor – aber wie lange würde das so bleiben? Niemand konnte sagen, wohin der leckgeschlagene Tanker Sowjetunion treiben würde, ohne dessen Zustimmung nichts ging. Gleichzeitig verfiel die DDR zusehends, und auch nach der Grenzöffnung wanderten die Ostdeutschen in Scharen nach Westen ab – was wiederum unter den Westdeutschen für Unmut sorgte.

Die ungebrochene Abwanderungsbewegung lag vor allem daran, dass auch die neue Regierung unter Hans Modrow das Vertrauen der Bevölkerung nicht gewinnen konnte. Im Dezember 1989 traten Zentralkomitee und Politbüro der SED nach vierzig Jahren der Einheit von Partei und Staatsmacht geräuschlos ab. Gegen viele ihrer Führungspolitiker erging Haftbefehl. Wie in Polen wurden auf allen Ebenen sogenannte Runde Tische eingerichtet, an denen die gesellschaftlichen Kräfte einvernehmlich und gleichberechtigt Lösungen erarbeiten sollten. Der zentrale Runde Tisch in Ostberlin regelte das Wichtigste zuerst: rasche Neuwahlen zur Volkskammer, dem bisher eher nebensächlichen DDR-Parlament, und die Abschaffung der Staatssicherheit, die bereits in »Amt für Nationale Sicherheit« umbenannt worden war. Mit der Erstürmung der Berliner Stasi-Zentrale am 15. Januar kam die revolutionäre Phase zu einem Ende; bald darauf berief die SED acht Vertreter der Opposition in eine neue »Regierung der Nationalen Verantwortung«.

Die kurzfristig vorverlegten Volkskammerwahlen vom 18. März 1990 schufen die Grundlage für ein demokratisches Ostdeutschland – aber das Wahlergebnis wies auf eine eindeutige Orientierung nach Westen und verlangte damit quasi die Abschaffung der DDR; es musste als Wählerauftrag für eine rasche Wiedervereinigung verstanden werden: 48 Prozent der Stimmen erhielt das konservative Wahlbündnis »Allianz für Deutschland«, das von den Bonner Regierungsparteien durch Wahlkampfhilfen und Auftritte westdeutscher Spitzenpolitiker massiv unterstützt worden war. Die Sozialdemokraten hatten dagegen mit 22 Prozent ausgesprochen schlecht abgeschnitten, während die SED-Nachfolgerin PDS mit mehr als 16 Prozent überraschend gut dastand. Die Bürgerrechtler, die auf der Welle der Ausreise- und Demonstrationsbewegung in der zweiten Jahreshälfte 1989 vorübergehend zu gesellschaftlichem Ansehen und politischem Einfluss gelangt waren, hatten das Nachsehen. Ihr Ruf nach einem eigenen demokratischen Weg statt übereiltem Anschluss an den Westen blieb ohne größeren Nachhall. Schon vor der Wahl war das westdeutsche Parteiensystem praktisch auf Ostdeutschland ausgeweitet worden – mit der Konsequenz, dass bereits vor der eigentlichen Wiedervereinigung der Westen die gesamtdeutsche Politik weitgehend dominierte.

Aber auch eine demokratisch legitimierte DDR-Regierung vermochte den wirtschaftlichen Zerfall nicht aufzuhalten. Die Bundesregierung unter Helmut Kohl bot noch im Februar eine Wirtschafts- und Währungsunion an – die marode Planwirtschaft sollte flugs auf Kapitalismus getrimmt werden. In nur sieben Wochen wurde ein Vertrag ausgehandelt, mit dem die sozialistische Sozial- und Planwirtschaftsordnung vom System der westdeutschen sozialen Marktwirtschaft abgelöst wurde. Bonn erhielt damit weiteren Einfluss auf die Geschicke des kleinen Bruders und versuchte zu verhindern, dass die Abwanderung aus dem Osten vollends aus dem Ruder lief und das Land unregierbar wurde. Dass die meisten »volkseigenen Betriebe« der DDR diese Rosskur nicht überleben würden, war ebenso absehbar wie die Tatsache, dass mit der Einführung der D-Mark in der DDR unumkehrbar der entscheidende Schritt zur Vereinigung mit der Bundesrepublik getan war. Mit dem 1. Juli hatten die Ostdeutschen aber nicht nur die begehrte Westmark im Portemonnaie und in Konsum und Kaufhalle das ersehnte Angebot an Westwaren. Gratis dazu gab es die Angst vor dem Verlust des Arbeitsplatzes – ungewohnt in einem Land, das bislang keine Arbeitslosigkeit kannte. Der westdeutschen Wirtschaft erschlossen sich hingegen neue Absatzmärkte und Operationsgebiete.

Die wirtschaftliche Einheit verlangte nach einer raschen Ergänzung durch die staatliche. Dass die Entscheidungsträger sich für einen einfachen Beitritt der wiedergegründeten ostdeutschen Bundesländer zum Geltungsbereich des Bonner Grundgesetzes entschieden, ist immer wieder kritisiert worden. Dieser Beitritt war zwar im – anschließend abgeschafften – Artikel 23 des Grundgesetzes ausdrücklich vorgesehen, entsprach aber eben nicht einer wirklichen Vereinigung, bei der beide Seiten zu einem neuen, gleichberechtigten Miteinander verschmelzen. Die Alternative wäre gewesen, mithilfe des Grundgesetzartikels 146 eine neue, gemeinsame Verfassung auszuarbeiten, die von allen Deutschen in einer Volksabstimmung hätte angenommen werden müssen. Das hätte zwar dem Selbstbewusstsein der Ostdeutschen gutgetan und vermutlich einiges an überheblicher Patronage-Haltung der Westdeutschen relativiert – aber es hätte bedeutend mehr Zeit gebraucht. Das schien den Verantwortlichen innen- wie außenpolitisch entschieden zu gewagt: Das Ende der Abwärtsentwicklung in der DDR hätte noch länger auf sich warten lassen, und noch mehr Menschen wären abgewandert. Zudem war fraglich, wie lange die außenpolitischen Konstellationen für eine Wiedervereinigung so günstig sein würden.

Davon abgesehen sahen die Bonner Regierungspolitiker wenig Veranlassung, den bewährten westdeutschen Staat auf gänzlich neue Füße zu stellen. Die alten seien stark genug, das Beitrittsgebiet mitzutragen, mithin bedurfte in ihren Augen ein vereinigtes Deutschland keiner anderen Staatsverfassung als der alten Bonner Republik. Der Bonner Verhandlungsführer Wolfgang Schäuble drückte es freundlich, aber unmissverständlich aus: »Liebe Leute, es handelt sich um einen Beitritt der DDR zur Bundesrepublik, nicht um die umgekehrte Veranstaltung. Wir haben ein gutes Grundgesetz, das sich bewährt hat. Wir tun alles für euch. Ihr seid herzlich willkommen. Wir wollen nicht kaltschnäuzig über eure Wünsche und Interessen hinweggehen. Aber hier findet nicht die Vereinigung zweier gleicher Staaten statt.« Schäuble mochte recht haben, ging damit aber gleichzeitig über die Verdienste der Ostdeutschen hinweg, die die Wiedervereinigung – immerhin im Bonner Grundgesetz verankertes Staatsziel – erst möglich gemacht hatten. Solche unsensiblen Überheblichkeiten machten es vielen Ostdeutschen schwer, frohen Herzens im neuen Staat anzukommen.

Am 6. Juli begannen die Verhandlungen zum zweiten deutsch-deutschen Vertrag, bei denen die Position des Ostens vom – trotz und aufgrund der Wirtschafts- und Währungsunion – voranschreitenden Verfall des Staates weiter geschwächt wurde. Hinzu kam der Bruch der Regierungskoalition der Volkskammer. Mit viel gerühmter Effizienz und beispiellosem Einsatz erarbeitete die Beamtenschaft in nur zwei Monaten den Einigungsvertrag, den die Parlamente der beiden Länder Ende September 1990 billigten – der zweite deutsch-deutsche Staatsvertrag hatte durch das Kleingedruckte am Ende einen Umfang von fast eintausend Seiten. Schäuble behielt recht: Während die Altbundesbürger nur ein paar wenige kleinere Veränderungen zur Kenntnis nehmen mussten, lebten die Neubundesbürger ab dem 3. Oktober in einem völlig neuen Rechtssystem, aber auch mit neuer Nationalhymne. Ostdeutsche Vorschläge, in einer symbolischen Geste wenigstens hier Gleichberechtigung zu demonstrieren und Strophen der beiden bisherigen Hymnen zu vereinigen, fanden kein Gehör. Selbst die verständliche Forderung der Ostdeutschen, Berlin müsse Hauptstadt sein – oder vielmehr, für die Ostdeut-

schen und als Hauptstadt eines größeren Deutschland sei Bonn
ja wohl kaum akzeptabel –, wurde zunächst nur halbherzig ent-
sprochen: Zwar wurde Berlins Hauptstadtrolle festgeschrieben,
aber die Entscheidung über Sitz von Parlament und Regierung
auf eine spätere Parlamentsentscheidung vertagt. Der 1991 mit
knapper Mehrheit beschlossene und kurz vor der Jahrtausend-
wende vollzogene Umzug von Parlament und Regierung nach
Berlin machte dann wohl auch im Westen am anschaulichsten
klar, dass die Bundesrepublik doch nicht mehr ganz die alte
war. Bald bürgerte sich in Abgrenzung zur Bonner oder auch
Weimarer Republik für das vereinigte Deutschland der Begriff
»Berliner Republik« ein.

Als Bundeskanzler Kohl bereits Ende November 1989 einen Zehn-
Punkte-Plan vorgelegt hatte, der die lauter werdende Forderung
nach einer Wiedervereinigung auf den Leipziger Montagsde-
monstrationen aufgriff und föderative Strukturen anstrebte, war
das vor allem innenpolitisch begründet gewesen: Er wollte sich
an die Spitze der Einheitsbewegung setzen. Außenpolitisch
jedoch reagierten die Partner der Bundesrepublik höchst ver-
schnupft, denn das Papier war ihnen zuvor nicht bekannt gemacht worden. Insbesondere Frankreich und Großbritannien
versuchten ohnehin zunächst recht unverhohlen, ein größeres
Deutschland zu verhindern: Präsident Mitterrand besuchte als
einziger westlicher Staatschef noch rasch die DDR, um damit
die Zweistaatlichkeit zu betonen. Premierministerin Thatcher
versuchte angestrengt, eine Allianz gegen die deutschen Pläne
zu schmieden, was ihr allerdings nicht gelang.

Im Zehn-Punkte-Plan, der im Übrigen für ein Zusammen-
gehen der beiden deutschen Staaten einen Zeitrahmen von
fünf bis zehn Jahren veranschlagte und schon sehr bald von
der Wirklichkeit überholt wurde, hatte Kohl aber gleichzeitig

betont, eine Vereinigung könne nur im europäischen Rahmen vonstatten gehen. Dieser Prämisse folgte die Politik der Bundesregierung: Während einerseits in der Mitte Europas ein neuer Nationalstaat ausgehandelt wurde, wirkte Bonn den damit verbundenen Befürchtungen als europapolitischer Tempomacher entgegen. Kohl stellte zuvor geltend gemachte Bedenken zurück und stimmte der Einführung der Gemeinschaftswährung Euro zu. Das war als überzeugender Beweis für das europäische Bekenntnis Deutschlands gedacht und wurde auch so aufgefasst. Damit wurde möglich, dass mit dem Beitritt der DDR die ostdeutschen Bundesländer sofort zur EG gehörten und aus dem Brüsseler Fördertopf versorgt wurden. Eine geradezu rasante Entwicklung im Vergleich zum langwierigen Prozess, der die anderen osteuropäischen Länder frühestens fünfzehn Jahre später »nach Europa« brachte. Bemerkenswert ist aber auch, dass die europäische Integration nicht in Gefahr geriet, obwohl in der Mitte des Kontinents ein neuer Staat entstand, der in Bevölkerungszahl, wirtschaftlichem und politischem Gewicht an die erste Stelle rückte und damit die Balance der späteren EU fürs Erste gehörig durcheinanderbrachte.

Was den internationalen Rahmen über die europäischen Institutionen hinaus betraf, so entschied man sich auch hier für den Weg, der am schnellsten ans Ziel zu führen versprach. Denkbar gewesen wäre die Klärung der außenpolitischen Rahmenbedingungen für den Zusammenschluss von BRD und DDR im Rahmen der KSZE-Ordnung von Helsinki. Dann aber hätten 35 Staaten mitzureden gehabt, was mit Sicherheit länger gedauert hätte als die sogenannten 2+4-Gespräche. In diesen verhandelten die beiden deutschen Staaten gemeinsam mit den vier Siegermächten des Zweiten Weltkrieges – die Deutschland ja bisher noch keinen Friedensvertrag zugestanden hatten – über die deutsche Vereinigung. Da Polen wegen seiner Westgrenze besonders betroffen war, wurde Warschau immerhin konsultiert, nicht aber direkt beteiligt.

Die Aufnahme der 2+4-Gespräche wurden im Februar 1990 vereinbart, nachdem alle Alliierten akzeptiert hatten, dass eine deutsche Vereinigung nicht mehr ernstlich verhindert werden konnte. Der europäisch ausgerichtete Kurs der Bundesregierung und eine rege diplomatische Tätigkeit zur Vertrauensbildung konnten die Bedenken gegen eine Wiedervereinigung nach und nach zerstreuen. Die heiklen Themen der Verhandlungen betrafen die polnische Westgrenze, deren endgültige Anerkennung Helmut Kohl aus innenpolitischen Gründen weiter hinauszögerte, und die Frage der Bündniszugehörigkeit eines vereinigten Deutschland. Die Westalliierten verlangten nicht zuletzt aus Sorge um den politischen Kurs eines neutralen, wirtschaftsstarken Landes mit 80 Millionen Einwohnern im Zentrum Europas, Deutschland müsse NATO-Mitglied bleiben. Das entsprach voll und ganz den Erwartungen der Bonner Regierung, während Teile der Opposition in Bonn und der Runde Tisch in Ostberlin dagegen waren. Moskau gab seinen Widerstand dagegen erst nach und nach auf, bis Gorbatschow Mitte Juli bei einem Besuch des Bundeskanzlers in der kaukasischen Datsche des sowjetischen Staatspräsidenten sein Einverständnis erklärte.

Der Vertrag vom 12. September 1990 schloss die 2+4-Gespräche ab – der Weg zur deutschen Einheit war frei und im gleichen Atemzug der Zweite Weltkrieg auch formell beendet. Die deutschen Grenzen wurden unwiderruflich festgelegt, Deutschland erhielt seine Souveränität vollständig zurück, indem die Siegermächte auf alle verbliebenen Rechte verzichteten.

Mit dem Einigungsvertrag und dem 2+4-Vertrag war nach knapp 41 Jahren Zweistaatlichkeit wieder ein deutscher Nationalstaat entstanden. Aber im Unterschied zum Deutschen Reich von 1871 und vor allem zu Hitlerdeutschland verfiel die Berliner Republik in keine Großmannssucht. Vielmehr blieb eine verantwortungsvolle Außenpolitik Staatsräson – und half, nach der Spaltung des eigenen Landes auch die Spaltung des Kontinents zu überwinden. Denn von der Wiedervereinigung führt eine direkte Entwicklungslinie zur beschleunigten europäischen Integration und zur Erweiterung der Europäischen Union nach Osten im Jahr 2004.

LITERATURHINWEISE

Kein Urknall der deutschen Geschichte: 9 n. Chr. – die Varusschlacht

Krause, Arnulf: *Die Geschichte der Germanen*, Frankfurt/Main 2002
Prinz, Friedrich: *Deutschlands Frühgeschichte. Kelten, Römer und Germanen*, Stuttgart 2003
Timpe, Dieter: »Die Schlacht im Teutoburger Wald: Geschichte, Tradition, Mythos«, in: Schlüter, Wolfgang/Rainer Wiegels: *Rom, Germanien und die Ausgrabungen von Kalkriese* (= Osnabrücker Forschungen zu Altertum und Antike-Rezeption, 1), Osnabrück 1999, S. 717–737
Wiegels, Rainer (Hg.): *Die Varusschlacht. Wendepunkt der Geschichte?* (= Archäologie in Deutschland, Sonderheft), Stuttgart 2007

Der Vater Europas: 800 – Karl der Große wird römischer Kaiser
Barbero, Alessandro: *Karl der Große. Vater Europas*, Stuttgart 2007
Hägermann, Dieter: *Karl der Große. Herrscher des Abendlandes*, Berlin 2000
Kerner, Max: *Karl der Große. Entschleierung eines Mythos*, Köln 2000

Laudage, Johannes/Lars Hageneier/Yvonne Leiverkus: *Die Zeit der Karolinger*, Darmstadt 2006

Fränkisches Vorbild und sächsische Beständigkeit: 919 – Heinrich der Sachse begründet die Dynastie der Ottonen
Althoff, Gerd: *Die Ottonen. Königsherrschaft ohne Staat*, Stuttgart 2005
Fried, Johannes: *Der Weg in die Geschichte. Die Ursprünge Deutschlands bis 1024* (= Propyläen Geschichte Deutschlands, 1), Berlin 1994
Keller, Hagen: *Ottonische Königsherrschaft. Organisation und Legitimation königlicher Macht*, Darmstadt 2002
Laudage, Johannes: *Otto der Große (912–973). Eine Biographie*, Darmstadt 2001
Schneidmüller, Bernd: »Heinrich I. (919–936)«, in: Schneidmüller, Bernd/Stefan Weinfurter (Hrsg.): *Die deutschen Herrscher des Mittelalters. Historische Porträts von Heinrich I. bis Maximilian I. (919–1519)*, München 2003, S. 15–34

Kräftemessen zwischen Reich und Kirche: 1077 – Heinrichs IV. Bußgang nach Canossa

Althoff, Gerd: *Heinrich IV.* (= Gestalten des Mittelalters und der Renaissance), Darmstadt 2006

Stiegemann, Christoph / Matthias Wemhoff: *Canossa 1077. Erschütterung der Welt*, 2 Bde., ORT 2006

Weinfurter, Stefan: *Canossa. Die Entzauberung der Welt*, München 2006

Glanz und Gloria des Mittelalter: 1155 – Friedrich I. Barbarossa wird Kaiser

Ehlers, Joachim: »Friedrich I. Barbarossa (1152–1190)«, Bernd Schneidmüller / Stefan Weinfurter (Hg.), *Die deutschen Herrscher des Mittelalters. Historische Portraits von Heinrich I. bis Maximilian I. (919–1519)*, München 2003, S. 232–257

Engels, Odilo: *Die Staufer*, Stuttgart 1989[4], 2005[8]

Görich, Knut: *Die Staufer. Herrscher und Reich*, München 2006

Kaufhold, Martin: *Interregnum.* Darmstadt 2003

Opll, Ferdinand: *Friedrich Barbarossa* (= Gestalten des Mittelalters und der Renaissance), Darmstadt 1998[3]

Mündliches Recht erstmals auf Deutsch niedergeschrieben: 13. Jh. – der Sachsenspiegel

Koolman, Egbert / Ewald Gößler / Friedrich Scheele: *Bilderhandschriften des Sachsenspiegels – Niederdeutsche Sachsenspiegel* (Ausst.-Kat.), 2 Bde., Oldenburg 1995

Kroeschell, Karl: *Deutsche Rechtsgeschichte I (bis 1250)*, Opladen 1992[10]

Landau, Peter: »Der Entstehungsort des Sachsenspiegels. Eike von Repgow, Altzelle und die anglo-normannische Kanonistik«, *Deutsches Archiv zur Erforschung des Mittelalters* 61 (2005), S. 73–101

Lück, Heiner: *Über den Sachsenspiegel: Entstehung, Inhalt und Wirkung des Rechtsbuches* (= Veröffentlichungen der Stiftung Schlösser, Burgen und Gärten des Landes Sachsen-Anhalt, 1), Halle / Saale 1999

Dem Reich eine Verfassung geben: 1356 – Die Goldene Bulle

Hoensch, Jörg K.: *Die Luxemburger. Eine spätmittelalterliche Dynastie gesamteuropäischer Bedeutung, 1308–1347*, Stuttgart 2000

Müller-Mertens, Eckhard: »Imperium und Regnum im Verhältnis zwischen Wormser Konkordat und Goldener Bulle. Analyse und neue Sicht im Lichte der Konstitutionen«, in: *Historische Zeitschrift* 284 (2007), S. 561–595

Rogge, Jörg: *Die deutschen Könige im Mittelalter. Wahl und Krönung*, Darmstadt 2006

Seibt, Ferdinand: *Karl IV. Ein Kaiser in Europa 1346 bis 1378.* München 1994[5]

Die Kirche zu ihrem Auftrag zurückführen: 1517 – Die 95 Thesen Martin Luthers

Brady, Thomas A. (Hg.): *Die deutsche Reformation zwischen Spätmittelalter und früher Neuzeit* (= Schriften des Historischen Kollegs, Kolloquien 50), München 2001

Burckhardt, Johannes: *Das Reformationsjahrhundert. Deutsche Geschichte zwischen Medienrevolution und Institutionenbildung,* Stuttgart 2002

Decot, Rolf: *Kleine Geschichte der Reformation in Deutschland,* Freiburg 2005

Mörke, Olaf: *Die Reformation. Voraussetzungen und Durchsetzung* (= Enzyklopädie Deutscher Geschichte, 74), München 2005

»Ein tiefes Tal ohne Erbarmen«: 1618–48 – Der Dreißigjährige Krieg

Bußmann, Klaus / Heinz Schilling: *1648. Krieg und Frieden in Europa,* (Ausst.kat.) 3 Bde, Münster 1998

Lahrkamp, Helmut: *Dreißigjähriger Krieg – Westfälischer Frieden. Eine Darstellung der Jahre 1618–1648 mit 326 Bildern und Dokumenten,* Münster 1997

Schilling, Heinz: *Konfessionalisierung und Staatsinteressen. Internationale Beziehungen 1559–1660* (= Handbuch der Geschichte der internationalen Beziehungen, 2), Paderborn etc. 2007

Schmidt, Georg: *Der Dreißigjährige Krieg,* München 1995, 2003[6]

Vom schutzlosen Kurfürstentum zur europäischen Großmacht: 1740 – Der Aufstieg Preußens

Clark, Christopher: *Preußen. Aufstieg und Niedergang 1600–1947,* Stuttgart 2007[3]

Duchardt, Heinz: *Balance of Power und Pentarchie. Internationale Beziehungen 1700–1785* (=Handbuch der Geschichte der internationalen Beziehungen, 4), Paderborn 1997

Kunisch, Johannes: *Friedrich der Große. Der König und seine Zeit,* München 2005[3]

Neugebauer, Wolfgang: *Geschichte Preußens,* Hildesheim 2004

Schoeps, Hans-Joachim: *Preußen. Geschichte eines Staates,* Berlin 1966, 1992

Nach tausend Jahren: 1806 – Das Ende des Alten Reiches

Burgdorf, Wolfgang: *Ein Weltbild verliert seine Welt. Der Untergang des Alten Reiches und die Generation von 1806* (=Bibliothek Altes Reich, 2), München 2006

Heiliges Römisches Reich deutscher Nation. Altes Reich und neue Staaten 1485–1806. Essays, Dresden 2006

Neuhaus, Helmut: »Das Ende des Alten Reiches«, in: Helmut Neuhaus / Helmut Altrichter (Hg.), *Das Ende von Großreichen,* Erlangen 1996, S. 185–209

Schmidt, Georg: *Die Geschichte des Alten Reiches. Staat und Nation in der Frühen Neuzeit, 1495–1806,* München 1999

Stollberg-Rilinger, Barbara: *Das Heilige Römische Reich deutscher Nation. Vom Ende des Mittelalters bis 1806,* München 2006

Das Unglück Europas beenden: 1813 – Völkerschlacht bei Leipzig

François, Etienne / Hagen Schulze (Hg.): *Deutsche Erinnerungsorte,* Band 2, München 2002[2]

Rodekamp, Volker (Hg.): *Völkerschlacht* (Ausst.-Kat.), Leipzig 2003

Willms, Johannes: *Napoleon. Eine Biographie.* München 2005

Wolfrum, Edgar: *Krieg und Frieden in der Neuzeit. Vom Westfälischen Frieden bis zum Zweiten Weltkrieg* (=Kontroversen um die Geschichte), Darmstadt 2003

Das Vergnügen erringt den Frieden: 1814/15 – Der Wiener Kongress

Erbe, Michael: *Revolutionäre Erschütterung und erneuertes Gleichgewicht. Internationale Beziehungen 1785–1830* (= Handbuch der Geschichte der internationalen Beziehungen, 5), Paderborn etc. 2004

Günzel, Klaus: *Der Wiener Kongress. Geschichte und Geschichten eines Welttheaters*, München 1995

Hundt, Michael: *Die mindermächtigen deutschen Staaten auf dem Wiener Kongress* (=Veröffentlichungen des Instituts für europäische Geschichte Mainz, Abt. Universalgeschichte, 164), Mainz 1996

Sellin, Volker: *Die geraubte Revolution. Der Sturz Napoleons und die Restauration in Europa*, Göttingen 2001

Nicht nur bluten fürs Vaterland: 1832 – Das Hambacher Fest

175 Jahre Hambacher Fest 1832–2007. Jahrbuch 14 der Hambach-Gesellschaft 2006, Neustadt/Weinstr. 2006

Malettke, Klaus (Hg.): *175 Jahre Wartburgfest. Studien zur politischen Bedeutung und zum Zeithintergrund der Wartburgfeier* (=Darstellungen und Quellen zur Geschichte der deutschen Einheitsbewegung im 19. und 20. Jh., 14), Heidelberg 1992

Müller, Harald: »Deutscher Bund und deutsche Nationalbewegung«, *Historische Zeitschrift* 248 (1989), S. 51–78

Schulze, Hagen: *Der Weg zum Nationalstaat. Die deutsche Nationalbewegung vom 18. Jahrhundert bis zur Reichsgründung*, München 1997[5]

So notwendig wie das tägliche Brot: Die Revolution von 1848

Engehausen, Frank: *Die Revolution von 1848/49*, Paderborn 2007

Gall, Lothar (Hg.): *1848. Aufbruch zur Freiheit*, Berlin 1998

Goldammer, Peter: *1848 – Augenzeugen der Revolution. Briefe, Tagebücher, Reden, Berichte*, Berlin 1973

Hobsbawm, Eric: *Europäische Revolutionen 1789–1948* (= Kindlers Kulturgeschichte), Köln 2004

Mommsen, Wolfgang J.: *1848 – Die ungewollte Revolution. Die revolutionären Bewegungen in Europa 1830–1849*, Frankfurt 1998

Staatliche Einheit durch Eisen und Blut: 1871 – Die Gründung des zweiten Deutschen Reiches

Doering-Manteuffel, Anselm: *Die deutsche Frage und das europäische Staatensystem 1815–1871* (= Enzyklopädie deutscher Geschichte, 15), München 1993

Gaehtgens, Thomas W.: *Anton von Werner, die Proklamierung des Deutschen Kaiserreichs. Ein Historienbild im Wandel preußischer Politik*, Frankfurt/M. 1990

Gall, Lothar: *Bismarck. Der weiße Revolutionär*, Frankfurt/Main 1993

Schmidt, Rainer F.: *Otto von Bismarck (1815–1898). Realpolitik und Revolution*, Stuttgart 2004

Winkler, Heinrich August: *Der lange Weg nach Westen. Deutsche Geschichte 1806–1933*, München 2000

Aus Leichtsinn und Überheblichkeit in die Katastrophe: 1914–1918 – Der Erste Weltkrieg

Grevelhörster, Ludger: *Der Erste Weltkrieg und das Ende des Kaiserreiches. Geschichte und Wirkung*, Münster 2004

Burgdorff, Stephan/Klaus Wiegrefe (Hg.): *Der Erste Weltkrieg. Die Urkatastrophe des 20. Jahrhunderts*, München 2004

Mommsen, Wolfgang J.: *Der Erste Weltkrieg. Anfang vom Ende des bürgerlichen Zeitalters*, Frankfurt/M. 2004

Salewski, Michael: *Der Erste Weltkrieg*, Paderborn 2003

Dem Krieg und dem Hunger ein Ende machen: 1918 – Die deutsche Novemberrevolution

Haffner, Sebastian: *Die deutsche Revolution 1918/19*, Reinbek 2004

Mai, Gunther: *Das Ende des Kaiserreichs. Politik und Kriegführung im Ersten Weltkrieg* (= Deutsche Geschichte der neuesten Zeit), München 1987

Mommsen, Wolfgang J.: *Die verspielte Freiheit. Der Weg der Republik von Weimar in den Untergang von 1918 bis 1933*, Berlin 1989

Kolb, Eberhard: *Umbrüche deutscher Geschichte 1866/71 – 1918/19 – 1929/33*, München 1993

Ein vergifteter Frieden: 1919 – Der Versailler Vertrag

Barth, Boris: *Dolchstoßlegenden und politische Desintegration. Das Trauma der deutschen Niederlage im Ersten Weltkrieg 1914–1933*, Düsseldorf 2003

Dülffer, Jost/Gerd Krumeich (Hg.): *Der verlorene Frieden. Politik und Kriegskultur nach 1918*, Essen 2002

Kolb, Eberhard: *Der Frieden von Versailles*, München 2005

Krumeich, Gerd (Hg.): *Versailles 1919. Ziele – Wirkung – Wahrnehmung* (= Schriften der Bibliothek für Zeitgeschichte N.F., 14), Essen 2001

Von der Misere in die Katastrophe: 1933 – Adolf Hitler wird Reichskanzler

Benz, Wolfgang: *Geschichte des Dritten Reiches*, München 2000

Broszat, Martin/Norbert Frei (Hg.): *Das Dritte Reich im Überblick. Chronik – Ereignisse – Zusammenhänge*, München 1989

Kolb, Eberhard: *Die Weimarer Republik* (= Oldenbourg Grundriss der Geschichte, 16), München 2002[6]

Wirsching, Andreas: *Die Weimarer Republik. Politik und Gesellschaft* (= Enzyklopädie Deutscher Geschichte, Bd. 58), München 2000

Entrechtung, Verfolgung, Vernichtung: 1938 – Die Reichspogromnacht

Benz, Wolfgang (Hg.): *Die Juden in Deutschland 1933–1945. Leben unter nationalsozialistischer Herrschaft*, München 1988

Döscher, Hans-Jürgen: *»Reichskristallnacht«. Die Novemberpogrome 1938*, Frankfurt/Main 1988

Friedländer, Saul: *Das Dritte Reich und die Juden. Die Jahre der Verfolgung 1933–1939*, München 1998

Graml, Hermann: *Reichskristallnacht. Antisemitismus und Judenverfolgung im Dritten Reich*, München 1988

Der kleine Überfall vor dem ganz großen: 1939 – Beginn des Zweiten Weltkriegs

Benz, Wolfgang/Hermann Graml (Hg.): *Sommer 1939. Die Groß-mächte und der Europäische Krieg*, Stuttgart 1979

Schreiber, Gerhard: *Der Zweite Weltkrieg*, München 2007[4]

Gruchmann, Lothar: *Der Zweite Weltkrieg. Kriegführung und Politik*, München 2005

Hillgruber, Andreas: *Der Zweite Weltkrieg 1939–1945. Kriegsziele und Strategie der großen Mächte*, Stuttgart 1996[6]

Vasold, Manfred: *August 1939. Die letzten elf Tage vor Ausbruch des Zweiten Weltkriegs*, München 1999

Zwischen Krieg und Frieden: 1945 – Die Potsdamer Konferenz

Benz, Wolfgang: *Potsdam 1945. Besatzungsherrschaft und Neuaufbau im Vier-Zonen-Deutschland*, München 1986

Schloß Cecilienhof und die Potsdamer Konferenz 1945. Von der Hohenzollernwohnung zur Gedenkstätte, Berlin 1995

Timmermann, Heiner: *Potsdam 1945. Konzept, Taktik, Irrtum?*, Berlin 1997

Im Fadenkreuz des Kalten Krieges: 1948/49 – Die erste Berlin-Krise

Keiderling, Gerhard: *»Rosinenbomber« über Berlin. Währungsreform, Blockade, Luftbrücke, Teilung. Die schicksalsvollen Jahre 1948/49*, Berlin 1998

Koop, Volker: *Kein Kampf um Berlin? Deutsche Politik zur Zeit der Berlin-Blockade 1948/49*, Bonn 1998

Stöver, Bernd: *Der Kalte Krieg*, München 2006[2]

Die beiden Söhne des Kalten Krieges: 1949 – Doppelte Staatsgründung

Badstübner, Rolf: *Vom »Reich« zum doppelten Deutschland. Gesellschaft und Politik im Umbruch*, Berlin 1999

Kleßmann, Christoph: *Die doppelte Staatsgründung. Deutsche Geschichte 1945–1955*, Göttingen 1991[5]

Kowalczuk, Ilko-Sascha: *Das bewegte Jahrzehnt. Geschichte der DDR von 1949 bis 1961*, Bonn 2003

März, Peter (Hg.): *40 Jahre Zweistaatlichkeit in Deutschland. Eine Bilanz*, München 1999

Wenn nur noch Panzer gegen das eigene Volk helfen: 1953 – Aufstand in der DDR

Diedrichs, Torsten: *Waffen gegen das Volk. Der 17. Juni 1953 in der DDR*, München 2003

Engelmann, Roger/Ilko-Sascha Kowalczuk (Hg.): *Volkserhebung gegen den SED-Staat. Eine Bestandsaufnahme zum 17. Juni 1953* (= Analysen und Dokumente, 27), Göttingen 2005

Flemming, Thomas: *Kein Tag der deutschen Einheit. 17. Juni 1953*, Berlin 2003

Steiner, André: *Von Plan zu Plan. Eine Wirtschaftsgeschichte der DDR*, München 2004, Bonn 2007

Veen, Hans-Joachim: *Die abgeschnittene Revolution. Der 17. Juni 1953 in der deutschen Geschichte*, Köln 2004

Existenzsicherung mit Stacheldraht und Waffengewalt: 1961 – Der Bau der Berliner Mauer

Flemming, Thomas/Hagen Koch: *Die Berliner Mauer. Geschichte eines politischen Bauwerks*, Berlin 2004

Hertle, Hans-Hermann (Hg.): *Mauerbau und Mauerfall. Ursachen – Verlauf – Auswirkungen* (= Forschungen zur DDR-Gesellschaft), Berlin 2002

Steiniger, Rolf: *Der Mauerbau. Die Westmächte und Adenauer in der Berlin-Krise 1958–1963*, München 2001

Wettig, Gerhard: *Chruschtschows Berlin-Krise 1958 bis 1963. Drohpolitik und Mauerbau* (= Quellen und Darstellungen zur Zeitgeschichte, 67), München 2006

Westbindung vor Wiedervereinigung: 1963 – Adenauers Westkurs in der Außenpolitik

Defrance, Corine/Ulrich Pfeil (Hg.): *Der Élysée-Vertrag und die deutsch-französischen Beziehungen 1945–1963–2003*, München 2005

Geppert, Dominik: *Die Ära Adenauer*, Darmstadt 2002

Goertemaker, Manfred: *Kleine Geschichte der Bundesrepublik Deutschland*, München 2002

Lappenküper, Ulrich: *Die deutsch-französischen Beziehungen 1949–1963. Von der Erbfeindschaft zur Entente élémentaire*, 2 Bde., München 2001

Loth, Wilfried: *Der Weg nach Europa. Geschichte der europäischen Integration 1939–1957*, Göttingen 1996[3]

Sontheimer, Kurt: *Die Adenauer-Ära. Grundlegung der Bundesrepublik*, München 2003

Steinkühler, Manfred: *Der deutsch-französische Vertrag von 1963. Entstehung, diplomatische Anwendung und politische Bedeutung in den Jahren 1958 bis 1969*, Berlin 2002

Ein zweites Auge nach Osten richten: 1970 – Brandts Kniefall in Warschau und seine Folgen

Bender, Peter: *Die »Neue Ostpolitik« und ihre Folgen. Vom Mauerbau bis zur Vereinigung* (= Deutsche Geschichte der neuesten Zeit), München 1995[3]

Brechenmacher, Thomas/ Michael Wolffsohn: *Denkmalsturz? Brandts Kniefall*, München 2005

Merseburger, Peter: *Willy Brandt 1913–1992. Visionär und Realist*, Stuttgart 2002

Schneider, Christoph: *Der Warschauer Kniefall. Ritual, Ereignis und Erzählung*, Konstanz 2006

Keine Gelassenheit gegenüber Kritikern: 1976 – Die Ausbürgerung des Liedermachers Wolf Biermann

Biermann, Wolf/Eva-Maria Hagen/Nina Hagen/Oliver Schwarzkopf (Hg.): *Ausgebürgert*, Berlin 1996

Heym, Stefan: *Der Winter unsers Mißvergnügens. Aus den Aufzeichnungen des OV Diversant*, München 1996

Mahlzahn, Claus Christian: *»Wolf Biermann. Die Odyssee des Preußischen Ikarus«*, in: Claus Christian Mahlzahn, *Deutschland, Deutschland. Kurze Geschichte einer geteilten Nation*, München 2005

Die »kapitalistischen Schweine« stürzen: 1977 – Der blutige Terror der Rote Armee Fraktion

Backes, Uwe/Eckhard Jesse: *Politischer Extremismus in der Bundesrepublik Deutschland*, Berlin 1993

Aust, Stefan: *Der Baader-Meinhof-Komplex*, Hamburg 1997

Peters, Butz: *Tödlicher Irrtum. Die Geschichte der RAF*, Berlin 2004

Winkler, Willy: *Die Geschichte der RAF*, Berlin 2007

»Wir sind das Volk« und »Visafrei bis Hawaii«: 1989 – Der Fall der Berliner Mauer

Bender, Peter: *Deutschlands Wiederkehr. Eine ungeteilte Nachkriegsgeschichte*, Stuttgart 2007

Hertle, Hans-Hermann: *Der Fall der Mauer. Die unbeabsichtigte Selbstauflösung des SED-Staates*, Opladen 1999[2]

Jarausch, Konrad H. / Martin Sabrow (Hg.): *Weg in den Untergang. Der innere Zerfall der DDR*, Göttingen 1999

Timmer, Karsten: *Vom Aufbruch zum Umbruch. Die Bürgerbewegung in der DDR*, Göttingen 2000

Wolle, Stefan: *Die heile Welt der Diktatur. Alltag und Herrschaft in der DDR 1971–1989*, Berlin 1998

Der rasante Weg zur deutschen Einheit: 1990 – Das Ende der staatlichen Teilung

Grosser, Dieter: *Das Wagnis der Währungs-, Wirtschafts- und Sozialunion. Politische Zwänge im Konflikt mit ökonomischen Regeln* (= Geschichte der deutschen Einheit, 2), Stuttgart 1998

Jarausch, Konrad H.: *Die unverhoffte Einheit*, Frankfurt/M. 1995

Kiessler, Richard / Frank Elbe: *Ein runder Tisch mit scharfen Ecken. Der diplomatische Weg zur deutschen Einheit*, Baden-Baden 1993

Schluchter Wolfgang / Peter E. Quint (Hg.), *Der Vereinigungsschock. Vergleichende Betrachtungen zehn Jahre danach*, Weilerswist 2001

Weidenfeld, Werner: *Außenpolitik für die deutsche Einheit. Die Entscheidungsjahre 1989/90* (= Geschichte der deutschen Einheit, 4), Stuttgart 1998

Zelikow, Philip A. / Condoleezza Rice: *Sternstunde der Diplomatie. Die deutsche Einheit und das Ende der Spaltung Europas*, Berlin 1997

»Irren ist menschlich!«

MARCUS TULLIUS CICERO, 106–43 v. Chr.

Bernd Ingmar Gutberlet
DIE 50 GRÖSSTEN LÜGEN
UND LEGENDEN DER
WELTGESCHICHTE
272 Seiten
Gebunden mit Schutzumschlag
ISBN 978-3-431-03732-6

Nach dem großen Erfolg von »Die 50 populärsten Irrtümer der deutschen Geschichte« weitet Bernd Ingmar Gutberlet nun seinen Blick auf die Weltgeschichte. Von der biblischen Sintflut bis in die jüngere Vergangenheit geht er fünfzig ausgewählten Lügen und Legenden auf den Grund, die sich bis heute hartnäckig in der öffentlichen Meinung behaupten.
Was wissen Sie wirklich über Atlantis und Kleopatra, über die Konstantinische Schenkung und die Entdeckung Amerikas?
Und was ist dran an den Gerüchten über die Hollywoodinszenierung der ersten Mondlandung?
Dieses Sammelsurium geschichtlichen Wissens macht mehr Spaß, als es der Geschichtsunterricht in der Schule je konnte.

Ehrenwirth